绿色金融理论体系与创新实践研究丛书

商业银行环境风险管理

蓝　虹　著

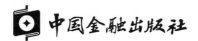

中国金融出版社

责任编辑：丁　芊
责任校对：李俊英
责任印制：陈晓川

图书在版编目（CIP）数据

商业银行环境风险管理/蓝虹著. —北京：中国金融出版社，2020.1
（绿色金融理论体系与创新实践研究丛书）
ISBN 978 – 7 – 5220 – 0447 – 1

Ⅰ.①商…　Ⅱ.①蓝…　Ⅲ.①商业银行—风险管理—研究—中国
Ⅳ.①F832.33

中国版本图书馆 CIP 数据核字（2020）第 009225 号

商业银行环境风险管理
Shangye Yinhang Huanjing Fengxian Guanli

出版
发行　**中国金融出版社**

社址　北京市丰台区益泽路 2 号
市场开发部　（010）63266347，63805472，63439533（传真）
网 上 书 店　http：//www.chinafph.com
　　　　　　（010）63286832，63365686（传真）
读者服务部　（010）66070833，62568380
邮编　100071
经销　新华书店
印刷　保利达印务有限公司
尺寸　169 毫米×239 毫米
印张　20
字数　290 千
版次　2020 年 1 月第 1 版
印次　2020 年 1 月第 1 次印刷
定价　50.00 元
ISBN 978 – 7 – 5220 – 0447 – 1
如出现印装错误本社负责调换　联系电话（010）63263947

中国人民大学重大科研项目《国内外绿色金融研究：理论体系、制度机制和创新实践（系列）》研究成果，项目批准号 17XNL013。

蓝虹教授该绿色金融系列专著获得中国人民大学优秀科研成果奖。

《绿色金融理论体系与创新实践研究丛书》

——蓝虹教授绿色金融系列专著

序言

近年来，绿色金融在国际国内发展十分迅猛。国家"十三五"规划纲要明确提出"构建绿色金融体系"的宏伟目标。李克强总理在 2016 年和 2017 年的《政府工作报告》中都要求"大力发展绿色金融"。2016 年 8 月，经国务院同意，中国人民银行等七部委共同发布了《关于构建绿色金融体系的指导意见》。2016 年 9 月，中国人民银行发布《G20 绿色金融报告》，作为 G20 的东道主，中国首次将绿色金融列入 G20 核心议题，并且通过 G20 领导人杭州峰会公报成为全球共识。2017 年 6 月，国务院第 176 次常务会议审议通过了浙江、广东、贵州、江西、新疆五省（区）的绿色金融改革创新试验区总体方案。2017 年 10 月，习近平总书记在党的十九大报告中明确提出发展绿色金融。至此，发展绿色金融成为中国生态文明建设的核心战略。

我从事绿色金融已经十几年了，是中国最早开始进行绿色金融研究的学者之一。在绿色金融日益昌盛的今天，想起十几年前，在寂寞中从事绿色金融研究，深深感受着学术就是要能坐得住冷板凳的意境，但是，心里始终是有信念的，即使在最冷寂的时候，我也坚信绿色金融一定会有光辉的未来。因为所有经济学新领域的拓展，都源于现实问题的产生，而绿色金融是现实问题产生后立足于解决这些问题必然会产生的学科。

最早对绿色金融的迫切需求产生于环境界。生态环境保护一直是作为公共物品由各国财政出资供给，然而，随着全球生态环境问题的日益加剧，生态环境问题由局域走向全球，由单一环境问题走向环境问题的综合出现，大气、水、土壤等污染物循环互相影响，环境治理资金需求飞速增长。与此同时，为了推进小政府大市场，更好地发挥市场手段的作用，全球兴起了公共事业民营化浪潮，财政全部支撑环境保护的局面被打破，因为环保资金需求的巨大性，已经不是财政可以完全支撑和承担的，必须寻求金融的帮助，毕竟金融资金总量要远远地大于财政资金总量。为了构建起环保和金融的桥梁，让金融机构和金融专家了解环境，联合国环境署率先成立了金融行动机构，聘请了大量金融界人士进入环保领域，为国际环境行动的融资出谋划策，或者直接制定融资方案进行融资。这一批绿色金融专家都有深厚的金融背景，大多数专家都有在金融机构工作多年的经验，所以，对于金融机构的运作模式和金融专家的思考关注焦点非常熟悉。他们在经受了环境知识的培训后被派到全球各金融机构，寻求金融机构对环保的支持，打通环境与金融沟通的桥梁，为环保融资奔走呼吁。

金融界对绿色金融的需求是与环保民营化紧密相连的。第一，环保民营化采取的一般是PPP模式，因为生态环保公共物品供给的属性，一般很难做到完全市场化自由供给，需要通过政府与社会资本的合作实现，但与政府合作并不仅仅意味着财政支持，还包括帮助收费、定价、授予特许经营权等多方面，其中有很多特许经营PPP项目是完全不需要财政支持的，完全靠金融手段融资无论何种PPP模式项目，都具有项目周期长且资金额度需求巨大的特点，很难用普通的贷款模式和风险管理模式开展贷款业务，但生态环保领域民营化所释放的巨大融资市场，以及生态环保民营化项目所具有的政府规划和天然垄断性特征，使其具有未来收益稳定的特点，金融机构认为这是一个新兴的投资领域。为此，世界各领先银行开始开拓该领域业务，并将其纳入主体业务之一。但大型基础设施的特点和项目融资无追索权和有限追索权的特征，使金融机构遭遇到由环境风险引致的金融风险，从而形成了对金融机构环境风险管理的需求。在这个领域最著名的就是赤道原则。

赤道原则是金融机构管理项目融资业务中环境与社会风险的国际行业标准，项目融资在全球范围内的兴起加快了金融机构参与环境风险管理的进程。项目融资最早兴起于欧洲，是欧洲公共基础设施融资的重要工具。伴随着公共事业民营化的浪潮，项目融资业务在全球领先银行不断推进。2002年10月，荷兰银行和国际金融公司在伦敦主持召开了一个有9家国际领先商业银行参加的会议，讨论项目融资中的环境和社会风险问题。会上就以往项目中的案例因为环境或社会风险而引发争议，随后，花旗银行建议银行尽量制定一个框架来解决这些问题。最后决定在国际金融公司保全政策的基础之上创建一套项目融资中有关环境与社会风险的指南，这个指南就是赤道原则。

全球生态环境危机的加剧也导致环境法律法规的日益严格，污染者付费原则中的污染者定义，在生态环境利益相关者日益扩大的情况下，其概念也得到了延展，金融机构，如果曾经对污染项目提供资金，必然也享受了污染红利，因此，也在污染者付费定义的延展中纳入了污染者行列，需要和污染企业一起承担法律责任。金融机构需要承担污染的法律责任最早出现在美国的《超级基金法》中。

20世纪后半叶，美国经济发生了深刻的变革，经济和工作重心经历了从城市到郊区、由北向南、由东向西的转移，许多企业在搬迁后留下了大量的"棕色地块"（Brownfield Site），具体包括那些工业用地、汽车加油站、废弃的库房、废弃的可能含有铅或石棉的居住建筑物等，这些遗址在不同程度上被工业废物所污染，这些污染地点的土壤和水体的有害物质含量较高，对人体健康和生态环境造成了严重威胁。1978 年，美国纽约州北部拉夫运河镇地区发生的由有害化学物质造成的严重危害居民健康的土壤污染事件，是其中影响最广的事件之一。拉夫运河位于美国加州，是一个世纪前为修建水电站挖成的一条运河，20 世纪 40 年代干涸被废弃。1942 年，美国一家电化学公司购买了这条大约 1 000 米长的废弃运河，当作垃圾仓库来倾倒大量工业废弃物，持续了 11 年。1953 年，这条充满各种有毒废弃物的运河被公司填埋覆盖好后转赠给当地的教育机构。此后，纽约市政府在这片土地上陆续开发了房地产，盖起了大量的住宅和一所学校。从 1977 年开始，这里的居民不断发生各种怪病，孕妇流产、儿童夭折、婴儿畸形、癫痫、直肠出血等病症也频频发生。这件事激起当地居民的愤慨，当局随后展开调查发现，1974—1978 年，拉夫运河小区出生的孩子 56% 有生理缺陷，住在小区内的妇女与入住前相比，流产率增加了 300%。婴儿畸形、孕妇流产的元凶，即是拉夫运河小区的前身——堆满化学废物的大垃圾场的"遗毒"。"棕地"中的有毒物质渗入地下后，可通过土壤、管道等，缓慢挥发、释放有毒物质，毒性持续可达上百年。当时的美国总统卡特宣布封闭当地住宅，关闭学校，并将居民撤离。

土壤污染事件的爆发具有以下特征，这些特征导致对金融机构的影响最为深远。第一，隐蔽性和滞后性。土壤污染从产生到出现问题通常会滞后较长时间，往往要通过对土壤样品进行分析化验和农作物的残留检测，甚至通过研究对人畜健康状况的影响后才能确定。比如日本的"痛痛病"，是经过了 10～20 年之后才逐渐被人们认识的。第二，累积性。污染物在土壤中并不像在大气和水体中那样容易扩散和稀释，因此会在土壤中不断积累而超标。第三，不可逆转性。重金属对土壤的污染基本上是一个不可逆转的过程，许多有机化学物质的污染也需要较长时间才能降解。如被某些重金属污染后的土壤可能需要100～200年的时间才能够逐渐恢复。第四，难治理性。积累在土壤中的无法降解污染物很难靠稀释和自我净化作用来消除。土壤污染一旦发生，仅仅依靠切断污染源的方法往往很难恢复，有时要靠换土、焚烧、淋洗等方法才能解决，也就是说土壤污染治理的资金耗费量是十分巨大的。

在拉夫运河事件发生后，美国政府对全国可能的棕色地块进行了勘察，发现潜在的棕色地块至少在5 000块以上，这是财政无法承受的。按照传统污染者付费原则，应该由污染企业承担修复费用，但由于土壤污染爆发，其潜伏期往往长达几十年，经过几十年，很多企业已经破产倒闭，作为经济责任主体已经消失了。在这种情况下，以拉夫运河（The Love Canal）事件为契机，1980年美国国会通过了《综合环境反应、赔偿和责任法》（CERCLA），该法案因其中的环保超级基金而闻名，因此，通常又被称为《超级基金法》。超级基金主要用于治理全国范围内的闲置不用或被抛弃的危险废物处理场，并对危险物品泄漏作出紧急反应。《超级基金法》将污染者付费原则中污染者定义进行了拓展，规定的潜在责任方包括：（1）泄漏危险废物或有泄漏危险废物设施的所有人和运营人；（2）危险废物处理时，处理设施的所有人或运营人；（3）危险物品的生产者以及对危险物品的处置、处理和运输作出安排的人；（4）危险物品和设施的运输者。

人们在那时已经普遍认识到，企业污染行为如果得不到金融机构的支持是很难形成的，而且金融机构的盈利中也包含着污染红利，开始意识到监管金融机构环境行为的重要性，在这种背景下，《超级基金法》将银行等金融机构也列入潜在责任方，规定：贷款银行是否参与了造成污染的借款公司的经营、生产活动或者废弃物处置，如直接介入借贷公司的日常或财务性或经营性管理活动；对污染设施的处置，贷款银行取消其赎取权；或者贷款银行通过订立合同、协议或其他方式处置有毒废弃物等。只要具备上述条件之一，且这些行为被证实是一种影响借贷公司处置有毒废弃物的因素，那么贷款银行就可能被视为"所有人"或者"经营人"而被法院裁定承担清污环境责任。

1986 年，美国法院根据《超级基金法》判定马里兰银行（Maryland Bank and Trust）负有清理污染场地的法律责任，因为它的一家客户，从事污染废弃物管理的公司破产了，而被其严重污染的厂址作为抵押品成为了该银行的资产。美国法院认为，贷款银行拥有充足的工具和方法进行尽职调查以避免该风险，这种对潜在环境污染风险的尽职调查是贷款银行的责任，法院没有义务保护贷款银行因为自身的失误而导致的资金损失。在 1990 年关于参与污染设施和项目管理的案例中，法院裁定 Fleet Factors 必须承担清理污染的环境责任，因为它的一个破产的客户斯恩斯德伯勒印花公司（Swainsbro Print Works Inc.）遗留下大量的环境污染问题。Fleet Factors 已经将斯恩斯德伯勒印花公司的库存、设备和厂房作为贷款的抵押品，当斯恩斯德伯勒印花公司申请破产时，Fleet Factors 介入进行设备清算。就在此时，危险化学物品发生了泄漏，从而大面积污染了厂地。法院据此裁定 Fleet Factors 是污染设施的运营人（Operator），因此需要承担清理污染的法律责任。

这一系列法律判决，使金融机构迅速对环境风险作出反应，开始建立绿色金融事业部等专门的绿色金融部门，负责在信贷审核流程中审核和管理环境风险，防止银行因为环境风险而导致资金的损失和业务的流失。无论是环境机遇还是环境风险，对银行来说都是真金白银的盈利或者损失，是与其经营绩效密切相关的。因此，金融机构推动绿色金融发展的动力是内生的，是核心业务的内在需求。

目前，以赤道原则为代表的金融机构环境风险管理已经在全球普及，而生态环境民营化推进，也为金融机构捕获环境机遇带来了更大的空间，生态环保领域的投融资已经成为全球金融界新的蓝海。

但是，在传统金融看来，生态环保投融资都具有强烈的公共物品属性，属于财政范畴，怎么可能开发为新金融的蓝海呢？

绿色金融是支撑生态文明建设和绿色发展的金融体系，是有别于传统金融的一种新型金融模式。从宏观上说，作为国家宏观调控的工具，绿色金融要求把资源环境的高度稀缺性在金融的资源配置系统中体现出来，帮助实现高度稀缺的生态环境资源的优化配置。从微观上说，绿色金融就是要为具有公共物品属性的生态环保项目融资。

传统金融与财政的边界是非常清晰的。在传统经济学理论中，由于公共物品供给的外部性特征，公共物品的融资一般只能由财政来承担，所以，为公共物品融资的 Public Finance 在中国直接就被翻译成了公共财政，其实应该是公共金融学，就是为公共物品融资的学科。传统金融一般只为私人物品融资。但是，伴随着全球公共物品的民营化浪潮，金融开始介入公共物品的融资。最经典的案例就是科斯的灯塔。

在 17 世纪初期的英国，灯塔是由领港公会负责建造的，这是一个隶属于政府的机构，专门管理航海事宜。航海业在英国占有重要位置，航海业的迅速发展导致了船只对建造足够多和质量足够好的灯塔以保障航运安全的急迫需求，但当时的英国财政面临困境，需要提供的公共物品很多，没有足够的资金建造很多灯塔，灯塔的维护修理也出现了问题。灯塔的质量对航运安全是十分重要的，这种灯塔公共物品供给的不足导致了航海中事故发生频率的上升，因此，从事航运的船商有动力出资修建更多灯塔以保障航运的安全。但是，航海中的灯塔，因为供给的强烈外部性特征，无法形成有效的收费机制，无法让私人投资者获得合理的回报。而通过对航海者增加税收来增加财政供给，又因为收支两条线使航海者对纳税是否可以增加灯塔供给产生疑惑，即使是采取专税的形式，也无法让纳税人与某一特定航线的灯塔建设紧密结合，导致航海者对增加税收的抵触情绪。航海者希望有新的收费模式将收费与其获得的灯塔服务更直接相连，他们希望看到自己的付费直接体现在更好的灯塔服务上。

最后的解决方案是由隶属政府的港口管理部门解决。港口公务人员根据船只大小及航程中经过了多少个灯塔来收费，不同航程收取不同的灯塔费用，港口公务人员将各航线的收费标准印刷成小册子，以正规化和完善收费机制，航海的船只可以在航海中对这些航线是否有这么多个灯塔以及这些灯塔的明亮度等质量问题进行监督。港口的公务人员代收灯塔费后，再转给各个灯塔的建设和运营商，作为他们投资建设运营和维护灯塔的收益回报。这样，公共物品的灯塔供给，就实现了由政府和财政供给向市场和金融供给的转型。我们需要关注的是，虽然灯塔的供给在港口公务人员的帮助下实现了市场化和金融供给的转型，但这并没有改变灯塔的公共物品特性：一是灯塔的供给仍然具有强烈的外部性特征，所以其收费机制的建立必须要依靠政府。二是各个航线到底需要安装多少灯塔，灯塔的亮度要达到怎样的程度，每个灯塔要收多少钱，都不是灯塔建设运营商可以自己决定的，必须是政府来规划。三是灯塔建设运营商并不能随意自由地进出该领域，其建设运营灯塔必须通过政府的资质考核和评估获得政府颁发的特许经营权。

灯塔收费机制的形成及金融供给的介入告诉我们，只要能形成合理的收费机制，金融也是可以参与公共物品的供给的。因为生态环境保护带有鲜明的公共物品特性，与传统私人物品的供给有着显著的不同。但是，随着全球生态环境问题的加剧，资金需求飞速增长，特别是很多生态环保产品还是全球性公共物品，例如二氧化碳减排等，目前并没有一个全球政府财政可以提供这些全球生态环境公共物品，绿色金融的作用就非常重要了。绿色金融技术，通过合理设计生态环境产品供给方和需求方都认同的收费机制，可以实现跨区域跨时间地沟通和连接生态环境产品的供给方和需求方，从而为推动生态文明建设提供可持续的资金支持。因此，绿色金融对生态文明建设和可持续发展来说是非常重要的，甚至是财政无法替代的。

金融是需要回报的，但金融需要回报仅仅是金融存在的条件，而不是金融的本质。金融的本质是什么，我很赞成陈志武教授在《金融的逻辑》里的定义，第一，金融首先是跨期价值交换；第二，金融可以跨区域地沟通供需双方。绿色金融就是要通过金融手段的跨期和跨区域交易特征，连接生态环境资源的需求方和供给方，实现生态环境资源的市场价值和最优资源配置。绿水青山不会自动地转化为金山银山，必须通过绿色金融手段，才能实现生态环境资源的市场化、价值化和产业化，才能让绿水青山不仅转化为金山银山，而且让供给绿水青山的产业成为重要的绿色产业，才能实现生态环境优化与经济增长共赢的可持续增长模式。

金融不是财政，金融是需要回报的，这是金融在市场中生存的基本条件。生态环保项目是公共物品，具有公益性特征，所以人们往往会认为只能由财政来供给。但是，随着生态环境危机的加剧，生态环境项目的公益性特征已经从区域性走向全国性甚至全球性，而且，生态环境项目所需求的融资总量也是财政无法承受的，在这种情况下，如何用市场的方式为生态环境项目提供充足的融资就成为公共金融学的新命题，因为市场中的金融资源总量显然是远远大于财政可以聚合的资金。所以，绿色金融技术作为金融技术中新生的内容，其最大的挑战就是如何运用金融手段为具有公共物品属性的生态环保项目融资，这就需要通过绿色金融技术为这些绿色项目设计合理有效的回报机制，就是要实现陈志武教授在《金融的逻辑》里说的金融的第二个职能，连接需求方和供给方，为绿色金融的需求者和供给者搭建交易的桥梁。

因为绿色项目具有公共物品的属性，所以绿色金融的需求往往是通过政府来体现的。因此，绿色项目即使由金融供给，也和供给私人物品是完全不同的形态和模式，是一定要和政府合作才能完成的。例如，经典案例中的科斯的灯塔，也是通过政府机构的领港公会负责定价和收费，才促成了金融介入灯塔公共物品的供给。因此，绿色项目的市场化设计，需要政府和金融人员的共同合作。

绿色项目的市场化设计有多种模式，从理论上说，一个顶级的绿色金融设计人员应该是可以把所有绿色项目设计成金融可以参与的项目。但这仅仅是理论上的，在现实中，要将绿色项目设计成金融可介入可开发的项目，不仅需要绿色金融技术专家的设计技术，还需要很多现实的支持条件，所以，现实中不是所有绿色项目都可以设计成金融可以介入和开发的项目。

在绿色金融技术设计的经典案例中，最著名的是《京都议定书》框架下的碳金融机制的形成。由于二氧化碳的全球流动性和输送性特征，碳减排是全球公共物品，但目前并没有全球公共财政来对其进行供给，最后是通过《京都议定书》框架下的碳交易机制来解决这种全球公共物品供给的资金机制。在国家级和地区级绿色公共物品供给中，市场化金融化设计目前最常用的有以下几种模式：

第一，地方政府以某种闲置资产来换取金融对绿色公共物品的供给，市场和金融投资者通过盘活这些闲置资产来获得绿色项目经营的回报。最经典的案例就是天津生态城建设。天津生态城的原址是盐碱地加垃圾和污水倾倒地，天津市政府要对其进行治理，但是财政资金有限，在这种情况下，天津市政府将这块盐碱地加垃圾和污水倾倒地的废弃用地三十年的经营权通过政府法令的方式转让给了中新天津生态城投资开发公司，其承担生态城内道路、交通灯、道路交通线喷涂、道路标识；道路照明；雨水收集系统；污水管网系统；中水管网系统等公共基础设施项目建设。天津市政府通过绿色指标体系对其进行严格监管，包括绿色建筑比例100%，绿色出行大于90%等。天津生态城总投资超过500亿元，全部来自金融资金，没有动用财政资金。中新天津生态城投资开发公司以项目资产和未来收益为抵押或质押，进行银行贷款、发行绿债等各种金融手段的融资，国家开发银行也对其进行了开发性金融的支持。目前天津生态城运行良好。这种政府以闲置资产换取市场和金融的公共服务供给的设计方式，在国际上非常普遍，例如美国福特岛区域绿色开发项目。

第二，通过受益者或者污染者付费的模式来获得绿色项目的盈利。在污水处理、垃圾处理、脱硫脱硝等领域，主要是通过污染者付费的方式，但是，定价及收费机制都需要地方政府帮助才能实现。我们从这里可以看到金融相对财政在供给公共物品方面的优势。金融的一个特点是服务与收费的直接对应，例如科斯的灯塔，虽然是公共物品，但是船商付多少费用，是直接与他享受了航线的多少盏灯塔的服务以及这些灯塔的质量直接对应和挂钩的，这体现了市场供给的特性，因此，船商的支付意愿较强。财政是收支两条线的，即使是专税，也无法做到服务与收费的直接和准确对应。但是，金融对公共物品的供给和对私人物品的供给是很不一样的。一是公共物品收益外溢的特性，使供给者无法直接收费，必须通过政府帮助代收费用。二是很多绿色公共物品具有自然垄断的特征，例如污水处理厂，因为地下管网的建设必须规划进行，所以在哪里建设运营以及到底建设运营多少公共物品，必须通过政府规划来规范。三是因为绿色公共物品的受益者是全体居民，包括富人和穷人，而且既然是公共物品，那一定是无论穷人和富人都应该享受的生活必需品，所以不能由供给者直接定价，必须是政府代表全体居民和市场主体协议定价，以保障穷人也能充分享受。

第三，通过政府采购的模式付费。这是争议最大的一种绿色金融设计技术。既然还是由财政全付费，那么，金融介入的价值体现在什么地方？笔者认为这种模式的优势有两点，一是给财政购买公共物品提供分期付款。假设一个大型公共绿地公园建设和运营的投资需要8亿元，政府以购买公共服务的方式20年分期付款，每年支付租赁费4 000万元，再加上运营费和合理的保本微利，这样政府的财政负担就减轻了。尤其是，很多国家在经济下行时期开展大型公共设施的大规模投资，既增加国民福利，又拉动经济增长。但经济下行时期一般财政收入都不高，这种通过金融介入来分期购买公共服务的方式对于减轻当期的财政负担就格外重要。二是采取分期购买公共服务的方式，政府每年对社会资本提供的公共服务都要进行严格的检查，只有质量合格了才付费，可以提高公共物品的供给质量。如前面所说的大型公共绿地，如果草坪、树木、湖泊等出现质量问题，政府是可以不付费或者减少租赁费用的。

第四，通过财政与金融的联合供给。因为绿色项目一般具有公益性特征，收益外溢严重，因此财政与金融的联合供给设计模式就非常普遍。例如，很多地方的生物质能发电，其原材料是厨余垃圾，既可以清除垃圾，又可以供给新能源来替代化石能源，所以其绿色环保的公益性收益是很大的。但是，如果由社会资本全产业链供给，很多地方会因为成本太高导致收益无法达到金融资本介入的基础条件，这时可以采取财政与金融联合供给的模式，由财政负责前端的厨余垃圾收集和运输，由社会资本负责中后端的厨余垃圾转化为沼气及沼气置换天然气等。财政负责前端的厨余垃圾收集与运输，解决了生物质能供给中原材料不足的问题，而且大大降低了社会资本需要投入的成本，其收益得到很大提升，成为金融争抢的绿色项目。

第五，通过产业链延伸设计。例如，单纯的生态农业可能收益不够高，但是，如果进行产业链延伸设计，将生态农业、生态果业与生态教育、生态旅游、生态养生等相结合，进行产业链的延伸设计，收益就可以大幅提高。

绿色项目种类万千，因此绿色项目市场化的设计方案也是多种多样的，肯定不限于以上五种类型，但无论哪种设计方案，政府的参与合作是必需的。绿色金融是政府规范的市场，所以，金融可以介入何种程度，在很大程度上取决于地方政府的态度和积极性。绿水青山不会自动转化为金山银山，必须通过政府与金融机构的合力推进。

目前，很多银行已经开展了融资加融智的模式，将金融服务链延伸到绿色项目市场化设计前端，主动连接绿色金融需求端和供给端，这对绿色金融推进十分重要。

在全球可持续发展背景下，各国都加强了绿色标准和环境法规的管理，这就推动了一大批绿色产业的发展。如大家最熟悉的新能源、节能行业、污水处理、垃圾处理等。在全球气候变化倡议推动下，受各国的碳税政策等的影响，新能源获得了长足的发展，成为一个投资热点。中国为了推动新能源发展，也采取了一系列政策，例如环境税，因为煤电会释放二氧化硫和氮氧化物，而通过对这两种污染物的排放征收较高的环境税，必然会加大使用煤电的成本，从而使新能源的相对价格下降，这将有利于新能源产业的发展。最近国家又在推动煤炭使用许可证制度、总量控制下的全国碳交易制度等，必然进一步在市场中加大新能源使用的优势，使新能源产业成为金融机构的投资热点。

污水处理行业作为比较成熟的环保产业，在世界各国都已经成为金融机构的投资热点，例如全球水务巨头苏伊士、威利雅等。值得高兴的是，近年来，中国的水务公司也得到了飞速发展，*inDepth Water Year Book* 发布了全球前40水务公司排名，中国的北控水务、首创股份、上海实业、天津创业环保、桑德国际、中国水务、重庆水务、光大水务、康达国际、粤海投资、江西洪城水业、中信水务、国祯环保13家环保公司位列其中。但是，与国际著名的水务公司相比，中国水务公司更多依托的是国内巨大的污水处理和再生水使用市场，而在国际市场的拓展中还有差距。苏伊士、威利雅等国际著名的水务公司，其本国业务在其总业务中所占比例较小，更多的业务来自国际市场的拓展，例如，中国第一批PPP模式的污水处理业务，基本上都是被苏伊士、威利雅等国际水务公司承包了，中国的水务公司是在学习了它们的商业模式和管理运营模式后才逐渐成长起来的。近年来，在绿色并购基金等金融工具支持下，中国环保行业成长迅速并将业务范畴扩展到国际，例如2014年6月30日，首创集团收购新西兰固废公司 Transpacific New Zealand 公司100%股权，以及收购新加坡危废处理排名第一的 ECO 公司100%股权，将业务范围扩展到新西兰和新加坡。

绿色产业的公共服务特性决定了绿色产业有保本微利、收益稳定的特点。绿色产业的每个单项项目资金需求量都很大，这种保本微利对民营资本来说就转化为很大的业务，利润率虽然不太高，但利润总量十分可观。正是绿色产业的保本微利、收益稳定、资金额度巨大的特点，使其成为各国金融机构争抢的投资热点。

中国正处于向绿色经济的转型时期，大量的绿色产业崛起，成为新的经济增长点，给金融机构提供了大量的绿色投资机遇。及时抓住绿色投资机遇，是各个金融机构获得竞争成功的关键。但是，我们也必须认识到，绿色金融市场是典型的政策性市场，绿色金融市场的培育需要各方面政策强劲支持。因此，我国绿色金融的发展趋势和发展空间，还要依托于绿色金融相关政策的制定和严格执行。

2018年，我国将生态文明建设写入宪法，预示着绿色金融将进入一个快速发展期。全面推进绿色金融需要对绿色金融更加全面的认识，作为一名已经从事绿色金融研究十几年的学者，我欣喜地看到绿色金融的迅猛发展，决定将自己十几年从事绿色金融研究的心得，撰写成绿色金融理论体系与实践创新丛书，为推进绿色金融发展贡献我的绵薄之力。同时这也是给一路陪我走来的师长朋友学生们的最好礼物，正是他们的支持和鼓励，才使我将绿色金融研究坚持了十几年，并最终熬过了冷寂期，迎接了绿色金融繁盛的春天。

这套《绿色金融理论体系与创新实践研究丛书》是我多年理论研究和创新实践的积累，第一本专著的出版时间是2018年，规划是七本专著。但是，作为学者，这一辈子就是做好一件事情，研究实践和推进绿色金融，所以，也许我需要用一辈子去不断增加和完善。希望这套系列专著，可以最终形成中国最系统的绿色金融理论体系和创新实践研究系列。感谢读者的支持和陪伴。

蓝　虹
2018年4月8日

前　言

　　环境金融是指金融机构应对环境风险的具体措施和基于环境保护的金融业务，是环境经济学领域新兴的一门分支学科，国内系统地引进和介绍的时间较晚。目前，国际环境形势的发展和国内应对环境危机的行动导致了对其强烈的现实需求。在金融机构应对环境风险方面，主要是金融机构环境风险管理，目前发展得最为完整的是商业银行环境风险管理。在基于环境保护的金融业务方面，国际上的划分主要有两种方式：第一，按照环境专题划分，主要包括气候变化融资、水融资、能效融资等；第二，按照金融部门划分，包括绿色银行、绿色保险、绿色证券。

　　商业银行环境风险管理是环境金融的重要组成部分。商业银行环境风险管理起源于商业银行对环境风险防范的诉求。商业银行对金融风险的管理十分重视，因为商业银行的利润就来源于对风险的管理，而且亚洲金融危机和美国次贷危机也揭示，金融风险可以摧毁商业银行甚至整个金融系统。在商业银行的金融风险防范中，传统上，人们主要重视的是信用风险、市场风险、操作风险等，却没有将日益影响商业银行信贷资产安危和可持续经营的环境风险纳入其中。然而，环境风险对商业银行可持续经营的影响日益明显和严重，导致一些国际领先银行不得不将环境风险纳入其风险管理系统。例如，2003 年 6 月，花旗银行（Citigroup）、巴克莱银行（Barclays）、荷兰银行（ABN AMRO）和西德意志州立银行（West

LB）等10家国际领先银行宣布实行的赤道原则，就是商业银行项目融资环境风险管理的国际行业准则，也是商业银行环境风险管理的重要内容之一。

商业银行环境风险管理首先来源于商业银行对环境风险规避的诉求，所以，其最初的从事者主要是接受环境知识的金融工作者。但是，随着环境问题的深入和复杂化，对环境知识的要求不断加强，商业银行不断邀请环境专家参与其中，于是，金融学与环境科学融合的需求也日益强烈。如何使环境专家更加理解商业银行的需求，或者如何使商业银行的信贷审核人员和风险管理者更加了解环境问题，这种融合的需求，是推动商业银行环境风险管理发展的重要动力。

商业银行环境风险管理的很多内容来自对西方领先商业银行经验的总结，包括已成体系的赤道原则，已经成为商业银行从事项目融资环境风险管理的国际标准。我们在学习和引进这些经验和标准时，要对其进行识别和判断。应该说，这些经验和标准对于国际业务占相当份额的大型商业银行是极其有益的，因为这些国际准则是中国大型商业银行进入国际金融市场参与国际竞争需要了解和掌握的，知己知彼，才能赢得竞争。但这些国际经验并不能解决中国商业银行在环境风险管理方面的所有问题，并不适用于所有商业银行，比如中国中小金融机构的环境风险管理，就必须探索符合自身实际的环境风险管理技术等。

商业银行不是非营利组织，也不是环保团体，盈利是其生存的根本。任何环境风险管理体系都必须建立在保证商业银行基本盈利的基础上，否则，必然在市场机制冲击下成为应时之景。赤道原则为什么提出其适应范围是全球各行各业项目资金总成本超过1 000万美元的所有新项目融资，就在于对风险管理成本和收益的全面考察。

　　从商业银行风险管理的角度来看，任何风险管理措施只有在预期收益超过成本的时候，其执行才具有有效性。当然，一个具有远见的银行家会考虑长期收益与短期收益之间的协调。但无论如何，商业银行环境风险管理只有站在如何促使银行获得更佳发展的角度，其风险管理技术和手段才能真正成为金融风险管理的重要组成部分。

　　毫无疑问，银行的目标应该是盈利，商业银行环境风险管理最重要的理论出发点，就是要坚持银行家的理性经济人假设，当银行家在选择是否使用和采纳各种环境风险管理技术、流程和手段时，他应该考虑银行的盈利，我们培养的环境风险管理专家也需要从银行利益最大化的角度出发来进行环境风险管理。

　　政府的政策可以直接影响商业银行进行环境风险管理的成本和收益。我们的目标不是要求商业银行牺牲盈利来保护环境，而是通过政府的政策法规来影响商业银行执行环境风险管理的成本和收益。在政策法规的影响下，当商业银行执行环境风险管理的预期收益超过成本时，商业银行就会主动将环境风险纳入其风险管理范畴，并根植于业务流程。

　　由此我们可以发现商业银行环境风险管理与中国绿色信贷政策的紧密联系和区别。商业银行环境风险管理是银行家从其利益最大化出发，为规避环境风险带给其信贷、声誉等的损失，所采取的风险管理措施和手段。而绿色信贷政策，则是政府为了促使商业银行将资金投向环境友好型企业和项目，所采取的宏观管理政策。商业银行环境风险管理，面对的是单个的商业银行个体，属于微观管理层面，而绿色信贷则属于政府的宏观管理。政府的绿色信贷政策可以影响商业银行执行环境风险管理的成本和收益。政府颁布严格的绿色信贷政策，促使商业银行执行环境风险管理的收益大于成本，商业银行就会出于实现自身利益最大化的目标，积极引进、识别、研究和采纳各种环境风险管理的技术、流程和手段。

中国的绿色信贷政策，政府和商业银行应该有不同的任务。政府需要研究为什么西方领先银行会如此关注环境风险，它们所在的政府采取了哪些法律、法规有效地引导商业银行关注环境问题。政府的绿色信贷政策法规会直接影响商业银行执行环境风险管理的成本和收益，进而必然会影响商业银行的市场经营利润。所以，政府绿色信贷政策的关键是，如何确定政府对商业银行执行环境风险管理的监管边界。一个合理有效的对商业银行执行环境风险管理的监管边界，可以充分发挥商业银行在环境保护方面的重要作用，同时又不至于影响其发展壮大。而商业银行面对绿色信贷政策的执行及中国日益严峻的环境危机，需要立足于本国国情，研究、开发和采纳更多的环境风险管理技术。

中国绿色信贷政策是商业银行监管的重要组成部分之一。商业银行监管作为宏观调控的重要手段，对发挥金融支持促进我国经济可持续发展、加快经济发展方式转变发挥着重要作用。金融是现代经济的核心，商业银行业在社会经济运行中发挥着重要作用。在我国融资结构中，企业的外部资金来源绝大部分依靠商业银行，这就使得商业银行在国家宏观经济政策的引导下，通过货币信贷政策的实施，对资金投向进行调节，实现优化经济结构、转变经济发展方式，为国家经济稳定发展发挥重要作用。因为作为经济主体的商业银行有着天然的冲动去追求利润最大化，商业银行监管政策可以影响其市场行为，从而引导商业银行资金流向，实现国家宏观调控的目标。

目前的中国，能源、资源和环境约束问题日趋尖锐，只有把环境保护纳入宏观调控的目标和任务之中，才能实现中国经济、社会的可持续发展。在过去的很长一段时间，人们对环境保护存在误解，认为环境保护提供的是舒适性资源，而我国是发展中国家，应该将主要目标关注于生存和发展，环境保护所提供的更新鲜的空气、更优美的环境，是在我国经济发达之后才需要付出更多关注的。但是，随着人口的增长、经济的发展，消耗的环境容量也日益增多。在一定污染范围之内，环境保护和污染控制提供的确实是舒适性资源，比如，提供更加新鲜的空气会增加人的愉悦度。然而，环境容量的使用是具有阈值的，一旦越过该阈值，污染就可以严重影响人体健康，极大提高各种相关疾病的死亡率。即使美国也面临这种困境，在他们对有毒大气废物控制法案的成本收益分析中指出，该法案对有毒废气的控制，并不是仅仅能提高人们生活的舒适度，比如，增加可见度、提高景观美感等，更重要的是，它可以挽救大量生命，使大量人口免于因有毒废气污染所导致的过早死亡。根据他们的估算，该法案将减少有毒大气污染物的排放，其协同效应包括由于 $PM_{2.5}$ 颗粒相关物质减少所导致的每年早死人数减少 6 800～17 000 人。当我们在评估这样的环境污染管理法规法案时，其对环境质量的提升就不再仅仅是供给环境舒适性资源了，而是每年挽救 6 800～17 000 人的生命。不对有毒废气进行管制，每年就会有 6 800～17 000 人因为污染导致的疾病过早死亡；而对有毒废气进行管制，这些人的生命就可以得到拯救。这是沉重而现实的生存问题，我们的环境质量，无论是大气还是水质，都要比美国差，我们所面临的环境问题更是生存问题。我们可以在经济不太发达时不对环境舒适性提出过高要求，但不可以坐视这么多的人因为严重的环境污染而丧失生命。

其实，真正的环保主义者强调的是以人为本的原则。当我们评价沙漠和森林时，不是因为森林比沙漠更美丽，而是因为它对人类的生存更有利。如果没有人类生存作为评价标准，只是作为一种自然景观，沙漠和森林有区别吗？真正的环保主义者关注的不是地球，而是人类。让我们回顾整个地球历史，自有生命以来地球经历了至少 5 次大规模的生物灭绝事件，每一次都带走了无数地球上的生命，但是，地球在不断的自我修复中始终安然无恙，轮回灭绝更替的，只是地球的主宰生命，从蓝菌到恐龙，然后，现在是我们人类。所以，以人为本的金融和以人为本的环境，本质上就是交融的。

商业银行环境风险管理作为环境金融的重要组成部分，体现的正是环境与金融的交叉，是环境与金融在人文关怀上的高度一致性。如果金融学家能认识到环境危机的严重性和紧迫性，如果环境学家能更加重视金融对环境保护的重要影响作用，如果金融学家和环境学家能有更多的沟通和交流，商业银行环境风险管理及绿色信贷政策必将在中国取得极大的成功和发展。

本书是国内第一本系统研究和介绍商业银行环境风险管理技术、流程和方法的专著。本书的第一个特色是坚持环境风险管理中成本与收益相匹配的原则。现代商业银行风险管理的一个基本原则就是风险管理的成本和收益相匹配。在我国商业银行环境风险管理中，风险管理的成本与收益相匹配原则还没有被充分理解和执行。一些人员认为应该避免一切环境风险，一项业务只要会带来环境风险就不应该开展；另一些人员则忽略对环境风险的评估。笔者坚持商业银行在其环境风险管理中必须坚持成本与收益相匹配的原则，商业银行环境风险管理的核心不是规避风险，而是管理风险。在面对环境风险时，不是仅仅做"通过"还是"否决"的简单筛选，更重要的是，对原来环境风险较高的项目进行风险的识别和管理，降低其风险，使其由不可投资项目转化为可投资项目，实现环境和市场盈利的双赢。风险管理技术是商业银行市场竞争的资本，如何通过环境风险的管理实现商业银行利益的最大化，是商业银行环境风险管理的本质和内核。当然，在市场经济日益完善的今天，商业银行的利益体现在多个方面。

　　本书的第二个特色是指出了项目融资和公司融资贷款业务中环境风险管理模式的不同。近年来，在人民银行、银监会和国家环保部的联合推动下，国内商业银行加快了与环保部门间的信息共享机制建设，双方各自开放数据信息接口，环保部门掌握的企业环保违法信息能够及时返传至商业银行信息系统平台，商业银行掌握的信息也能够及时反馈至环保部门。商业银行在信贷决策时，只要进入信息库，发现企业有违反环保的信息，就可在信贷决策中实行"环保一票否决"。但这种模式只对公司融资贷款适用，而在项目融资贷款中，其承贷主体是全新的为该项目运营专门成立的项目公司。这种全新的项目公司没有任何环保记录，商业银行无法通过环保部门输送的信息来判断其环境风险。而世界各国领先银行的实践说明，恰恰是项目融资贷款最容易给商业银行带来巨大环境风险，是商业银行环境风险管理最重要的领域，这也是赤道原则产生的原因。赤道原则是商业银行管理项目融资贷款业务中环境风险的国际准则。项目融资在中国的运行形态有其特殊性，所以，商业银行首先需要识别哪些贷款业务属于项目融资，并根据其具体特点分析环境风险管理的方案。根据风险管理成本与收益相匹配的原则以及中国项目融资特色和国际项目融资业务占银行业务的比例，对所有项目融资贷款实施赤道原则并不是最优选择，必须找寻适合中国国情、适合个体银行特色、适合具体融资项目特点的环境风险管理方案。

　　本书的第三个特色是厘清了商业银行环境风险管理与作为国家宏观调控工具之一的绿色信贷政策的联系和区别。基于个体银行微观管理层面的商业银行环境风险管理，包含了银行的绿色信贷政策、执行的具体流程、技术方法和工具等多方面的内容。但是，它与作为国家宏观调控工具的绿色信贷政策具有显著的不同，是两个层次的内容。国家的绿色信贷政策属于银行监管政策的重要组成部分，其执行的主体是政府，执行的目标是通过绿色信贷政策、法规来影响商业银行环境风险管理的成本和收益，从而达到利用金融手段实现可持续发展的宏观调控目标。商业银行环境风险管理属于商业银行风险管理范畴，执行主体是个体银行，执行目标是通过对环境风险的管理来实现银行利益的最大化。赤道原则属于商业银行环境风险管理范畴，是国际领先银行为管理项目融资中的环境风险所制定的国际准则和标准，与作为国家宏观调控手段之一的绿色信贷政策，在执行主体、执行目标上都具有显著差异性。所以，要研究如何完善绿色信贷政策，使其更好地实现国家宏观调控目标，我们还需要研究那些环境风险管理走在前沿的银行其所在国政府相关的政策法规体系，探寻它们运用绿色信贷政策引导商业银行加强环境风险管理实施绿色信贷的经验。

本书的第四个特色是指出了中国商业银行环境风险管理及绿色信贷政策面临的困境和挑战。来自国际领先银行的环境风险管理技术都是运用于大项目贷款业务中。比如，花旗银行规定进入其环境风险管理流程的贷款业务包括大于 1 000 万美元的项目融资和大于 5 000 万美元的公司融资。但是，中国的环境危机很大部分来自中小企业，特别是乡镇企业，它们分布广、数目巨大、生产地点隐秘，环保部门很难对其进行严格监管，也很难发挥社会力量比如舆论监督的作用。这些中小企业很多属于"十五小"、"新五小"、"新六小"。它们的资金都不是来自大型银行，除了民间融资外，大部分资金来自中小金融机构，特别是农村信用社。所以，国家如何加强对中小金融机构的环境监管，就成为深化绿色信贷政策的重要议题。在环保部历次关闭"十五小"的行动中，真正受到信贷损失的都是中国的中小金融机构。中小金融机构贷款的项目不属于国家环评的范畴，其贷款的企业因为规模太小，也不会进入环保部向银行发送的违规名单，但是，关闭"十五小"等环保风暴却导致中小金融机构很大的信贷风险。因此，银监会、人民银行和环保部需要共同合作，开发出适合中小金融机构特点的简便低廉的环境风险管理技术，引导中小金融机构识别和管理环境风险。

监管部门积极帮助农村中小金融机构建立风险管理系统。2009年12月，银监会印发了《农村中小金融机构风险管理机制建设指引》，要求农村中小金融机构在3~5年内按照"梳理——规划——建设——提高"的路径，分类制定风险建设的中长期战略规划，逐步完善风险管理机制，提升核心竞争力。笔者认为，中国的国情决定了环境风险是中国农村中小金融机构面临的重要金融风险之一，环保部应该积极与人民银行和银监会沟通协商，研究如何将环境风险管理纳入农村中小金融机构风险管理体系，并帮助农村中小金融机构建立适合其特点的环境风险管理系统、技术和流程。

中国农村中小金融机构的特点决定了其环境风险管理系统的建立要比大型银行更为复杂。首先，农村中小金融机构为民有资本，民有资本民营化的特点和改革方向，决定了其经营目标必然定位于利润最大化。所以，国家的绿色信贷政策必须是真正通过调节其市场成本收益来引导，而不能是行政命令式地强调环境保护。以往我们的绿色信贷政策带有很大的行政干预成分，但是由于其主要的执行者是五大国有商业银行，这些国有商业银行是国家控股的，国家所占股份超过75%，所以五大国有商业银行可以在一定程度上接受这种带有行政干预特点的绿色信贷政策。农村中小金融机构的产权特点和它们的脆弱生存状况，决定了针对它们的绿色信贷政策必须建立在市场引导的基础上。其次，农村中小金融机构贷款的项目都是中小项目，根据大项目成本收益相匹配原则建立起来的商业银行环境风险管理体系不能适应其风险管理成本必须低廉的需求，无论是来自国际领先大银行的经验，还是世界银行国际金融公司的技术，都无法提供借鉴，必须根据中国国情开发出适合中国中小金融机构的环境风险管理技术、流程和工具。

目　　录

第1篇　商业银行环境风险管理框架

第2篇 商业银行项目融资环境风险管理
框架和国际标准——赤道原则

第3篇　商业银行环境风险管理在中国的实践
——绿色信贷

第1篇
商业银行环境风险管理框架

第1章 商业银行环境风险管理产生和发展的背景

最初，人们在关注环境问题的时候，并没有注意到金融机构。因为一般我们在讨论环境问题的时候，都是想到制造业。制造业在生产过程中，消耗的资源、能源，以及排放的有害物质很多，对环境的负荷比较大，所以，人们对制造业的环境问题比较关注。

相对来说，金融机构的业务活动本身对环境的负荷比较小，所以，一直以来，人们认为金融机构的环保活动的重要性不强。的确，如果仅仅从金融业直接的环境污染来说，相对制造业，这类环境污染要小很多。金融业主要的直接污染和资源消耗是用电和办公耗材。从废弃物的排放和资源的消耗来看，对环境的影响是比较小的。

导致人们对金融关注的是金融对制造业的影响力。金融机构通过控制资金流通，可以影响接受其资金服务的借贷方的环境行为。因此，金融业在环境中的影响和作用才迅速地显现出来，引起了人们的高度重视。

商业银行的贷款业务和投资业务，在金融机构的资金配置中占有重要的位置。商业银行最具优势的地方在于：它是制定规则的主体，它可以要求融资企业必须采取环保行动。商业银行这种对贷款企业的影响力，可以成为促进解决整个社会环境问题的重要力量。同时，其拥有的资金和审查能力，又能够选拔出对环境友善且高效的项目或企业。建构一定的环境标准来融资，可以使资金流向环境友好的项目和企业，从而对社会产生巨大的影响。

商业银行贷款对环境具有巨大的影响力，它们可以成为解决环境问题的重要力量，也可以成为破坏环境的资金资助者。为了引导商业银行的贷款流向环境友好的项目和企业，政府、公民社团都做了极大努力以规范商业银行的投资行为，同时，新型融资方式的产生，也使商业银行自身产生了强烈的防范环境风险的需求。在对环境风险的防范中，商业银行的金融专家又敏锐地发现了伴随着环境风险而产生的新机遇、新业务。所以，商业银行环境风险管理和机遇管理虽然是两套系统，但它们是互相影响，相伴而生的。

1.1 世界各国环境法律法规对商业银行环境法律责任规制的加强

1.1.1 拉夫运河事件和《超级基金法》

商业银行第一次认识到环境问题对其经营的影响，是通过美国的拉夫运河事件和由此产生的《超级基金法》。

20 世纪后半叶，美国经济发生了深刻变革，经济和工作重心经历了从城市到郊区、由北向南、由东向西的转移，许多企业在搬迁后留下了大量的"棕色地块"（Brownfield Site），具体包括那些工业用地、汽车加油站、废弃的库房、废弃的可能含有铅或石棉的居住建筑物等，这些遗址在不同程度上被工业废物所污染，这些污染地点的土壤和水体的有害物质含量较高，对人体健康和生态环境造成了严重威胁。1978 年，美国纽约州北部拉夫运河镇地区发生的由有害化学物质造成的严重危害居民健康的土壤污染事件，是其中影响最广的事件之一。

拉夫运河位于美国加州，是一个世纪前为修建水电站挖成的一条运河，20 世纪 40 年代干涸被废弃。1942 年，美国一家电化学公司购买了这条大约 1 000 米长的废弃运河，当作垃圾仓库来倾倒大量工业废弃物，持续了 11 年。1953 年，这条充满各种有毒废弃物的运河被公司填埋覆盖好后转赠给当地的教育机构。此后，纽约市政府在这片土地上陆续开发了房地产，盖起了大量的住宅和一所学校。从 1977 年开始，这里的居民不断发生各种怪病，孕妇流产、儿童夭折、婴儿畸形、癫痫、直肠出血等病症也频频发生。这些事件激起了当地居民的愤慨，当时的美国总统卡特宣布封闭当地住宅，关闭学校，并将居民撤离。

以拉夫运河事件为契机，1980年美国国会通过了《综合环境反应、赔偿和责任法》（CERCLA），该法案因其中的环保超级基金而闻名，因此，通常又被称为《超级基金法》。超级基金主要用于治理全国范围内的闲置不用或被抛弃的危险废物处理场，并对危险物品泄漏作出紧急反应。

《超级基金法》提出了确定潜在责任方的方法。在《超级基金法》下，四类潜在责任方有可能需要为修复场地污染负责：①泄漏危险废物或有泄漏危险废物设施的所有人和运营人；②危险废物处理时，处理设施的所有人或运营人；③危险物品的生产者以及对危险物品的处置、处理和运输作出安排的人；④危险物品和设施的运输者。

该法案最重要的条款就是针对责任方建立了"严格、连带和具有追溯力"的法律责任。严格和具有追溯力的法律责任意味着不论潜在责任方是否实际参与或者造成了场地污染，也不论污染行为在其发生时是否合法，潜在责任方都必须为场地污染负责。连带责任意味着当存在两个或者更多的潜在责任方时，环境保护署有权对任何一个或者全部责任方索要全部修复费用，直至全部费用被追回。也就是说，如果某一责任方不能支付自己应该支付的费用，则其他责任方必须补偿该责任方无力支付的差额部分。

《超级基金法》明确规定贷款银行也负有该法案中规定的净化责任，即银行要负担贷款企业所拥有的污染土地的净化费用。在界定贷款银行责任时，其依据是：贷款银行是否参与了造成污染的借款公司的经营、生产活动或者废弃物处置。如直接介入借款公司的日常或财务性或经营性管理活动；对污染设施的处置，贷款银行取消其赎取权；或者贷款银行通过订立合同、协议或其他方式处置有毒废弃物等。只要具备上述条件之一，且这些行为被证实是一种影响借款公司处置有毒废弃物的因素，那么贷款银行就可能被视为"所有人"或者"经营人"而被法院裁定承担清污环境责任。

1986 年，美国法院根据《超级基金法》判定马里兰银行（Maryland Bank and Trust）负有清理污染场地的法律责任，因为它的一家借贷方，从事污染废弃物管理的公司破产了，而其被严重污染的厂址作为抵押品成为了该银行的资产。美国法院认为，贷款银行拥有充足的工具和方法进行尽职调查以避免该风险，这种对潜在环境污染风险的尽职调查是贷款银行的责任，法院没有义务保护贷款银行因为自身的失误而导致的资金损失。在 1990 年关于参与污染设施和项目管理的案例中，法院裁定 Fleet Factors 必须承担清理污染的环境责任，因为它的一个破产的借贷方——斯恩斯德伯勒印花公司（Swainsbro Print Works Inc.）遗留下大量的环境污染问题。Fleet Factors 已经将斯恩斯德伯勒印花公司的库存、设备和厂房作为贷款的抵押品，当斯恩斯德伯勒印花公司申请破产时，Fleet Factors 介入进行设备清算。就在此时，危险化学物品发生了泄漏，从而大面积污染了厂地。法院据此裁定 Fleet Factors 是污染设施的运营人（Operator），因此需要承担清理污染的法律责任。

项目融资贷款银行更容易被判定为污染物体的所有人、经营人或者管理控制人，从而成为清污的直接法律责任人。因为，土地、设备等容易产生污染的物质作为重要的项目资产，在项目融资过程中，一般是需要抵押给贷款银行的，而且，由于项目融资有限追索的特性，贷款银行为了保证还款，往往在一定程度上控制项目公司的财务账户，同时也积极参与项目公司的管理，以确保贷款的偿还。

2002 年，美国通过了《小型企业法律责任减轻和棕地修复法》，对贷款银行在《超级基金法》中的清污法律责任做了部分豁免规定。法律规定贷款银行的免责条件是，贷款银行持有污染场地或者设施的抵押权仅仅只是为了保全自身的经营安全，但是并没有参与到污染设施的管理中，并且在贷款前做了充足的尽职调查（All Appropriate Inquires，AAI）。这一免责条款使一般公司融资方式的贷款银行比较容易获得豁免，只要它们能证明自己确实进行了充分的尽职调查。但是对实施项目融资的贷款银行来说，要证明自己并没有参与污染设施或者项目的管理是个难题。因此，项目融资中的贷款银行，其清污法律责任很难在该法案下获得豁免。

　　土壤污染的特点是：第一，隐蔽性和滞后性。土壤污染从产生到出现问题通常会滞后较长时间，往往要通过对土壤样品进行分析化验和农作物的残留检测，甚至通过研究对人畜健康状况的影响后才能确定。比如日本的"痛痛病"，是经过了10~20年之后才逐渐被人们认识。第二，累积性。污染物在土壤中并不像在大气和水体中那样容易扩散和稀释，因此会在土壤中不断累积而超标。第三，不可逆转性。重金属对土壤的污染基本上是一个不可逆转的过程，许多有机化学物质的污染也需要较长时间才能降解。如被某些重金属污染后的土壤可能需要100~200年的时间才能够逐渐恢复。第四，难治理性。累积在土壤中的无法降解污染物很难靠稀释和自我净化作用来消除。土壤污染一旦发生，仅仅依靠切断污染源的方法往往很难恢复，有时要靠换土、淋洗等方法才能解决。

　　正是因为土壤污染的治理具有这些特性，所以，土壤污染一旦发生，其治理要耗费大量资金，比水污染和空气污染耗费的资金额度通常要巨大得多，这些巨额的清理和修复费用，使银行蒙受了巨大的经济损失。这种状况迫使银行认识到环境问题的严重性。从此，各银行开始自行设立应对环境风险的部门，在融资基准中也加入了对环境保护的要求。

1.1.2　加拿大环境法律法规对贷款银行法律责任的规定

　　加拿大这方面的立法不像美国那样集中，大量的联邦和各省的法律法规都可能对贷款人产生影响。由于加拿大宪法在环境事务方面同时赋予联邦和各省以相应的权力，因此，加拿大现行的环境立法同时在这两个层次上实施。而提高贷款人环境责任的倾向主要体现在各省的立法中，特别是反映在安大略省和阿尔伯塔省的立法中。在联邦法层面，加拿大联邦《环境保护法》规定：任何拥有或者控制污染物的机构或个人，或者引起或共同引起某一污染的机构和个人，必须承担清除污染的法律责任。在这一规定下，如果贷款银行作为抵押污染物品的拥有机构，或者在项目融资中介入项目管理，成为控制污染物的机构，都有可能成为清污法律责任人。同时，该法还规定，在政府已经清理了污染并要求追偿清污费用的情况下，此种追偿权不受时间限制。在这种情况下如果政府起诉贷款人任命的破产托管人或者接收人，则可能最终会使贷款银行承担经济损失。加拿大联邦《渔业法》规定，如果有毒废弃物的倾倒改变或毁坏了鱼类栖息地，导致了持有许可证的渔民的经济损失，持证渔民可向法院起诉，要求有毒废弃物的所有人、管理控制人赔偿其一切损失。很显然，贷款银行任命的破产托管人或接收人，都很可能被判定具有负责赔偿的法律责任。

在加拿大省一级的环境法中，对贷款银行环境责任进行规定的首推不列颠哥伦比亚省的《污染废弃物管理法》。在该法中，贷款银行以及贷款银行任命的破产托管人或者接收人，都有可能被处以惩罚，如果发现他们是污染物品的所有人、管理人或控制人。而安大略省《环境保护法》则规定，承担环境责任的人指所有人或对污染源占有、控制或管理的人。因此，政府可以发布控制污染命令的对象包括污染物品的所有人、前所有人、占有人、原占有人、管理人或控制人。另外，政府还可以对那些已经引起或允许倾倒有毒废弃物的同类人员发出清污命令。该法还规定此种命令对收到此命令之人的继承人或受让人同样具有约束力。按照该法律，贷款银行很可能被起诉要求承担清污责任，而不管他们对倾倒有毒废弃物行为本身是否有责任。

在加拿大环境法及法院判决案例中，裁定贷款银行直接环境责任的关键标准是其对污染源是否具有所有权或对它的占有或控制权利。法律本身并没有对"控制"下一个确切的定义，对"控制"的解释权交给了法院。加拿大最高法院认为，环境法下的责任应该是一种不需要证明行为人违法故意的严格责任，并建议只要贷款人具备影响借贷方的能力，就构成控制，足够导致承担环境责任。这一建议在20世纪80年代的几个案件判决中得到体现。如在1983年的R. V. Placer Developments Ltd. 案中，由于借贷方安装油罐的过失，使大量内燃机油泄入河流中，造成了严重的污染，法院判定贷款银行应该对此承担清污责任。其理由是，贷款银行有能力通过下列三种方式对借贷方实施控制：第一，通过合同；第二，通过保证适当履行的责任；第三，凭借足够的专家和知识来发现安装上的疏忽。可见，在这种严格的法律条款下，如果贷款银行的借贷方发生了倾废行为且造成了严重污染，贷款银行承担清污费用的可能性是非常大的，特别是在贷款由抵押物做抵押担保的情况下。如果是项目融资，那贷款银行的责任就基本是确定的，因为贷款银行会被认为对借贷方具有重大程度的控制，因此需要承担清污的法律责任。

1.1.3 日本环境法律法规对贷款银行环境法律责任的规定

日本于 2003 年颁布并实施了《土地污染对策法》，规定被污染土地的所有者以及造成污染的关联者必须自行消除污染，并承担全部治理费用。由此导致向污染企业和项目提供资金的银行即所谓关联者也必须承担相应的环境风险。日本银行界认为，大部分的环境风险来自土壤和地下水的污染。比如，1970 年，东京都江东区购置了某化工厂用于填埋废弃物的土地修建公共住宅，但其后在土壤中发现了六价铬的污染，地产商不得不承担额外的去污费用，而贷款银行也不得不承担连带责任。1990 年，关岛福山市利用原制药厂的场地修建大型商业区，在工程中发现水银和 PCB（聚氯联二苯）的污染，最终不得不中止该建设计划。1993 年，九州某地在以前的工业废弃物处理场地兴建大型娱乐场，中途发现大量砷和重金属的污染，由于处理费用过于庞大，使投资远远超出了预算。

1.2 项目融资对商业银行环境责任的强化

1.2.1 项目融资

项目融资是指以项目的资产、预期收益或者权益作为抵押取得一种无追索权或有限追索权的融资或者贷款活动。在项目融资中，用来保证贷款偿还的主要来源限制在被融资项目本身的经济强度之中。项目融资是一种专业性很强的融资方式，这种融资方式主要应用于那些需要巨额资金、投资风险大而传统融资方式又难以满足，并且一旦成功后现金流量较为稳定的工程项目，如天然气、煤炭、石油等自然资源的开发以及交通、电力、公用事业等大型工程建设项目。

项目融资具有不同于传统公司融资的特点。公司融资是指一个公司为了建设一个项目，利用公司自身的资信能力，以公司本身作为债务人而进行的融资活动。

项目融资和公司融资的区别主要在于：

第一，贷款审核中考察的重点不同。在项目融资中，是以项目实体的未来现金流量作为主要的还款来源，并且以项目实体本身的资产作为贷款的主要保障。因此，银行在进行贷款审核时，主要考虑项目本身未来的现金流量和项目本身的资产价值是否足以保障归还贷款。在公司融资中，贷款银行在进行贷款审核时，是将该公司整体财务状况和资信等级作为主要的评估依据，而把该公司申请贷款的某个具体项目的财务、风险等情况作为次要的参考因素加以分析。因为即使该贷款项目失败了，贷款银行还可以从该公司的整体财务效益中得到本金和利息的偿还。

第二，贷款对象的不同。在项目融资中，贷款银行是将资金直接贷放给项目发起人为建设运营该项目而组建的项目公司，而不是贷款发起人。因为贷款银行获得还贷的资金来源是项目本身的资产和未来产生的现金流，所以，贷款银行不太考虑项目发起人的财务状况，主要考虑的是项目本身的经济强度。而公司融资中贷款银行是将资金直接贷给项目发起人。因此贷款银行比较注重分析融资公司现在的信用等级和资金状况。

第三，筹资渠道不同。在项目融资中，工程项目所需要的建设资金具有规模大、期限长的特点，因而需要多元化的资金筹集渠道，如有限追索的项目贷款、发行债券、外国政府贷款、国际金融机构贷款等。而公司融资中工程项目一般规模比较小，期限短，所以一般是较为单一的筹资渠道，如商业银行贷款等。

第四，追索性质不同。项目融资与公司融资的本质区别就是融资的有限追索权或者无追索权。项目建成后如果没有收益，例如矿产资源开采不出来、工程竣工后无法使用等，导致项目公司无法得到预期收入，就无法偿还贷款。贷款银行不能追索除项目资产及相关担保之外的项目发起人的其他资产。而在公司融资中，银行提供的是具有完全追索权的资金。一旦借款人无法偿还银行贷款，银行将行使其对借款人的资产处置权以弥补其贷款本息的损失。

第五，还款来源不同。项目融资的资金偿还是以项目投产后的收益及项目本身的资产作为还款来源，即项目融资是将还款来源限制在所融资项目的收益和资产范围内的一种融资方式。而公司融资中作为资金偿还保证的是项目发起人的所有资产及其收益，即如果该融资项目失败，不能产生足够的现金流，则贷款银行会要求借款人用其他项目的收益来偿还银行贷款。

1.2.2 项目融资与节能减排环保产业融资

项目融资对我国环保产业的发展具有巨大影响。目前，我国的绿色信贷政策要求银行的贷款资金向节能减排的环保产业倾斜，要加大对节能减排产业的投资力度。但是，商业银行毕竟不是政策性银行，在执行政府的绿色信贷政策的同时，它们也必须顾及自身的金融风险。按照传统公司融资方式，企业的贷款信用取决于企业过往业绩和财务状况。为了防范信用风险，贷款银行一般会要求企业提供近 3 年的财务报表。而环保、节能、可再生能源行业多是以项目方式运作，其公司由于初建，往往没有可供银行参考的业绩，很多情况下甚至没有财务报表。所以，公司只能依靠股权融资来获得少量资金，很难融通到其所需要的大额资金。

少量资金只能建小企业，这种融资方式导致的后果是，目前我国的环保产业，如新能源等，存在产业规模小、系统集成能力不强、核心技术不成熟、产品成本偏高等问题。而这些问题的存在，进一步加大了银行按照传统公司融资模式为其融资的风险性，导致银行不敢向这些行业过多融资。这些行业目前存在的分散、小规模、低技术含量等问题，加大了银行的贷款风险。银行希望可以更好地执行绿色信贷政策，但又需要防范自身的金融风险，这种两难的局面，增加了绿色信贷政策在节能减排融资方面执行的困难程度，也导致我国的节能减排环保产业难以具有国际竞争力。因为这种绿色新经济的竞争力就体现在技术的竞争上，谁研发出核心的新技术，谁就能在市场竞争中取胜。而新技术的研发和使用都是需要规模经济和集约化经营的，所以，国际上比较成功的新能源企业，都是大规模集约化生产的，不仅可以因规模效益而降低成本，更重要的是只有这种规模化集约化生产才能有利于核心技术的研发和使用。

节能减排的环保产业，其融资特点是：初期几乎没有任何资产，但是具有很稳定的未来项目收益。注重对企业过去财务状况分析的传统公司融资模式，必然会认为这种初期没有任何资产的融资是高风险融资，而注重对项目未来收益分析的项目融资模式，由于分析的重点是项目未来的收益，而很多节能减排项目都具有项目未来收益稳定的特性，如风能等，所以，这种注重项目未来收益分析的项目融资模式，由于其项目未来收益的稳定性，就可以降低其风险程度，从而使银行可以大胆地根据其项目未来收益的经济强度，来给予与项目需求符合的巨额投资。

项目融资案例：北京高安屯垃圾焚烧发电厂

北京高安屯垃圾焚烧发电厂的贷款就是按照无追索的项目融资方式进行的融资。该项目位于朝阳区，设计的垃圾日处理量为1 600吨，每年可处理生活垃圾约60万吨。垃圾焚烧时产生的热能经过加热锅炉产生蒸汽推动汽轮机组旋转从而发电，发电功能最大可达每小时30兆瓦，每年预计发电量在2亿度左右。高安屯垃圾焚烧发电厂以项目公司方式设立，大股东为外商股份性质的金州集团。高安屯垃圾焚烧发电厂是目前中国规模最大的垃圾焚烧发电项目，也是亚洲单机容量最大的垃圾焚烧发电厂。因此，该发电厂的建设需要投入巨额资金。

该项目面临的融资困境是：项目资产已经全部被抵押出去了，但是项目还没有运行，所以在当时没有任何收益，更没有可供银行参考的业绩。因此，如果以企业信用贷款的方式操作，项目公司很难凭借其自身的资质为项目取得融资。然而，该项目的未来收益是相对稳定的。该项目未来的稳定现金流主要包括：朝阳区政府为处理垃圾所支付的垃圾补贴费；北京电力公司为收购项目所发电力将支付的电费；中信保为售电收入与垃圾处理费提供保险，进一步确保还贷；国家对环保可再生能源企业的补贴支持，根据《中华人民共和国可再生能源法》及相关政策，该项目享受 0.25 元人民币的可再生能源上网补贴。另外，项目采用的技术成熟可靠，设备采购来源于国际和国内著名厂商；银团的独立技术顾问对项目采用的技术和设备充分认可；高安屯项目的运营团队具备长期运营、维修和管理垃圾发电厂的经验。

因此，渣打银行与招商银行和渤海银行组成了银团为该项目提供了 10 年期的长期项目融资。

对于从事环保产业的企业来说，传统的融资方式主要包括股权融资和债务融资。股权融资主要是通过发行股票或引进风险资本融资，债务融资主要是通过银行贷款或者是发行债券。这些传统的融资方式，除了风险投资，其他都是以企业本身的资信能力为基础安排的融资。外部资金的投入者（包括公司股票、公司债券的投资者、贷款银行等）决定是否对该公司投资或者提供贷款以及到底提供多少资金的主要依据是该公司作为一个整体的资产负债、利润及现金流量的情况。资金的投入者是从公司的经营历史和现状以及公司信誉中获得资金回收的安全感。

但是，我国目前的环保企业都处于初创阶段，信用等级不高。这就导致了这些企业无法通过传统融资方式来融通到足够资金。即使融通到一点资金，也是小额的，只能建立规模较小的企业，无法进行集约化生产。小型企业是没有能力组织研发自主创新的核心技术的，也无法取得因技术创新和规模经济导致的产品成本下降。因为企业分散、规模小、重复建设导致的技术被动、生产成本高等因素，制约了我国环保产业的发展，使其在市场竞争中缺乏核心竞争力。

要在这些新兴行业抢占国际竞争制高点，我国的环保企业必须要能够获得大额度的资金支持。目前国际上环保产业制胜的重要法宝之一就是集约化生产。而这种新能源集约化生产的融资具有初期投资大、建设时间长、投资回收期长的特点，其收益的回报又具有较高的风险性，在这种情况下，传统的融资方式难以有效满足新兴产业的资金需求。

项目融资是一种新型融资方式，各个参与者之间通过预先达成的协议相互联系起来，整个融资模式既包括债务融资也包括股权融资。基于参与者之间的协议预定，项目风险得到良好的规避和分担。在国际上，项目融资作为管理风险、分配风险的新型融资方式，为新兴环保产业的集约化生产融通巨额资金，促进了环保产业的规模化发展和核心技术的创新。

项目融资之所以可以降低从事环保产业的企业融资风险并帮助从事新兴环保产业的企业获得大额资金支持主要基于以下原因：

第一，项目融资具有项目导向的特征，是建立在项目预期现金流基础上的融资。在这种新型融资模式下，外部资金的投入者决定是否投入资金或者投入多少，是依据拟进行的项目的预期收益来分析判断的。因此，即使大部分环保产业还处于初创时期，且规模较小，但是，只要拟融资的环保产业项目具有较好的收益预期，就能得到投资者的巨额资金支持。由于这种融资方式中，外部资金投入者获得利益的主要来源是项目未来收益，所以，项目能获得多大规模的资金支持，与发起方企业的规模和财务状况没有很大关系。只要能证明该新能源项目的未来收益是好的，比如，能获得用户的长期购买合同就可以融通巨额资金，从而使从事环保产业的企业可以进行大规模集约化生产，以提高其核心竞争力。

第二，项目融资可以帮助从事环保产业的企业在融资中提高未来收益预期的稳定性。很多环保产业难以融通大额资金的一个很重要的原因是收益难以预期。在国际上，为了克服这一融资困难，很多环保产业的产品，如新能源产品，往往不是作为一般商品经营，而是作为项目经营，往往要求20年以上的稳定的用户需求。项目融资方式中环保产业的产品的销售通常采取预售的形式来安排。如项目融资中重要的担保合同之一往往是"无论提货与否均需付款协议"或者"无论使用与否均需付款协议"。根据这些合同，环保产业产品的使用者在融资期间需要按照合同定期购买新能源产品，以保证项目未来稳定的现金流。这表明，项目融资使环保产业投资者可以利用与项目利益相关的第三方（如稳定的用户）的信用来降低融资的风险，从而融通大额资金。

第三，项目融资可以帮助从事环保产业的企业更好地利用国家对环保产业的优惠财政政策，包括财政补贴和税收。为了促进环保产业发展，国家采取了各种财政政策，如补贴、税收优惠等。但如果不通过一定的融资结构设计，就无法充分地利用这些优惠政策。而项目融资具有融资结构灵活的特点，可以根据国家优惠政策设计出项目的最优税务结构，既可以利用国家的新能源优惠的财税政策，还可以最大化地利用税务亏损来减少项目资金投入。

1.2.3　商业银行在从事项目融资中可获得的高额利润

项目融资的利息一般要高出同等条件下公司融资的 0.3% ~ 1.5%。其增加的幅度与贷款银行在融资结构中承担的风险密切相关。除利息外，借贷方还要向银行支付附加利率、管理费、代理费、杂费、承担费等，如折成年率为 1.5% ~2% 。

商业银行贷款目前是国际项目融资的最大来源，主要是因为商业银行具备评估项目融资信贷风险的能力。国际上，目前的项目融资主要都是通过银团贷款的方式，单一银行贷款日益减少。这种银团贷款方式有助于减少和分散风险。

银团贷款的利息按照伦敦银行间同业拆借利率（LIBOR）计收，该利率最高时曾达 18%，最低时为 3.6% 左右。但其中 30% 的贷款合同不按照 LIBOR 计收利息，而按照美国商业银行优惠放款利率（Prime Rate）计收。贷款银团除获得利息外，作为借贷方的项目公司还需要向银团支付：（1）附加利率，在 1% 左右；（2）管理费，费率在 1% 左右；（3）代理费，费率一般在 0.25% ~0.5%，有的一次收取，有的每年按费率支付；（4）杂费，指在贷款协议签订前银团发生的一切费用；（5）承担费，即贷款协议签订后，借贷人对未提取的贷款余额应支付的费用，一般承担费的费率为 0.25% ~ 0.5%。上述这些费用是借贷方必须支付的。有时，银团还向借款者收取安排费，或要求借贷方将一定的贷款余额存放在有关银行的账户上，称作抵偿结存（Compensation Balance）。因此，贷款银团除利息外，其他费用收取如折成年率为 1.5% ~ 2%。如果是按 LIBOR 计息，则借贷人的借款成本为 8.0% ~ 8.5%；如果按照美国商业银行优惠放款利率计息，则借款人的借款成本为 10.14% ~ 10.64%。

从以上分析我们可以知道，商业银行从事项目融资可以获得高额利润。但同时，这些高额利润也反映出项目融资成本的高昂，因此，只有项目所需资金非常巨大的时候，在规模效用的作用下，才能有效利用项目融资的优点，取得较稳定的投资回报。

1.2.4 项目融资强化了银行的直接和间接环境责任

在公司融资中，一旦项目因为环境风险而失败，其风险几乎完全由项目借款人承担，因为贷款银行具有完全追索的权利作为归还贷款的保证。而在项目融资中，对于与项目有关的各种风险，通常会以某种形式在项目发起人、贷款银行以及其他项目参与方之间分配。由于贷款的无追索和有限追索特性，导致贷款银行的环境风险增强。一旦贷款项目因为环境风险而失败，贷款银行将要承担巨大的经济损失。另外，严格的环境保护立法将迫使项目降低生产效率，增加生产成本，或者增加新的资本投入来改善项目的生产环境，这一切，都可能减弱项目的经济强度。所以，以项目融资方式融资的项目，强化了银行的间接环境责任。

另外，项目融资还会强化贷款银行的直接环境责任。由于项目融资的无追索或者有限追索特性，增加了贷款银行的风险，因此，贷款银行必然要加强对项目的监管，有时甚至是过分监管。如要将项目报告、项目经营情况、项目工程技术报告等资料及时通报给贷款银行。为了减少风险，贷款银行还会限制项目所有权的转移以确保经营管理的连续性。由于贷款银行过于深入地介入项目的运营，因此，一旦该项目产生的环境影响严重损害了周围社区的经济生活，或者导致了国际环境问题的产生，贷款银行就经常会被法院认定为是污染项目或者污染场地或者污染设施的所有人之一或者是经营人之一，需要承受直接的法律责任。例如，美国《超级基金法》就将一大批从事项目融资的贷款银行判定为需要承受直接法律责任的责任方之一。而加拿大法律中对污染项目或者污染设施的所有人或者控制人的法律追究，在贷款银行介入项目经营十分深入的情况下，很容易被法院认定为对项目或者污染设施具有控制权，从而被迫承受直接的清污和修复的法律责任。

1.3　商业银行践行社会环境责任的压力

商业银行践行社会环境责任的压力，是推动其建立环境风险管理体系的另一重要原因。

最初，人们所关注的是制造业的环境责任。随着环境问题越来越在各国获得重视，制造业对环境造成的影响引起了人们的重视，其生产工艺流程、消耗的资源、排放的废水、废气等，对环境的影响极大。所以，当时的社会公民团体，把主要关注力放在了监督制造业执行环保标准、开展环境友好型生产等。

在那时，人们并没有意识到银行在环境问题和环境保护中的关键作用，因为商业银行本身的活动对环境造成的负荷比较小。表 1-1 是日本丰田汽车制造与三菱东京 UFJ 银行排放废弃物的情况比较。

表 1-1　日本丰田汽车制造与三菱东京 UFJ 银行排放废弃物的情况比较

项目	日本丰田汽车制造	三菱东京 UFJ 银行
CO_2 排放量/千吨	6 500	123
废弃物/吨	81 000	3 351
化学物质/吨	1 790	—

从废弃物的排放量来看，商业银行的排放量大概是制造业排放量的1%。所以，最初商业银行并没有在环境保护中成为被关注的对象。当时的商业银行对其参加环境保护的行为仅仅理解为如何在业务活动中尽量减少资源的使用和 CO_2 的排放，例如，尽量采用电子文件而减少纸质文

件的使用、少用空调、节约用电等。

但是，随着环境问题的危机化加深，以及环境保护知识的积累，人们注意到，商业银行对环境的影响并不主要体现在其自己的业务活动，更多的是通过其金融业务来影响制造业的行动。商业银行可以通过提供贷款等方式，对制造业的发展间接地起着一种导向作用。商业银行对企业贷款的选择，往往会在一定程度上参与塑造整个社会产业的发展格局。如果商业银行可以在信贷审核中支持绿色企业，并拒绝污染贷款，就可以促进解决环境问题。人们认识到，商业银行既是当今污染严重的根源之一，也是解决环境问题的重要力量之一。商业银行是否在其信贷审核中加入环境的考量，将影响整个世界环境保护的进程。在这种情况下，社会公民团体开始关注商业银行，并要求商业银行履行其社会环境责任，在其信贷审核中，要加入环境的考量，拒绝给污染企业和污染项目贷款。

NGO 是监督商业银行履行社会环境责任的重要力量之一。例如 RAN（Rainforest Action Network），1985 年成立于美国（本部旧金山），主要从事森林，特别是热带雨林的保护活动，最初 RAN 把主要注意力放在企业，他们希望通过对企业施加各种压力来迫使企业改变自己的行动，从而起到保护热带雨林的作用。

但是，后来 RAN 认为，在破坏热带雨林项目的背后，存在着对项目提供贷款的银行，于是开始监视银行，对很多家银行采取了行动，首先针对的是花旗银行。在调查中，他们发现花旗银行借了大量的资金给企业去从事热带雨林的开发，这助长了热带雨林的破坏，因此，他们开始对花旗银行采取行动，对花旗银行施压。首先，致信花旗银行，指出其做法的不对。接着是抗议行动，RAN 对花旗银行发起了两次全球范围的抗议行动，遍布 80 多个国家。

起初，花旗银行对 NGO 的影响力并没有足够的认识，所以，对这些抗议不予理会。可是，抗议活动并没有如他们预期的那样随着时间而消失，反而愈演愈烈，除了环保人士抵制花旗银行外，一些花旗银行的借贷方也纷纷站出来反对花旗银行将自己的钱用于对热带雨林的破坏行为。最后，花旗银行不得不认真对待 NGO 的抗议，和 RAN 走到谈判桌上商谈 RAN 提出的要求，最后达成了和解。

2000 年，花旗银行投资的 Camisea 燃气工程再次受到 NGO 组织的抗议和抵制。2000 年，美国 Hunt 石油公司和韩国 SK 公司投资 16 亿美元在秘鲁开发 Camisea 燃气工程，包括在山谷里勘探和建设四个钻井平台，再输送到秘鲁海岸的两条天然气输送管道，以及在利马海岸附近建设两个天然气加工厂。该项目 75% 的天然气开采作业地点位于生活在与世隔绝的土著人的领地内，在该项目开始投产的 18 个月内，输气管道已经破裂了 4 次，并且至少有 3 次重大的溢漏事故。2004 年 5 月，秘鲁卫生部流行病学办公厅一个报告证实，22 个土著社区及众多的农业社区不得不忍受直接或间接的影响，包括鱼类的消失，山体滑坡及传染病发生等。花旗银行作为该项目的资金支持方，也遭到以国际雨林行动网络为首的众多环保 NGO 的强烈指责。

除了 Camisea 燃气工程，花旗银行贷款的其他项目，如美国加州水源林红木砍伐项目、厄瓜多尔管道项目、巴布亚新几内亚油田等，因为涉及毁坏濒临消失的森林、破坏当地社区并加速全球变暖，而遭受环保NGO 的猛烈指责。他们甚至组织全美大学生抵制花旗银行的信用卡。这些学生们纷纷涌到花旗银行各个网点，在银行门口折断一张张信用卡。此项运动经过媒体报道，产生了很大的反响。其他银行也受到类似的来自公民社会要求其践行环境社会责任的压力。

第2章　商业银行环境风险管理主要策略

2.1　通过建立环境风险管理系统进行内部控制

2.1.1　概述

自银行业产生以来，发放贷款一直是银行最主要的功能之一。合理的贷款方向和贷款规模及结构能够促进经济增长，同时不合理的贷款发放也是银行业风险的主要来源。对于中国商业银行来说，贷款占到银行总资产的三分之二以上，带来的收益占银行总收入的四分之三甚至更多。因此，中国银行业的风险主要集中在信贷领域。为了防范金融风险，促进银行业的可持续发展，就必须加强贷款的风险管理。

在近十年的国际实践中，越来越多的贷款银行将环境风险管理纳入其信贷风险管理系统。这主要来源于以下原因：第一，在发达国家，政府已经逐渐认识到银行业与可持续发展的关系，并在法律建设方面对贷款银行的环境责任逐渐给予了规定。例如，美国的《超级基金法》规定了贷款银行在棕地污染治理中的法律责任。第二，不良的环境表现会引起银行借款者的盈利能力下降，并最终危及债务安全，增加借款者偿还债务的风险。第三，大量与环境相关的事件正在或者可能对银行业务产生影响。第四，银行业的利益相关者，包括股东、借款者、雇员乃至公众开始对银行业提出环境方面的要求。第五，一些国际领先银行已经在其业务流程中建立起了环境风险管理系统，并使银行获得了很大收益，这些领先银行的成功实践带动了银行业环境风险管理的发展。

不仅发达国家的领先银行已经在其业务流程中建立起了环境和社会风险管理体系，就是作为新兴市场的巴西和中美洲，其领先银行也纷纷在业务流程中建立了环境和社会风险管理体系，并获得了巨大收益。例如巴西的一大贝贝亚银行、联合银行、中美洲的库斯卡特兰银行等，其根植于业务流程内部的环境和社会风险管理体系，被认为是新兴市场银行业可持续发展最佳实践的代表。①

2000 年，巴西一大贝贝亚银行（即当时的 BBA Creditanstalt 银行）成为巴西第一家建立了一套正式的社会和环境风险管理程序的银行，并要求在贷款业务中详细考虑环保问题。一大贝贝亚银行主要从事公司银行业务，因此，避免向社会和环境表现不良的企业提供贷款、吸引新业务就变得至关重要。该环境和社会风险管理体系的发展得到国际金融公司（IFC）提供的咨询和指导。一大贝贝亚银行的代表们多次参加了国际金融公司的商业竞争优势研讨会，并已经成功地将其所学运用到了实际业务中。

一大贝贝亚银行认为其社会和环境管理体系带来了如下的好处：第一，减少了项目失败的风险；第二，有助于规避环境责任；第三，提升银行形象；第四，在不增加成本的情况下提高竞争力；第五，开拓新的商业机会；第六，促使银行在遵守当地政策、程序、公司原则和环境法律的情况下开展业务。

一大贝贝亚银行聘用了一家国际环境咨询公司来建立全面的尽职调查流程，用于信贷分析。为了增强员工的意识，该银行于 2004 年 10 月开办了环境研讨班，并计划每年一次持续地开办下去。为符合社会责任和公司治理的价值理念，一大贝贝亚银行于 2004 年 8 月申请加入赤道原则。

社会和环境问题管理的改善帮助银行形成了一个更加稳健的资产组

---

① 资料来源：Banking on Sustainability, IFC ［EB/OL］. （2007 – 03）. http：//www. ifc. org/ifcext/sustainability. nsf/Content/Publications Report Banking on Sustainability.

合，投资项目达到了以下结果：通过提高处理效率和废物最小化达到了成本节约；减少了污染排放；因采用环境影响小的原材料或工艺而受益；因环境业绩改善而降低了保险费、许可费或其他成本；减少了损失工时的事故记录和/或工伤数量；得到了媒体和非政府组织的正面关注；获得了好评和奖励。

表2-1　　　　　　　　　　一大贝贝亚银行可持续性项目贷款

行业	可持续 发展领域	信贷组合 （百万美元）	平均项目 长度（年）	获得融资的业务 （举例）
化妆品	生物多样性保护	32.63	10	更高效的处理和废物利用
石油和天然气	更安全的燃气供应	33.70	10	联产项目和铸铁替换项目①
电力	可替代能源项目	104.00	10	建设小型水电站和甘蔗生物质能转换电站
农业	劳动者安全和可持续的土地利用	23.61	7	建立使用更清洁甘蔗处理技术的新型甘蔗加工厂
污水处理	污水及废水处理	70.00	10	建立改善废水和污水处理的设施
总计	—	263.99		

一大贝贝亚银行用五年时间建立并改善了社会与环境管理体系，获得了宝贵的经验。该银行建议在实施社会与环境管理体系时应关注以下几个关键问题：

第一，要在更大范围内将银行全部的关键员工和利益相关者纳入流程中。

第二，在内部文件和其他信息渠道中，要详细说明社会与环境问题将如何导致信贷风险以及存在怎样的机会。要强调环境风险是金融机构在评估新贷款或投资机会时必须考虑的风险之一，这一点至关重要。

第三，明确流程中的角色和职责并分配给员工。所有与客户打交道的员工都应当了解公司的社会与环境管理体系。

---

① 铸铁替换项目是以新型塑料输气管或钢质煤气总管来替换旧的铸铁总管，从而减少天然气泄漏的可能性。

第四，赤道原则正在成为一项国际行业融资条件和行业准则。一大贝贝亚银行的目标不仅仅是简单地要求客户满足标准，而是与最佳客户合作，共同设计出使双方快速增长的商业解决方案。

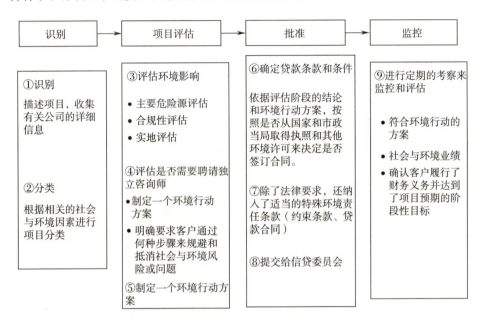

图 2 - 1 巴西一大贝贝亚银行的社会与环境管理体系

巴西联合银行（UNIBANCO）通过采纳赤道原则建立的环境和社会风险管理系统，极大地增强了其市场竞争力。联合银行是巴西第三大私营银行，有超过 80 年的历史。2008 年 11 月 4 日伊塔乌银行和巴西联合银行合并为伊塔乌联合银行（ItaúUnibanco），截至 2018 年 12 月 31 日，总资产约为 4 006.9 亿美元。2002 年，联合银行开始实施社会与环境管理体系，并发布外部报告，公布包括可持续发展信息在内的非财务信息。目前，联合银行已经成功地实施了赤道原则规范下的环境管理体系（EMS），它帮助联合银行提高了对社会与环境问题的认识，全面增强了风险管理能力。银行拥有一支专家队伍，致力于国内与国际信贷和项目融资中的环境管理。

2004 年 6 月，联合银行成为新兴市场中第一个采纳赤道原则的银行。联合银行此举旨在强化银行的项目融资专业技能，提升市场地位。联合银行将社会与环境标准推行到所有适用赤道原则的项目中，并通过统一的标准和工具对融资项目实施更加协调一致的社会与环境控制。该银行的策略是基于以下考虑：

第一，通过主动将业务活动定位于从事可持续发展商业实践的客户，降低银行自身的风险状况，并将最终降低资本成本，从而实现利润和效率最大化的战略目标。

第二，社会与环境风险管理能力的提高可以使银行吸引到新客户，同时更好地服务于社会与环境敏感领域的现有客户。

第三，改善社会与环境管理可以提高从国际金融组织获得资金的可能性。

中美洲库斯卡特兰银行（BANCO CUSCATLAN）的环境管理体系也颇为成功。库斯卡特兰集团是中美洲商业和零售银行业机构的领先者之一。库斯卡特兰集团总部设在萨尔瓦多，是一个多元化的金融集团，通过其在哥斯达黎加、萨尔瓦多、危地马拉、洪都拉斯和巴拿马的附属机构和分行、支行、ATM 网络，业务覆盖中美洲。

库斯卡特兰集团引进了一个全面、协调的环境管理体系，要求包括所有分支机构都应出具统一的环境年报。该银行一直努力将社会与环境

图 2－2　库斯卡特兰银行的环境管理系统

因素纳入整个信贷操作中。环境管理体系包括环境评估、筛选和监测的详细程序和检查表，包含国际金融公司排除目录的要求。根据检查表，仔细分析社会与环境影响。每个项目和流动资金贷款都制订了一套环境行动方案。

筛选系统是基于识别出的社会与环境问题，根据其重要程度赋予权重。按环境、健康和社会风险类别给项目打分。按照统一的系统对项目进行分级，分为红色级（高风险）、黄色级（中等风险）和绿色级（低风险）。每个评估和监测报告都有结论和建议部分。

从 2001 年 11 月起，库斯卡特兰银行资产组合中的所有项目都接受了环境评审和监测。在进行项目分析前，银行工作人员要现场走访来了解项目当前的社会与环境状况。为了获得更多的信息，要与客户举行正式的会议。使用国际金融公司程序进行的详细的项目环境分析和分类，极大地提高了集团旗下所有银行的资产质量。

第一，环境管理体系帮助银行把社会与环境风险较高的项目从资产组合中剔除。

第二，这些措施使分支机构可以不断地提高中等风险项目的业绩，增加低风险项目的数量。

第三，在项目实施阶段，要监控社会与环境方面的表现。所有分支机构都被要求增加项目环境评估和现场检查的次数和频率。

第四，银行的努力获得了良好的口碑，加强了与外部环保基金组织及环境、健康和安全主管部门的合作，如环境部等。

为了保证环境政策落实到机构中的每一个人，库斯卡特兰银行已经对员工进行了大量培训，并聘用了专家参与环境管理。培训包括识别不同行业的环境风险和影响、废弃物综合管理和污水处理等方面。培训环节非常注重实用性，包括实地走访银行的客户等。银行利用问卷调查来获取员工对环境管理体系成效的反馈。

2.1.2　商业银行环境风险管理内部控制主要程序和手段

为了防范环境风险，贷款银行要在其业务流程中建立环境风险管理体系。作为贷款银行的环境风险管理，一般来说主要包括以下程序：第一，项目的环境影响评估；第二，环境审计；第三，环境风险评估审核和信贷审核；第四，将环境条款和条件写入贷款协议；第五，将环境风险管理成本纳入贷款利率的决定；第六，贷后环境风险管理。

由于银行对项目融资和传统融资方式在信贷审核中关注的重点不同，因此，环境风险管理的侧重点也有所不同。项目融资是以项目未来的预期收益为贷款审核的基础，项目融资一般是以专门组建的项目公司为借贷方，这样的项目公司是全新的，不可能有可供银行参考的以往业绩，包括财务业绩和环境管理状况，很多情况下甚至根本没有财务报表。在这种情况下，贷前的环境审计是不可能进行的。因此，在环境风险评估中，主要依靠项目的环境影响评估。比如，赤道原则是专门为管理项目融资的环境风险而制定的国际行业准则，在赤道原则中就十分重视项目的环境影响评价，在整个项目审核期间，需要多次反复进行环境影响评价。第一，在借贷方提交贷款申请时，就需要提交项目所在国签发的环境影响评价审核通过证书；第二，贷款申请方还要自己雇用专门的具有环评资格的专家对项目按照赤道原则的标准进行环境影响评估，并提出减缓计划；第三，贷款银行在接受了借贷方的贷款申请后，对拟贷款项目要派送环境风险管理专家到项目所在地对贷款申请人所提交的环境影响评估书进行审核，并写出审核意见和审核意见摘要；第四，贷款银行的环境风险管理专家要将对项目的环境影响评估审核意见摘要提交到董事会，并就董事会关注的问题进行辩论；第五，在贷款后，如果发现新的环境问题出现，还需要再次做环境影响评价。

当然，在项目融资中，环境审核也是需要的，不过是使用在贷后。贷款后，项目启动了，项目公司就开始有了财务报表和环境风险管理内容，所以，可以要求项目管理方在贷后每年提交环境审计报告，以了解其有没有真正地按照贷款协议管理环境风险，有没有真正按照减缓计划购买相关设备和执行相关行动，其环境绩效如何。这对贷后环境风险管理是十分重要的。

而传统融资是以公司资信为融资基础，由于贷款银行对贷款具有完全追索的权利，除非公司因为资不抵债而倒闭，银行可以把借款公司所有公司资产作为其追索的对象，一直到将资产用于清偿贷款为止。所以，对于传统融资，银行更为关注的是其公司的经营状况。作为环境风险管理，重点也是考察公司经营中有关的环境问题和环境因素对公司经营业绩的影响。在这种情况下，环境审核就变得十分重要。银行可以要求申请贷款的企业提交三年的环境审计报告，以了解公司的环境法律法规的合规状况，以及在包含了环境治理和遵守环境法律法规的成本等情况下公司真实的财务状况。对于传统融资，ISO 14001 资格认证也可以给银行提供很多环境风险管理需求的相关信息。

当然，随着单笔项目贷款金额越来越大，即使不是项目融资形式所进行的银行贷款，由于项目贷款资金额度过于巨大，这种巨大项目的成败很可能极大地影响其所在公司的经营状况，甚至导致其所在公司的破产，使银行无法回收资金。在这种情况下，即使银行不是按照项目融资方式发放贷款，其追索权也是完全追索，但如果这种巨大项目的失败甚至可能导致公司的倒闭，银行即使具有完全追索权，也会遭受信贷资产的严重损失。因此，一些国际领先银行将赤道原则使用范围从项目融资扩大到巨大项目的所有融资方式。这种扩大范围地使用赤道原则，是国际大银行为了满足其防范环境风险的需要而推动的。例如，花旗银行内部规定，项目融资贷款资金额度超过 1 000 万美元就要执行赤道原则。而传统融资方式，例如企业融资，如果贷款额度超过了 5 000 万美元，这就属于巨额贷款了，也是需要执行赤道原则的，因为在 5 000 万美元贷款额度下，项目的成败已经可以极大地影响贷款企业的经营安危。在国外，银行业可以进行股权投资，而股权投资的风险比贷款风险要大得多，所以，花旗银行规定，股权投资超过 500 万美元，就需要执行赤道原则。

这种从环境风险管理成本与收益的平衡来考虑环境风险管理的评估起点，体现在各大银行的环境风险管理规定中，如花旗银行，针对不同种类贷款的风险程度与收益状况，制定出不同的评估起点。

表 2-2 花旗银行环境和社会风险管理政策：涵盖的交易

交易/产品类型	所要求的限额
项目融资交易（遵守赤道原则）	项目资金成本：超过 1 000 万美元
项目融资咨询（遵守赤道原则）	项目资金成本估计：超过 1 000 万美元
现有项目的融资和再融资	项目资金成本：超过 1 000 万美元
公司和政府贷款	贷款总金额：5 000 万美元（总计）
官方和出口机构贷款	贷款总金额：超过 5 000 万美元
收购融资	贷款总金额：5 000 万美元（总计）
债务证券募集或承销（债券）	承销商或安排的代理商募集或承销的债务证券超过 5 000 万美元（总值）
股权投资或股权承销交易	超过 500 万美元的公司（花旗）股权投资；包销商或安排的代理商出售的股权证券超过 5 000 万美元（总值）
LC、投标保函和履约保函	超过 5 000 万美元（总值）的相关工具

由于小规模的企业贷款无法承受环境审计或者额外的环境影响评价费用，因此，其环境风险管理主要是了解企业的环境污染状况，并检查企业有没有政府颁发的相关环境许可。即银行的环境风险管理人员必须知道企业从事行业的主要污染问题，需要核查政府颁发的环境许可，然后对这些环境许可进行验证。在这一层面，银行环境风险管理人员主要是验证和监督企业的环境法律法规的执行情况。

2.2　通过购买保险转嫁环境风险

2.2.1　环境保险在贷款银行环境风险管理中的作用

首先，我们要认识到环境保险是贷款银行项目融资环境风险管理的重要工具。在贷款银行项目融资环境风险管理中，主要有两类管理手段：第一，通过在贷款银行内部建立一套根植于其业务流程的环境管理系统来管理环境风险；第二，通过环境保险来转嫁那些高强度和低频率的环境风险。第一种手段主要是针对可控的环境风险，第二种手段主要是针对不可控的意外发生的环境事故风险。

第一种手段主要是在贷款银行内部。从人员的配备、业务流程的设置以及系统监察等方面，建立起一套环境风险管理制度和组织体系，通过加强环境风险监督检查等措施，降低因环境风险而可能导致的银行信贷安全危机和声誉危机，同时，在环境风险管理中发现盈利机遇。为了通过内部控制降低环境风险发生的可能性和严重程度，金融机构在信贷审核时，要对拟贷款项目的环境风险做充分的尽职调查，分析该项目可能会产生哪些环境风险，环境风险的种类和性质，可能产生的原因，损失发生的过程，环境风险的不确定性程度，以及这些环境风险可能产生的影响程度，及对贷款银行信贷安全和声誉的影响程度。在做完了这些分析后，要对那些可控风险，拟定缓冲或者纠正计划，并在整个项目的生命周期进行监控，以尽可能地减少环境风险的不利影响。而对那些经过分析认为是不可控的风险，一般就需要寻求尽可能地在保险市场通过风险转嫁的方式来分散该项目环境风险。

所以，环境保险作为贷款银行环境风险管理的工具和手段之一，其实施是建立在内部控制手段实施的基础上。只有在内部控制手段相对完善的情况下，才可能做到合理地利用环境保险工具来管理环境风险。因为只有通过内部控制手段才能在信贷审核中对拟贷款项目进行完善的尽职调查，如贷款银行的环境风险管理专家已经通过文献检阅、文档审核和实地调查访问，分析清楚了拟贷款项目可能面临的环境风险程度和种类，才能知道要购买何种环境保险，购买该保险要达到的目的是什么，并通过与保险公司的环境风险专家与团队的合作分析，来评估保险的可能性和保费的标准，设计出符合贷款银行需求的保险产品。

因此，环境保险在项目融资环境风险管理中，只是根植于银行内部业务流程的环境管理系统的一部分，是内部控制手段的必要补充。而且，从环境保险本身的特征来说，也只能对不确定程度较大的环境风险进行承保。因为保险业赖以建立的数理基础是大数法则。大数法则是概率论主要法则之一，该法则的意义是：在随机现象的大量重复出现中，往往呈现几乎必然的规律，这类规律就是大数法则。大数法则是近代保险业赖以建立的数理基础。根据大数法则的定律，承保的危险单位越多，损失概率的偏差越小，反之，承保的危险单位越少，损失概率的偏差越大。因此，保险人运用大数法则就可以比较精确地预测风险，合理地厘定保险费率。保险公司所承保的风险，就单个风险来看，是具有很强的不确定性的，是意外而突然的，是无法预测其是否会发生的，比如人的意外死亡、房屋失火或者意外的有毒化学物质泄漏事故等。但是，如果可以尽可能多地汇集这些事件，比如人和房屋，观测一段期间，则可以测出意外死亡或意外失火在一定大数中发生的概率。观测的大数样本越多，例如观测的房屋或者人口越多，则这种概率就越准确越规范。比如，观测1亿栋房屋所预测的失火概率要比观测1万栋房屋所预测的失火概率要准确。运用大数法则，可以算出在一定大数的基础上，单个偶然的意外事故发生的必然概率。环境保险运用大数法则，将单个的偶然意外无法预测其发生的环境事故风险，在聚集相当数量同类风险的保单后，就可以在一定程度上预测这种偶然的环境事故风险在大数基础上的发生概率，从而在一定程度上降低环境事故风险的不确定性。所以，保险公司在管理不确定性较强的环境事故风险方面，具有分析和管理的专长和优势，这也是保险公司获得利润的基础。

对于偶然的、意外的、不可控的环境事故风险，由于其具有低频率和高强度的特点，贷款银行的环境风险专家要尽可能地通过在保险市场购买环境保险，将不确定的、不可控的环境风险用保险费的形式转化为一种确定的可控制的成本。环境保险对于贷款银行的环境风险管理来说是一种有效的风险管理工具。突发性的环境污染事故往往会造成巨大的损失，贷款银行如果因为环境连带责任而被卷入其中，其信贷安全将受到严重威胁，甚至有可能导致贷款银行破产。而环境保险通过大数法则，将巨大的环境风险损失分散到每一个被保险人的身上，使贷款银行可以免受潜在的灾难性的环境赔偿责任的拖累。另外，一旦贷款银行投保后，保险公司要确认事故的发生是意外的而且是贷款银行已经尽职规避了的，必然会对贷款银行与被保险种相关的业务进行监督检查，要求和督促贷款银行建立自身的环境风险管理系统，并会帮助银行完善环境风险管理系统，以减少赔偿发生的概率。保险公司就是一个风险管理机构，其风险管理团队有丰富的规避风险的知识和技能，贷款银行可以从这种监督与管理中，获得更多的经验，加强自身的环境风险管理系统建设。

2.2.2 银行信贷中环境风险的不确定性

在贷款银行进行贷款业务中，其面临的各种环境风险不确定性程度是不一样的。有些环境风险我们比较确认，比如，如果项目建设和运行违反了国家的环境法规和标准，那么肯定是要受到环境监管部门或者法院制裁的。对于这些不确定性程度较低的环境风险，可以采用内部控制手段，通过将一系列环境管理的规章制度镶嵌进贷款银行的业务管理流程，来降低环境风险发生的可能性和严重程度。比如，赤道原则就是贷款银行用于管理项目融资环境风险的国际标准。赤道原则要求贷款银行在放贷前对拟贷款项目的环境风险进行评估，并在项目进行的全过程对环境风险进行监控和管理。赤道原则在管理不确定性较弱的环境风险方面具有极大的有效性。但由于有些环境风险其爆发具有不确定性、潜伏性和危害巨大的特点，面对这样的环境风险，贷款银行要通过系统内部控制进行风险管理，其管理成本是极其高昂的。通过购买环境保险来转嫁贷款银行的这种具有很大不确定性的环境风险，就成为贷款银行管理环境风险的一种有效手段。

银行信贷中环境风险的不确定性包括环境影响的不确定性、环境法律责任的不确定性和消除污染的费用的不确定性。其中环境影响的不确定性最为突出。

Ove. Ditlevsen 将不确定性分为：物理不确定性，具体表现为不同样本，其物理属性会表现出一定的差异；统计不确定性，对物理现象的观测，只能获得容量有限的样本，以此为基础去分析物理量的本质属性便带来统计的不确定性；模型的不确定性，由于在建模过程中常常要对物理现象进行概化和抽象及假设，这样就可能会忽略一些影响因素，所得模型可能仅仅是原型的一个同构，故模型具有不确定性。

Suter 将环境影响的不确定性分为两类，一类是可以在一定程度上预测其概率的不确定性。例如，有毒化学物质的泄漏具有随机性，但是可通过某种特定方法（如 Fault Tree Analysis[①]）预测其发生的概率和影响程度。另一类不确定性是由于人们认识能力的局限，对风险评价中的某些现象、机理本身不清楚。如在健康风险评价中鉴定某一有毒物质的毒性对人体健康危害时，往往是选择动物进行毒理试验，再由试验所得数据外推得到人类的相关数据。在外推过程中，有时附加 10 倍安全因子，甚至 100 倍安全因子，然后把所得数据作为该有毒物质对人类健康危害的标准值。可以说，在整个试验过程中，动物是受试者，而真正受到健康危害的是人类。尽管在外推的过程中附加了一定的安全因子，但确切地说，有毒物质在人体内的反应机理、对人体健康的影响及影响程度是不清楚的。[②]

曾光明等认为，环境影响的不确定性主要是由以下原因导致的：第一，人类活动引起的不确定性，如人口变迁、经济发展、社会进步等引起的不确定性，并且无数事实证明这种不确定性随着人类社会的进一步发展而加剧，如三峡大坝对长江流域生物群落的分布、物种的迁移以及对整个生态环境系统的影响，人们对此的了解还具有很大程度的不确定性，因此三峡大坝对未来生态环境的影响是不确定的。第二，自然现象的不确定性，如水文、地理、气温、降雨量等自然现象的不确定性，往往带来环境影响的不确定性。[③]

比如在棕地治理项目融资中，对贷款银行来说，这些环境风险的不确定性就十分突出。第一，棕地环境影响是不确定的。由于土壤和地下水污染具有很强的隐蔽性，初期的场地调查可能未发现所有的污染源或者没有准确地确定污染的范围。在开发过程中，新发现的污染源往往导致修复方案的修改。另外，很多污染物对人体健康的影响也具有不确定

---

① Benjamin J. R. , Cornell C. A. Probability: Statistics and Decision for Civil Engineers. New York: Mcgraw – Hill, 1970: 70 – 92.

② Suter G. W. Treatment of Risk in Environmental Impact Assessment [J]. Environmental Management, 1987, 11 (30): 295 – 303.

③ 曾光明，钟政林，曾北危. 环境风险评价中的不确定性问题 [J]. 中国环境科学, 1998 (18).

性,当接触方式和接触距离改变后,可能造成的影响要超过原来估计的程度。第二,环境法律责任的不确定性。由于棕地环境影响的不确定性,新的污染源可能即使在完成产权转移后还会被不断发现,那么,这些新发现的污染源的修复责任应该由谁来承担就可能发生纠纷。开发商会认为,污染是原来的业主造成的,理应由原业主负责;而原业主会认为,修复在新的业主(开发商)的参与下已经完成,并已得到环保部门的认可和完成产权转移,不应该再由他承担责任。另外,政府在棕地治理方面对贷款银行的责任也是不确定的。第三,清除污染的费用的不确定性。由于棕地重污染源的发现总是在不断进行中,且其污染影响也具有不确定性,必然带来清除污染费用的不确定性。

这些环境影响的不确定、环境法律责任的不确定以及清除污染责任的不确定,会导致贷款银行环境风险管理成本的急剧上升。因为不确定,所以不知道要制定何种程度的减缓措施和纠正措施才能规避风险。但该种环境风险又是必须规避的,因为一旦发生,清理费用极其巨大,对贷款银行的信贷资产安全影响很大。而这种风险又不能通过退出该行业来规避,因为棕地开发也意味着巨额的收益和利润。根据风险收益平衡选择原则,贷款银行选择环境保险作为风险转嫁工具是一种风险管理的有效手段。

2.2.3 环境保险是贷款银行转嫁贷款业务中不确定程度较高的环境风险的工具

环境保险只是贷款银行管理不确定性程度较高的环境风险的工具,但是它不能替代根植于贷款银行业务流程的环境风险管理系统。由于环境保险只承担对突发性、意外性的污染事故的责任,而应该由贷款银行自己负责的非意外性环境事故,被作为除外责任,因此,它只能作为贷款银行环境风险管理的必要补充。

环境保险是管理具有高度不确定性环境风险的有效工具。环境保险要求被保险的风险具有不确定性。环境保险就是对未来不可预测的环境风险进行投保。一个可以完全预测的未来会让保险变得多余。环境保险通过对频发环境事故概率和相关投保人可能遭受损失的严重性进行预测，来对具有不确定性的环境风险进行定价，保险公司对某种具有不确定性的环境风险价格的预测体现在保险费上。保险公司通过对环境风险的预测和定价以及风险分散功能，来帮助投保企业降低因环境风险带来的损失，从而给自己带来经营收益。而投保企业也通过购买环境保险，将不确定的、不可预测的、可能的巨额损失，通过购买环境保险这一确切成本的付出，转化成了一种可预测的支出。

所以，不确定性是环境保险的基本责任标准之一。环境保险并不对那些正常营运状态下的继续性或复合性污染所致损失负责。在环境保险中，突发性和意外性是界定赔偿的严格条件。美国的公众责任保单和欧洲的第三者责任保单中，都含有突然和意外条款（Sudden and Accidental Clause），任何不属于突然和意外发生的污染，如故意和恶意的污染行为等，均属于除外责任。严格这种除外责任，对保险业的经营十分重要。因为如果不规定环境保险只针对突发的和意外的环境污染，被保险机构就会放松环境管理，不会采取充分的措施减少或者消除污染。没有突发性和意外性的除外责任，被保险机构就等于将所有环境风险和由环境风险导致的经济损失转嫁到保险公司，任何监控、减缓或者消除污染的措施对于被保险公司都不具有经济有效性。这样保险公司就会因环境事故的频繁发生而导致其经营业务无法持续。

保险公司对非突然和意外的环境事故的排除，除了技术鉴定外，还通过事故发生频率大小设定差别费率以及保险合同中的免赔条款和责任限额来限制投保人的环境行为。

由于保险公司一般只对突发性和意外性的环境污染事故负责，而且还根据风险程度大小设有差别费率，保费较为合理的往往附有极为严格的除外条款，而一些对突发性和意外性界定不那么严格的险种其保费又极其高昂，所以，环境保险只能是作为贷款银行管理环境风险的可选择手段之一，它不能替代根植于整个业务流程的环境风险管理系统。风险管理总是在多种风险控制手段中进行成本收益比较，选择成本最小而风险管理收益最大的手段。建立根植于整个贷款银行内部业务流程的环境风险管理系统，是管理项目融资环境风险的主要手段。而环境保险，对于贷款银行来说，只能是管理贷款业务中具有较高不确定性的环境风险的手段，而贷款银行自身根植于业务流程的环境风险管理系统才是主体。

第3章　美国商业银行转嫁
环境风险主要保险险种介绍

作为国际经验介绍，笔者将介绍目前美国贷款银行经常在项目融资中使用的环境保险险种。这些环境保险险种主要是污染的法律责任保险（Pollution Legal Liability Insurance）、污染营业中断保险（Pollution Business Interruption Insurance）、贷款人保险（Lender's Insurance）、成本上限保险（Cost Cap Insurance）。

3.1　污染的法律责任保险

传统上，这一保险险种的购买人是财产的所有者或经营者，以防止因该财产产生的污染导致对第三方的意外经济或者人身健康损失。[①] 从事项目融资的贷款银行可以要求项目公司购买此保险，以转嫁不确定性很强的意外环境污染对第三方造成的损害，从而保护贷款银行的信贷安全。

这种保险一般是覆盖意外的、未知的、突发的污染对第三方产生的损害，其保险给付主要是用于由于意外、未知、突发的环境污染导致第三方损害的索赔。第三方索赔包括由被保险财产的污染导致的第三方的场外人身伤害、财产损失以及消除污染费用。例如购买保险人的

---

① Gregg A. Nathanson, Esq. Environmental Contamination and Pollution Insurance [EB/OL]. http：//www. couzens. com/pubs/insurance. cfm.

被保险财产曾经受到污染，虽然购买保险人已经对其进行了尽职的污染清理，但是购买保险人不知道在清理过程中地下水是否受到渗透污染物的污染，因为地下水的污染具有潜伏性和迁移性。如果地下水被污染并逐渐迁移到附近的供水站点，并导致人或者动物的生命健康损失，该保险购买人必然无法承受这种潜在的巨大的环境风险。该保险保护被保险人免受来自第三方诉讼的未知的巨大的灾难性的环境责任。这种保险的赔偿既包含历史性的意外环境污染事故，例如在施工过程中突然发现未事先探知的旧的地下储油罐，也包含保单生效后发生的意外污染事故，例如新油罐的突然爆裂泄漏。该保险可以根据每个保单所面对的环境风险的不同，根据投保人的需要来定制能满足投保人特定需求的保险产品。

这种污染的法律责任保险经常用于防止有毒化学品突然泄漏对第三方造成的危害，因为化学品泄漏产生的危害有很强的不确定性及危害巨大的特征。第一，许多有毒化学物品长期存在于环境中。一个突然产生的化学物品泄漏事故可能导致有毒化学物品逐渐渗透进地下水，或者通过食物链的消化而集中成为高浓度的污染。所以，很多的有毒化学物品污染事件，当它对人类健康产生影响的时候，由于其污染产生的滞后性，可能离其最初被泄漏的事件已经很久了。因此，其危害的影响具有很高的不确定性。第二，一些有毒化学物品，特别是致癌物质，当人们发现了受该有毒化学品危害的症状，比如，导致了癌症的生成，往往已经暴露和遭受该有毒化学物品的危害达几十年之久。有毒化学物品污染对人体健康的伤害还往往通过一代人传递给他们的子孙，比如，由于有毒化学物品在人体的聚集导致胎儿也遭受了这种有毒化学物品的危害，从而使其健康遭受终身的损害。由于有毒化学物品的释放和人体对该种污染产生反应具有很长的时滞，有毒化学物品对人体产生影响的潜伏时间很长，增强了这种污染损害的不确定性程度。第三，有毒化学物品对人体影响结果的不确定性。首先，某种有毒化学物品可以以多种途径来影响人体健康，而接触的途径不同，导致的结果也会不同。其次，人体对有毒化学品的某种反应，也可能是综合因素造成的，比如，肺癌有可能是由于职业性地接触石棉或者吸烟导致的。① 这一切都导致有毒化学物品的环境影响及污染物品的所有者或经营者的法律责任的不确定性。

这种有毒化学物品环境影响的高度的不确定性和一旦发生所产生的巨大危害性，使环境保险成为转嫁和分散该风险的有效工具。第一，保险公司有比一般公司更为专业的技术和团队来评估某种情况下有毒化学物品发生泄漏的概率及其损害导致的赔偿额度，通过其风险管理团队的评估来识别可保风险和不可保风险。一般来说，如果某种环境风险，贷款银行的环境风险管理专家认为通过自身内部控制无法达到降低风险的效果，于是希望通过购买环境保险来转嫁和分散该环境风险。保险公司对该环境风险的评估和度量可以使贷款银行环境风险专家对该风险有更深入的认识。如果这种环境风险通过保险公司的评估，认为是不可保风险，那么贷款银行的环境风险专家就要对该风险格外警惕，要向银行管理高层通报该风险，集体商议解决对策。第二，有毒化学物品危害导致的损失是十分巨大的，一般的公司很难承担如此巨额的赔偿费用。环境保险通过风险分摊机制，可将巨大的环境风险分散到每个被保险人身上。所以，对这种低频率高强度的意外性有毒化学物品污染风险的管理，在防止第三方诉讼和索赔方面，污染的法律责任保险是有效管理风险的工具。

由于项目融资的融资对象都是大型建设项目，所以经常要面临项目资产如场地和设施的化学品污染问题，这种超出正常运营状态下潜在的环境风险，具有危害广泛性和发生不确定性的特征，所以，贷款银行会要求借贷方购买污染的法律责任保险来保证抵押品的安全，同时防止自身被卷入巨额环境责任赔偿的诉讼中。目前，在美国，污染的法律责任保险已经成为环境保险最大的险种。

① Martin T., Katzman. Pollution Liability Insurance and Catastrophic Environmental Risk [J]. The Journal of Risk and Insurance, 1988 (55): 75 - 100.

3.2 污染营业中断保险

这个保险是赔偿被保险人自身因其被保险财产产生突发的、意外的环境污染事故而不得不停止运营所产生的经济损失,是属于对第一方赔偿的险种。例如,如果一个化工厂的溶剂储罐突然意外爆裂并导致了火灾,而从溶剂储罐中泄漏的腐蚀性溶液和有毒气体渗透进地面,绵延到整个厂房,导致整个工厂被环保监管部门关闭。那么,如果该工厂就其可能产生污染的资产购买了污染营业中断保险,保险公司就有责任赔偿该工厂因为被保资产突发性的污染事故而导致的营业收入损失。

这个保险险种对从事项目融资的贷款银行是十分重要的,因为对于以项目融资方式放贷的资金,贷款银行回收贷款的主要来源是项目运营的收入。为了保证还贷,贷款银行经常要求借贷方专门设立由贷款银行掌控的账户,其收入除了保证运营费用,首先应该用于归还银行贷款。如果借贷的项目公司因为突发性的环境污染事故而不得不停业修复,那么停业期间的经济损失在很大程度上将由贷款银行承受,因为这会导致贷款银行无法按期或者按量收回贷款。所以,在项目融资中,贷款银行经常要求借贷方购买污染营业中断保险,以保证用于还贷的营业收入不会因意外的污染事故而丧失。

污染的法律责任保险主要是针对第三方的诉讼赔偿。它可以免除项目融资中贷款银行因为借贷方污染资产而导致的赔偿第三方健康和经济损失的连带法律责任,同时也可以使借贷方不因意外的、灾难性的对第三方的赔偿责任而破产,使贷款银行无法收回贷款。但污染的法律责任保险只是针对被保资产污染导致的对第三方损害的赔偿,并不对污染导致的其自身的损失负责。而污染营业中断保险则是针对被保人自身因污染导致的营业中断所产生的损失。因此,在项目融资过程中,如果该项目可能涉及潜在的有毒化学品污染,贷款银行应该要求借贷方同时购买这两种保险。

3.3　贷款人保险

这项保险通常由两个部分组成。第一，如果在保险期间，被保险的贷款银行因为意外的抵押品污染问题被起诉，无论是在取消赎回权之前还是之后，保险公司将捍卫贷款银行的利益并负责赔偿。第二，如果贷款银行因为意外的抵押品污染被起诉，而借贷方也因为抵押品污染问题宣告破产，在这种情况下，保险公司负责赔偿贷款银行的贷款余额。这项保险政策在美国开始于 2003 年，又被称作"贷款余额"政策。如果采取第二项政策，由保险公司赔付贷款余额，那么贷款银行就不需要取消抵押品的赎回权，如果贷款银行放贷时是实行传统的公司融资方式，且没有参与贷款项目的运营，在这种情况下，如果贷款银行不取消抵押品的赎回权，就可能不被起诉承担清污环境责任。因此，保险公司和被保险的贷款银行就可以根据贷款余额和清污赔偿费用的比较来选择成本较低的方案。如果赔偿费用高于贷款余额，就选择补偿贷款银行的贷款余额；如果赔偿费用低于贷款余额，就选择赔偿费用。

但是，如果贷款银行是以项目融资方式放贷该资金，由于在项目融资中贷款银行一般会比传统融资方式更多地参与项目管理中，以保证还贷安全。因此，即使不取消抵押品的赎回权，也可能会被法院判定为负有清理和赔偿的责任。所以，在项目融资的情况下，主要的赔付还是体现在第一项政策，如果贷款银行因为抵押品（如项目场地或设施）的意外污染事故而被起诉，保险公司负责捍卫贷款银行的利益并负责赔偿金的缴付。

这种保险所保的是由贷款抵押品意外污染而对贷款银行导致的损失，包括：第一，抵押品由于意外污染而贬值部分；第二，由抵押品意外污染导致的诉讼赔偿；第三，由于抵押品污染导致借款方破产而无法清偿贷款部分。保险赔付包括污染导致的对第三方的人身伤害、财产损失以及由污染导致的清污和修复场地费用。需要注意的是，贷款人保险的负责清偿贷款余额的政策，只有在借款方已经宣布破产的情况下才生效。

其实，如果贷款银行要求借款方购买污染的法律责任保险和污染营业中断保险，对于项目融资的贷款银行来说，其效果是与购买贷款人保险差不多的。因为项目融资贷款银行获得还贷的主要来源是项目资产和项目收益。而污染的法律责任保险和污染营业中断保险，通过防止抵押品的意外污染导致项目公司的清污赔偿责任和营业中断对项目收益的影响，间接地保证了贷款银行的利益。由于在项目融资中，无论是污染的法律责任保险、污染营业中断保险还是贷款人保险，一般保费都是由借款方支付，而借款方更愿意选择购买污染的法律责任保险和污染营业中断保险。因为这种保险组合可以同时保护借款方和贷款银行的利益，而贷款人保险只能保护贷款银行利益。但由于项目融资的还贷期常常要长达几十年，而污染的法律责任保险和污染营业中断保险，一般的保险期小于 10 年，所以，如果还贷期小于 10 年，借款方一般愿意购买污染的法律责任保险和污染的营业中断保险来保护借款方和贷款银行的共同利益。但是，如果还贷期超过 10 年，贷款银行一般会要求借款方出资购买贷款人保险，只是保单受益人是贷款银行，这种保费一般是计入借款方的融资成本。

3.4 成本上限保险

这种保险又被称作止损（Stop Loss）保险。本保险承担的风险是针对已知污染源的，是针对清除已知污染源的实际费用，如果意外地超出了预算的估计（这个估计值应该是被保险企业和保险公司共同认同的，并加上 10% 到 20% 的折扣率），那么保险公司负责承担超出预算外的清污费用。[①]例如，如果一个污染场地的修复计划其总成本花费是 50 万美元，但是，场地所有者很担心其修复总费用会超支，所以申请成本上限保险。那么，保险公司会派出专家团队核对其 50 万美元的清污预算，如

---

① Michael J. Bell and Jonathan Pearlson. Environmental Insurance: A Financing Facilitator, Briefings in Real Estate Finance, 2004（3）.

果保险公司的专家团队也认可这一预算，那么，保险公司还会要求占总预算额度 10% 的折扣，即 10 万美元。所以，保险公司承保的基准金额是 60 万美元。如果该场地的清污费用总额意外地超过了 60 万美元，那么超出部分由保险公司负责给付。这类保险承保的是对已知污染源清理时因为意外事件而导致清污费用突然大量增加的意外。

保险总是和不确定性紧密联系的。前面的三种保险，其不确定性都体现在承保的污染事故必须是意外发生的，而这一种保险被保的污染不是意外发生的，而是已知污染，但对清理该污染需要的资金是未知的、不确定的。保险公司具有丰富的风险评估经验和技术，由保险公司和被保企业共同核算的清污费用，在一般情况下是不会超出预算的。但是，超出预算的风险对负责清污的公司是存在的，而且即使是已知污染，其情况也可能在不断变化中，原定的清污技术以及根据该技术所核算的清污费用有可能不能适应变化的情况。清污费用是极其巨大的，潜在的变动可能带来清污费用的上涨会对企业运营带来巨大影响。所以，清污企业会愿意购买此种保险以获得更多发展机会。

在项目融资中，这种保险经常被贷款银行运用。因为项目融资对贷款银行来说，其获得还贷资金和利息收入主要来自项目的收益。如果一些项目的预期收益很好，但已知的污染清除，其潜在的超出预算的可能会极大地影响该项目的经济强度。有时候贷款银行会要求第三方机构的担保，保证如果清污预算严重超出，甚至影响了项目公司还贷能力的情况下，第三方机构负有偿还的责任。但项目融资都是针对大型项目，一旦产生意外的清污费用超支，其金额可能是非常巨大的，不是任何一个企业可以承受的。所以，没有企业和机构愿意来做这个第三方担保，从而导致很好的项目却因融资困难无法实施，这种状况无论对贷款银行还是项目倡导者来说，都是一种损失。因此，贷款银行的环境风险专家在进行现场调查后，如果觉得有潜在的清污预算超出的可能，且这种潜在的预算超出可能会影响贷款银行的信贷安全，那么，出于既规避风险又获得收益的考虑，贷款银行的环境风险专家会要求借款方购买该种成本上限保险，以保护贷款银行的信贷安全。

第4章 商业银行环境风险
管理系统的主要流程

4.1 环境影响评估

环境风险评估是贷款银行环境风险管理的重要内容。一般来说，环境风险评估应该由申请贷款方提供，贷款银行主要负责对其评估提出要求并审核。

环境风险评估首先要按照项目潜在的环境影响的大小进行分类，然后再决定其评估标准和程度。国际上很多国家都实施了环境影响评价制度，规定建设项目必须首先通过环境监管部门的环境影响评价审核，如中国、美国、加拿大、日本、德国、英国、荷兰等。所以，贷款银行在进行环境风险评估时，会首先要求申请贷款方提交国家环保部门对项目的环境影响评估，作为重要的行政许可，也是评估的起点。如果一个项目没有通过国家环保部门的环境影响评估审核，贷款银行会对该项目贷款申请直接否决，不再需要下一步的环境影响评估。

如果拟贷款项目已经通过国家环保部门的环境影响评估，贷款银行一般要根据银行自身对贷款风险管理的需求，规定进一步的环境影响评估内容。

比如，世界银行贷款的环境影响评估，就要求该项目首先已经完成了项目所在东道国环境管理部门对环境影响评价报告的批复，否则，不受理项目的贷款申请。但是，在申请贷款项目完成了国家环保部门的环境影响评估审核之后，世界银行还要求按照自己的环境影响评估要求，对该项目再次进行环境影响评估。亚洲开发银行、欧洲复兴开发银行等都有相同的规定。

例如，欧洲复兴开发银行在小水电站项目信贷审核中的环境影响评估，不仅要求项目必须获得必要的行政许可，如国家环保部门对项目的环境影响评估审核，还在河流流量、水质、鱼道保护、流域保护、濒危物种保护、休闲娱乐、文化遗产、社区等方面提出了自己的要求。

表 4 –1 　　　　　　　　　　　欧洲复兴开发银行小水电站项目
审贷环境影响评价准则（2008 年版本）

项目	审贷准则	内容	审贷依据
行政许可	小水电站符合国家环境、卫生和安全法律。	小水电站或被提议的项目具备所有的行政许可并符合国家法律要求。	①开发商保证已获得国家有关部门对项目的环境影响评估（EIA），并且 EIA 已告知公众；②开发商已获得建设和运行小水电站的执照和许可证。
河流流量	河流需要最小流量以足够满足现有鱼类种群和野生动物的生存，考虑季节性流量变化对河流水质的影响。	①河流全年恒定流量可使所有控制性建筑物维持最小的渠道湿周；②电站能在流量最小时维持河流现有环境。	必须根据鱼类、野生动物和水质对流量的充分要求提供河流量依据。
水质	上下游水质不退化。	压力前池、旁通管和下游尾水渠及饮水坝对水质的影响最小化。	小水电站项目没有造成水质退化。
鱼道和保护	对当地鱼类种群的影响最小化，为当地和迁徙鱼类提供有效的过鱼设施，保护鱼类免受环境影响。	①对鱼类损失和鱼类生存环境的影响最小；②能保护常栖鱼群落；③能维持鱼类迁徙能力；④旁通管和下游尾水管流量能使水生物种和河面生物维持在小水电站建设前的水平。	①已搜集当地及迁徙鱼类种群资料；②开发商了解水电站建筑物的特殊性及其附近鱼类生存的需要；③开发区提供的减缓措施能确保满足银行评估准则。

项目	审贷准则	内容	审贷依据
流域保护	小水电站流域内环境没有负面影响。	①小水电站不破坏上下游现有生态系统的完整性； ②公路、输电线等电站附属工程和发电设施对沿河环境影响最小。	①已完成和电站附属工程有关的影响评估； ②已完成上下游影响评估； ③采取充分的减缓措施保证满足银行评估准则。
濒危物种保护	小水电站既没有对濒危物种产生负面影响，也没有划定任何保护区。	①小水电站没有建设在受保护或敏感河流上； ②没有危害和伤害动植物的生活环境，濒危、区域性关注物种的迁徙方式； ③对现有野生动物的生存环境和数量没有任何显著的影响。	①已鉴别河流或周边地区传统敏感区或保护区； ②已鉴别现有区域或下游内的濒危物种； ③开发商已就小水电站开发对区域和物种的潜在影响作出评估； ④开发商提出的减缓措施能确保满足银行评估准则。
休闲娱乐	小水电站没有中断或限制对河流休闲娱乐的利用。	向河流取水未因兴建小水电站而改变，提供在河流上的休闲娱乐活动。	已鉴别小水电站周边现有的河流休闲娱乐的利用，并确认这些利用不受小水电站开发的影响。
文化遗产	小水电站设施对文化遗产没有不利的影响。	文化遗产包括考古（史前）、古生物、历史、宗教和独特的自然遗产遗址，包括先民留下的遗迹和瀑布、峡谷等独特的自然景观。	①已鉴别小水电站设施附近的文化遗产； ②采取适当的减缓措施保证满足银行评估准则。
社区	小水电站未使当地社区减少对河流及周边土地的利用。	小水电站没有使社区依赖河流谋生的能力中断或受限。例如，渔业生产、休闲和灌溉等。	①已了解清楚当地社区利用河流的情况； ②项目开发前，对当地影响的相关咨询和通告已到达社区； ③同意采取适当的减缓对策以满足银行贷款准则； ④减缓对策包括有权使用电力，特别是当地供电不足的情况下。

由于金融机构进行环境影响评估是为了防范其自身的信贷风险，因此，与国家环保部门的环境影响评估在具体实施方面具有一些差异性。一般来说，在进行环境影响评估前，要按照项目的潜在环境影响对项目进行分类。A 类为对环境具有重大影响的项目，B 类为对环境具有中等影响程度的项目，C 类为对环境影响很小的项目。这种项目分类很重要，因为，项目分类决定了环境影响评估的详细程度。如果初步筛选过高地评估了项目的环境风险，比如，将本来应该是 B 类的项目列为 A 类，那么，就会加大项目的环评工作量，导致评估资金的浪费；如果初步筛选过低地评估了环境风险，比如，将本来应该是 B 类的项目列为 C 类，就会导致由于评估工作的不充分而遗漏了一些核心风险，从而可能引发环境风险。

中国环境影响评估，在项目分类方面，是根据建设项目的环境影响程度编制《建设项目环境影响评价分类管理名录》来实行分类管理。自 2017 年 9 月 1 日起施行的《建设项目环境影响评价分类管理名录》（环境保护部令第 44 号）设置了 50 个一级行业分类，192 个二级类别。其类别标准根据建设项目特征和所在区域的环境敏感程度，综合考虑建设项目可能对环境产生的影响，对建设项目的环境影响评价实行分类管理。对需要重点关注的以及可能产生环境影响问题的建设项目提高了环评文件类别等级，如伴生放射性矿产资源的采选、冶炼及废渣再利用；考虑到挥发性有机物（VOCs）的环境影响，将部分工艺品制造和竹藤棕草制品制造提高了环评文件类别。因此，环境影响要素复杂，污染物种类多、产生量大或毒性大、难降解，对生态环境影响重大，可能对环境和环境敏感区造成重大影响。可能存在重大环境风险的建设项目，需对环境影响进行较为全面、详细、深入的评价和预测。对于环境影响要素简单，环境影响程度和环境风险较小，只需按照国家规定的格式编制报告表，并有针对性选择 1~2 项环境要素开展专项评价。

而亚洲开发银行、世界银行、花旗银行等，都是采取初步环境评估的方式来进行项目的环境影响分类。亚洲开发银行对灌溉、水力发电等 17 个敏感行业都设计了快速环境影响评价清单，在清单中首先要回答项目所在地的环境资源敏感性和易损性，其次要初步分析项目造成重大不利环境影响的可能性。在快速环境影响评价的基础上，由亚洲开发银行地区业务局的行业处完成环境分类表格，并呈交环境与社会发展处处长、地区和可持续发展局首席监督官批准。

分析这两种不同的项目分类方法，可以发现这两种方法是各有利弊。国家环境影响评价的项目分类，可以通过直接查阅《建设项目环境影响评价分类管理名录》获取，操作简单、规范，缺点是分类标准固定、机械，过多强调规模在环境影响程度中的作用，而没有注意每个项目的独特性。而如亚洲开发银行、世界银行等所推行的通过初步环境评估的方式来进行项目分类的方法，更加注重依据具体项目所处的不同环境和项目的独特属性来确定项目的环境分类，操作灵活，适应性更广，但其分类程序相对复杂，且更加依赖于银行环境风险管理人员的个人经验和主观判断。

这两种方法的不同来源于这两类环境影响评价的目的不一样。国家环境影响评价是国家管理环境执法的过程，更加强调客观和公平。如果这种环境影响评价没有很规范客观的操作要求，而更多地依赖环评师的个人经验和主观判断，势必会损坏执法的客观性和公平性。而银行的环境影响评价是为了规避银行的信贷风险，更加强调风险规避的经济有效性，而银行派出的环境风险管理人员是属于银行自己的员工，其个人利益与银行利益具有高度一致性，所以，银行的环境影响评估看重的是所评估的这个项目的独特属性所产生的环境影响。并且作为银行金融风险重要组成部分之一的环境风险，国家的环境法律法规和标准只是风险产生的因素之一，是最基本的基线。除了国家的环境法律法规和标准，还有许多其他潜在的环境因素可能导致金融风险，比如，如果水是拟贷款项目的重要投入品，而拟贷款项目所在区域水质突然恶化，这种水质恶化不是由该项目造成的，但却会引起项目执行时借款方水处理费用的增加和生产成本的提高，导致项目的经济强度减弱，这就可能会影响银行信贷资产安全。因此，银行的环境风险管理人员必须关注这些环境因素及其对拟贷款项目的经济强度造成的影响。

　　银行的环境影响评估人员，其思路与国家环境影响评估人员的思路有一致的地方，也有不同的地方。国家环境影响评估人员注重的是该项目是否会给国家环境带来不利影响。而银行的环境影响评估人员，则是要分析围绕这个拟贷款项目，有哪些环境因素会对银行信贷资产产生不利影响，不仅仅包括该项目是否会给国家环境带来不利影响，还包括周围有哪些环境因素可能会对项目的执行带来不利影响，从而影响该项目的经济强度。

　　由于银行的环境影响评估人员要关注的事项更为细致，和项目特殊性联系更为紧密，而且银行的环境影响评估人员由于属于银行职员，其利益与银行利益有高度一致性，所以，银行的环境影响评估分类，相对于国家的环境影响评估分类，其灵活性更强，更加依赖于银行环境风险管理专家的个人经验和主观判断。也正是因为如此，对银行的环境影响评价来说，现场调查是十分重要的。

　　由于国家环境影响评价和银行环境影响评价的出发点不同，分类方法和关注焦点也有一定的差异，所以，作出的环境影响评价也不尽相同。但有一点是必须明确的，国家的环境影响评价报告是银行环境影响评价最重要的文件，如果一个拟贷款项目没有通过国家环境影响评价审核，银行就必须拒绝为其提供贷款。一个连国家的环境影响评价审核都无法通过的项目，其环境风险是显而易见的，不需要进行进一步的环境风险分析。一个通过了国家环境影响评价审核的项目，并不一定意味着对银行没有任何环境风险。银行的环境风险管理人员必须根据对具体项目的考察，来为项目的环境影响类别分类，以决定是否要进行进一步的环境影响评估，评估的程度是怎样的。

　　以世界银行（以下简称世行）的环境影响评价为例。如果一个项目被确定为 A 类项目，世行会要求环评包括审查项目潜在的积极的和消极的环境影响，与其他可行的替代方案的比较，并推荐可用于预防、削减、缓解或补偿不良影响及改善环境性能的各种措施。另外，世行还会要求借款方出资聘请与项目无从属关系的独立环境评价专家参与环评工作。对于环境风险很高、争议大或者涉及多方严重环境利害关系的 A 类项目，世行会要求借款方聘请一个由独立的、国际承认的环境专家组成的顾问组，对项目中有关环境评价的各个方面提出建议。这个环境影响评价报告还必须以各种途径公开，使项目的利益相关者了解该项目的环境影响，并对环评报告提出意见。最终形成的环评报告必须吸纳了各利益相关者的意见。对于 A 类项目，环境影响评价还应该包括环境管理计划。环境管理计划是包括一系列在项目执行和运行中实施的缓解、监测和机构设置建设措施，以消除或补偿该项目对环境和社会的不良影响，或将其降低至可接受的水平。计划中还要包括保证这些措施实施的安排。对 A 类项目的环境影响评价来说，环境管理计划是组成要素。要准备和制定一个项目的环境管理计划，借款方和银行环境风险管理人员需要针对潜在不良影响制定一系列具体措施，提出相关要求，以确保这些针对措施能够及时、有效地实施。

如果一个拟贷款项目被确定为 B 类，那么，其环境影响评价范围虽然随项目的不同有所差异，但一般都比 A 类项目环评范围小，其设计的减缓措施相对 A 类项目来说也更为容易。但 B 类项目的所有环评文件也必须向项目的利益相关者公开，并根据利益相关者的意见修改环评报告和结论。

如果一个拟贷款项目被确定为 C 类，则只要通过了国家的环境影响评价审核就可以，不需要做进一步的环境影响评价。

对于银行来说，为了防范环境风险，在环境影响评估中，对有些行业需要给予特别的关注：冶金行业，如铅、锌、铜、铝、钢铁等；纸浆、造纸、油墨；农药、杀虫剂；炼油厂；化肥厂；油漆；燃料；皮革；人造纤维；钠、钾氢化物；药物；蓄电池；酸、碱；塑料；橡胶合成；水泥；石棉；发酵工业；电镀业等。

银行的环境风险评估应该重点调查和评估的内容包括：

1. 拟贷款项目的环境影响评估

拟贷款项目的环境影响评估应该包括以下内容：（1）拟贷款项目概况；（2）拟贷款项目周围环境状况分析；（3）拟贷款项目对环境可能造成的影响的分析、预测和评估；（4）替代方案、管理技术和减缓措施的提出及比较；（5）环境影响评价结论。

2. 拟贷款公司环境法律法规的遵守情况调查和评估

拟贷款公司环境法律法规的遵守情况调查和评估包括：与废水、废气、噪音、振动、恶臭、工作环境、消防等有关的各项法律法规遵守历史；有害物质、化学物质等危险品的保管方式和保存状况的记录；工业废弃物的管理状况及处理设施的运转状况的记录；是否有环境问题纠纷的诉讼；是否有环境污染事故。

3. 拟贷款公司环境管理体制调查与评估

拟贷款公司环境管理体制调查与评估包括：公司是否有环境方针，是否有文字性的环保条例，其员工是否对这些环保条例了解，这些环保条例是否对外公布，是否参加社会环保团体或签署某种环保公约；公司是否有比较完善的环境组织，企业各部门的环境责任是否具体明确、各部门的环境责任管理是否落实到具体个人，是否具有突发环境事件的应对机构及措施；是否具有完善的环境教育，是否对公司员工经常进行有规划的环境保护和安全生产教育，是否有环境保护和安全生产的专职教育和检查人员；环境管理系统是否完善，是否获得了 ISO 14001 的认证，是否对外公开发布环境报告书；是否有环境会计，公司用于环境保护的各项费用是否明确，对于环境保护的效果是否能够把握。

4. 环境风险管理调查和评估

环境风险管理调查和评估包括：场地的使用历史调查，包括使用期限、用途、化学物品的种类和性质及回收情况；环境影响评价的实施情况；有无土壤及地下水的污染；场地内废弃物的处理情况；是否购买环境责任赔偿的保险。

5. 不动产环境风险评估

土地经常是最主要的不动产。因此，对不动产环境风险的评估主要体现在对作为抵押品的土地的环境风险评估。在对土壤的环境风险进行评估时，首先要收集资料，调查土地的履历，如各种文件、曾经用途、有否产生环境问题纠纷的历史，如果以往没有被污染，是否在贷款期间有被污染的可能性，如果有这种可能，就要评估治理费用。其次要进行现场调查，如是否有有害化学物质的使用，如果有，保管方法是否安全，要调查废弃物的处置方法和处置情况，最好是由专家对地表及深层土壤进行取样，送交有关部门检验是否有土壤污染。最后推算污染治理的费用。如果该担保物品所担保的金额很大，且其污染状况的认定又存在无法确定的内容，那么，对这种不动产的环境风险就要进行详细调查，该种调查一般委托给专门的金融机构。

表 4 - 2 日本银行土壤污染调查步骤

调查步骤	调查承担者	调查方法	风险评估
资料调查	不动产公司 金融机构 不动产鉴定师	土地履历调查 旧地图 登记本 法规遵循情况 地质资料 生产产品内容 制造工程	判断土壤污染可能性 预测污染的治理费用
概况调查	专门机构	表层调查 深层调查 立体调查	净化费用预算 判断污染程度 费用累计 根据土壤污染对策法及调查结果精确计算治理费用
详细调查	专门机构	污染治理对策计划 结束治理 治理对策效果事后调查	

传统融资方式一般是以公司资产作为抵押，银行对没有按期偿还的贷款具有完全追索权，所以在环境影响评估中，更加看重对拟贷款公司环境状况的调查和审核，当然也需要结合对拟贷款项目的环境影响评估。而在项目融资中，由于贷款银行对没有按期偿还的贷款只有有限追索权，甚至有时是无追索权，在这种情况下，银行获得还贷的主要来源是项目收益和项目资产。如果项目一旦因环境因素导致执行失败，或者经济强

度减弱，就会影响银行信贷资产的安全。因此，贷款银行在进行项目融资业务的环境影响评估时，就要特别强调和重视对拟贷款项目的环境影响评估，不仅需要项目通过国家环保部门的环境影响评估审核，还需要通过银行自己根据风险管理需要而开展的环境影响评估。

4.2　环境审计

4.2.1　环境审计产生的背景

按照国际商业学会的定义，环境审计是环境管理的工具，它是对与环境有关的组织、管理和设备等业绩进行系统的、有说服力的、客观的估价，并通过有助于对环境管理和控制、有助于鉴别企业环境政策规范等手段达到环境保护的目的。

环境审计起始于20世纪60年代，代表性事件是美国国家审计署于1969年对水体污染项目进行的审计，以及1970年根据《清洁空气法》开展的大气污染项目审计。但环境审计真正得到很大发展还是1972年联合国环境署（UNEP）在瑞典首都斯德哥尔摩召开的人类环境工作会议之后。随着一系列环境保护法律法规的颁布，一些企业为了避免和减少因环境污染而遭受的罚款损失，开展了由内部审计师进行的环境审计。1995年9月，最高审计机关国际组织在开罗召开第十五届大会，正式将环境和可持续发展问题的审计列为主要议题，认为环境审计主要应该关注环境、自然资源和可持续发展问题，主要内容包括财务审计、合规性审计、绩效审计。[①]

在美国，环境审计按照具体审计活动的内容可以分为以下几个方面：第一，合规性审计（Compliance Audits）；第二，环境管理系统审计（Environmental Audits）；第三，业务审计（Transactional Audits）；第四，治理、储存及处理设备审计（Treatment Storage and Disposal Facility Audits）；

---

① NTOSA I Cairo Declaration of 15th Congress of NTOSA I 1995.

第五，防污审计（Pollution Prevention Audits）；第六，应计环境负债审计（Environmental Liability Audits）、产品审计（Product Audits）。[①]

随着利益相关者理论的建立发展，为了满足利益相关者对公司环境信息的需求，许多公司开始以书面方式披露自己的环境报告，对环境报告及公司的环境状况进行外部审计和鉴别的要求和需求也越来越强烈。由国际会计师联合会和澳大利亚会计研究基金会资助的出版物，将环境审计的内容概括为：第一，对场所污染的评价；第二，对拟投资项目环境影响的评价；第三，公司环境绩效报告审计；第四，对公司环境法律法规遵守情况的审计。[②] 其中，公司环境绩效报告审计与外部财务报表审计的性质是一致的。

目前，中国的环境审计机构包括：第一，国家审计，国家各级审计机关负责对社会经济活动、环境法规、重大建设项目的环境影响、环境法律法规的执行情况进行审计；第二，企业内部审计，负责对企业环保机构设置及工作效率、制度政策的执行情况及环境保护工作、内部环境管理活动进行审计；第三，注册会计师审计，负责对委托人与环境有关经济活动的真实性、合法性和有效性进行审计，即环境报告的完整性、公允性审计，企业经营活动对环境影响的审计等。

4.2.2 银行对拟贷款项目和公司的环境审计

1. 银行对拟贷款项目和公司环境审计的主要内容

银行对拟贷款项目和拟贷款公司进行环境审计的主要目的是为了管理环境风险，因此，银行环境审计主要集中在环境合规性审计和将环境合规成本纳入财务收支的审计。近年来的发展趋势是，一些国际领先银行逐渐注重环境绩效审计。

银行之所以逐渐重视环境绩效审计，是因为很多实证经验证实企业的环境绩效与企业的经营绩效极为相关。Lin Roberts 使用 AMS 模型评估

---

① Mort D. Environmental Accounting and Auditing［J］. Managerial Auditing Journal，1995，10（8）.

② IFAC. The Audit Profession and the Environment. 1995.

了钢铁部门的五家公司经营绩效与环境绩效，结果表明公司的环境绩效与经营绩效极为相关。之后，Frank Dixon 也对企业的环境绩效和经营绩效的关系进行了分析，认为它们之间存在正相关。[①] Christ Mann 通过对美国 88 家化工企业的实证分析，发现企业环境绩效与经营绩效之间存在重要联系。[②]

工业类型、场地情况、生产过程及贷款规模，决定了需要采用的环境审计的类型。由于银行一般缺乏专业的环境审计人员，所以，银行可以聘请独立专家来承担环境审计工作，其费用应该由借款方承担，作为融资成本的一部分。

环境审计将调查过去存在的环境问题，也评估现在遵守法律法规的情况，并识别将来可能出现问题的区域。环境审计还可以核查公司的资本金需求量和环境合规成本对公司的资产负债表及现金/资金流的影响。用于处理危险物品或者清洁污染场地的费用等对项目的影响，都要纳入审计中。

那些存在高环境风险的行业或者公司，银行应该要求它们提交年度环境评估表、进度报告，还要提交时间表来确定通过改进公司流程和废物处理方法来达到环境合规、有毒废物减量化目标的时间。

其实，审计意见在银行贷款决策中一直发挥着重要的作用。1997 年亚洲金融危机和 2007 年美国次贷危机的深刻教训说明，规避信贷风险对保障国家经济安全具有重要意义。近年来，我国银行业对贷款风险管理的重视程度在逐渐加强，而深入了解借贷人信息是降低信贷风险的重要举措。审计作为独立第三方对借贷企业的财务信息及合规性提供一种客观、公正的鉴定与识别，在一定程度上减轻了银行与借款方的信息不对称程度，从而成为银行风险管理的重要工具。为了有效管理信贷风险，我国银行逐步引进了借款方信用评级体系和贷款风险分类制度，审计意

① Frank Dixon, Whittaker Martin. Valuing Corporate Environmental Performance: Innovate Evaluation of the Electric Utilities Industry. Corporate Environmental Strategy, 1999.

② Christ Mann J, Corbett, Jeh – Nan Pan. Evaluating Environmental Performance Using Statistical Process Control Techniques [J]. European Journal of Operational Research, 2002.

见被列为企业信用评级的一个重要评分项目。目前很多银行在审贷过程中除了要求借款方提供一般信息外，还要求提供近三年经审计的财务报告。有的银行甚至对审计师提出了资格要求，如要求审计师具有一定的规模、较强的业务能力和经验等。审计意见也常常是信贷人员关注的对象，非标准审计意见可能导致贷款申请失败。

在很多银行的贷款审批过程中，审计意见作为银行内部评级的指标占有相当高的权数。Houghton（1983）通过实验研究证实，审计意见是银行进行信贷决策的重要考虑因素;[①] Gul（1987）以新加坡银行为研究对象，发现审计保留意见对银行信贷官员是否给予贷款和贷款利率决策具有显著影响;[②] 根据 Blackwell（1997）等的研究，经审计的企业获得贷款利率低于未经审计的企业;[③] Mansi（2004）等发现，审计师的规模、任期与债务融资成本有显著负相关;[④] Kim（2006）等的研究发现，审计的特征（审计师的规模和审计任期）对贷款利率的影响是显著负相关。[⑤]

银行对拟贷款项目和企业的环境审计，就是将环境事项和环境风险纳入审计中，特别是体现在对企业的财务报表的审计中。银行的信贷决策尤其是长期借贷的信贷决策很大程度上取决于银行对企业未来现金流的估计，所以银行对于那些能影响企业财务状况的环境事项和环境风险格外关注。

2. 环境事项对拟贷款企业财务状况的影响

环境问题引发的对拟贷款企业财务状况的影响，包括对静态的财务状况即资产、负债等的影响和对动态的财务状况即现金流的影响，将涉

① Houghton K. A.. Audit Reports: Their Impact on Loan Decision Process and Outcome: An Experiment [J]. Accounting and Business Research, 1983 (66): 5 – 20.

② Gul F. A.. The Effect of Uncertainty Reporting on Lending Officers Perception of Risk and Additional Information Required [J]. Abacus, 1987 (23): 172 – 181.

③ Blackwell D. W., T. R. Noland and D. B. Winters. The Value of Auditor Assurance: Evidence from Loan Price [J]. Journal of Financial Research, 1998 (20): 275 – 289.

④ Mansi, S. A, W. F. Maxwell and Miller D. P.. Does Auditor Quality and Tenure Matter to Investors? Evidence from the Bond Market [J]. Journal of Accounting Research, 2004 (42): 755 – 793.

⑤ Kim J. B, B. Y Song and Tsui. J. S.. Auditor Quality, Tenure and Bank Loan Pricing. SSRN Working Paper, Hong Kong Polytechnic University, 2006.

及资产负债表和现金流量表上的许多项目。

（1）环境事项对拟贷款企业资产的影响

货币资金项目：货币资金是企业资产中最为敏感的因素，拟贷款企业的许多环境事项都涉及此项目。拟贷款企业环境负债的支付、环境收益的取得都离不开货币资金项目，而且这一项目的任何变动都会影响企业的现金流量以及偿债能力等财务指标。

应收账款、应收票据等债权项目：一方面，如果拟贷款企业生产的产品对环境造成危害或对消费者造成不利影响，则会受到法律法规的限制或者消费者的抵制，企业就可能不得不对这些产品进行削价处理，甚至赊销出去；另一方面，如果拟贷款企业与存在环境问题的企业存在债权、债务关系，如果债务方企业因环境问题而被环保部门强令关停并转或进行大规模的技术改造，那么作为债权方的拟贷款企业的债权必然受到影响。

存货：国家环境法律法规的调整或者消费者的抵制，可能会导致某些存货项目发生减值甚至是报废。如果是发生减值，企业必须就这些存货计提"存货跌价准备"。如果是报废，就必须将这些存货进行一次性报废处理，计入当期的"营业外支出"项目并减少存货价值。另外，某些存货项目，如有毒化学物品和含有放射性物质的物品，大多具有专用性而使其变现能力受到限制，因此，这些存货的价值事实上是低于其账面价值，也将导致存货结构变化。

固定资产：固定资产的运转使用对环境产生的影响是很大的，同时，固定资产的价值也受到环境的严重影响。主要表现在以下方面：第一，随着环境法律法规的完善，一些可能产生污染或者能耗太高的设备的使用可能会受到限制，或者必须进行某种技术改造之后才能继续使用，或者甚至由于禁止使用而报废。第二，在旧设备被限制甚至禁止使用的情况下，企业就需要购买新的降低污染和能耗的设备。第三，企业需要按照环境法律法规的要求治理污染，可能需要购买新的环保设备，这也将导致固定资产价值的变动。总之，随着环境法的逐渐严格，产生污染的机器设备的真实价值是肯定要低于账面价值的，并会逐渐降低。

无形资产：长期受到污染物侵蚀的土地、房屋建筑物的场地使用权，存在污染问题的专利权、专有技术、商标使用权和商誉，都会因为环境问题而使其使用价值降低甚至报废，进而使其价值发生减损。同时，企业会开发或购买一些有助于减少污染或专门治理污染的新型专利或技术，或对现有的产品和服务不断改进并取得绿色标识，使得原来的商标权的价值得到提高，从而改变资产结构。

（2）环境事项对拟贷款企业负债的影响

环境法律法规的执行必然会增加企业的支出，从而可能增加企业的负债。第一，如果企业污染对当地环境和民生造成严重负面影响，环保部门执法要求污染企业进行整顿改造，企业就要面对在较短时间内发生较大金额的环境费用支出，其偿还贷款的能力必然会受到影响。第二，如果企业污染还对企业自身的职工造成了身体危害，例如，化学试剂生产企业或者具有较强辐射性能的企业，污染还可能导致企业用于支付职工医疗保健的费用增加，或者企业需要加大内部环保防护措施的投入，这些都会发生大额费用支出，从而可能增加企业负债。第三，随着我国税法的不断完善，在环境会计体系下，将会设置应交环境税、资源税、环保费等科目，这些科目都属于企业在环境方面负债的一部分。

由于环境问题的复杂性以及一旦发生后果的严重性，导致环境治理支出和负债具有金额大、核算复杂的特性。企业必须把真实的、可以明确确认和计量的环境债务纳入财务报表中，予以详细列报，把可能发生的或有负债通过合理方式予以报告。

3. 环境事项纳入企业财务信息的审计指南

关于环境事项影响财务信息的审计，目前主要有两种国际指南文献，一个是国际会计师联合会（IFAC）于 1998 年 4 月 30 日的正式公告《财务报表审计中对环境事项的考虑》（以下简称 IFAC 公告），另一个是英格兰和威尔士特许会计师协会（ICAEW）于 2000 年发布的讨论稿《财务报表审计中的环境事项》（以下简称 ICAEW 文件）。我国财政部在 2006 年 2 月颁布的《中国注册会计师审计准则第 1631 号——财务报表审计对环境事项的考虑》（以下简称第 1631 号新准则），则为注册会计师进行环境事项对财务报表的影响的审计提供了具体可操作的审计指南。

（1）IFAC 公告

IFAC 公告是指导审计人员如何将环境事项纳入财务报表审计的第一个比较系统、完整、权威性的文件，公告开宗明义指出，是为审计人员在识别和表述环境事项对财务信息的实质性影响方面提供实质性帮助。在引言部分，公告给环境事项的解释是：①根据合同和环境法律法规的要求，为了阻止、减少和纠正对环境的破坏，或者为了保护可再生或不可再生资源而自愿采取的作业活动；②背离环境法规的后果；③被审计单位采取的其他行为导致环境破坏的后果；④法定的代偿责任（例如由原来的场地所有者污染导致的法律赔偿责任）。

在环境法规部分，公告明确了审计人员必须识别审计单位是否遵守了环境法律法规。因此，审计人员必须对相关的环境法律法规有较好的了解和理解。在业务知识部分，公告强调审计人员应该有足够的业务知识，能理解对财务信息和审计有重要影响的环境事项。在风险评估和内部控制部分，审计人员应该了解被审计企业的环境控制程序。在实质性测试程序部分，公告认为发现风险的水平直接与实质性程序有关。在其他人员工作部分，谈到了如何对待环境专家、内部审计和环境审计的工作。在管理层声明书部分，公告认为审计人员需要从三个方面对管理层进行审核：①是否意识到由于环境事项所引起的重要负债和或有负债；②是否意识到环境事项可能产生资产减值；③如果意识到以上问题，是否对审计人员披露了相关事实。在审计报告部分，公告认为，审计人员应该应用 ISA 700 "对财务信息的审计报告" 和 ISA 570 "持续经营"，以完成的审计工作和收集到的审计证据为基础，就环境事项对财务信息影响的披露情况进行评估。如果披露是必需的，审计人员还要评估披露的充分性，包括由管理层表达的关于预计或有负债后果的一切结论。

IFAC 的这份公告的影响十分巨大，使审计人员在从事关于环境事项影响财务信息的审计中有了可以执行的规范。

（2）ICAEW 文件

早在 1992 年，英格兰和威尔士特许会计师协会（ICAEW）的环境研究小组在一份研究报告中就明确指出：审计人员的责任已经延伸到了需要考虑环境事项对企业财务信息的影响，并提出了 6 个可能产生审计风险的事项：场地复原成本及备抵、未决诉讼之类的或有负债；环保意义下资产的价值；为了满足环境法律法规而产生的资本性支出和经营性支出以及产品的重新设计成本；由于新的更严格的标准而产生的产品存续能力问题。

ICAEW 收集和整理了实务界开展环境事项对财务信息影响的审计所遇到的问题，于 2000 年 2 月发布了讨论稿《财务报表审计中的环境事项》。该讨论稿分业务知识、风险评估和内部控制、环境法规、审计程序、由环境专家所做的环境报告或环境研究、管理层声明书 6 个方面，讨论了 13 个问题，并得出了 10 个结论。

ICAEW 文件讨论的 13 个问题是：①审计人员怎样确定环境事项是否对被审计单位的财务报告是重要的？②在环境事项对财务报告有潜在重要性影响的地方，哪些新增步骤是必需的？③与管理层讨论环境事项有哪些好处？④在环境事项是重要的地方，审计人员应该如何评估在财务报告中的误导风险？⑤审计人员应该寄希望于被审计单位对环境风险的控制吗？在多大范围内评估这些控制系统？⑥审计人员一定要检查被审计单位遵守环境法规的情况吗？如果审计人员认为没有遵守，应该采取什么行动？⑦在什么范围内，审计人员应该注意到环境准则，例如 ISO 的环境审计指南？⑧在确认和计量环境问题的财务影响时，有什么特别的会计难题吗？审计人员如何处理？⑨对诸如环境成本的资本化或环境损害的确认这些重要的环境问题的会计处理，审计人员有何看法？⑩在获取审计证据时，环境问题的取证是否特别困难？⑪如果企业的环境报告是分开写的，审计人员需要阅读它吗？⑫在向环境专家咨询和得到他们帮助方面应该怎么做？如果由管理层聘请的专家提供的信息似乎不可靠时，审计人员应该如何办？⑬审计人员应该从管理层得到关于环境对财务报告影响的额外声明吗？

通过对上述 13 个问题的讨论，得出的 10 个结论是：①环境事项对某些被审计单位是重要的，审计人员应该对这些环境事项对财务报表的影响有足够的警觉；②环境事项对财务报告的重要性，依赖于被审计单位业务的属性、地点以及被审计单位运行必须遵守的环境法规；③审计人员应该对环境事项和业务知识有足够的了解，能理解环境事项对财务报告的重要影响；④审计人员从管理层得到的关于环境风险的信息和管理层的讨论，对辨认重要的环境信息是有帮助的；⑤在确认和计量环境负债时，特别是有关结束时间、可以利用的技术或可能的新的立法，由此造成的不确定性，审计人员需要在评估财务报告的误导或遗漏风险时特别小心；⑥在环境事项是重要的风险源的地方，内部控制系统可能是无效的，除非它包括了引起环境风险的项目；⑦管理层为了股东的投资和公司的资产，对所有的内部控制负有责任，而审计人员仅仅关心那些与财务报告的审计密切相关的环境控制；⑧审计人员是去确认没有服从环境法规可能对财务报告的实质影响；⑨在确认和计量环境事项对财务报告的影响时，目前确实存在一些困难；⑩在管理层聘请专家对环境事项进行评估和披露技术咨询的地方，审计人员应该考虑这项工作的适当性，以及专家的能力和目标。

（3）第1631号新准则

2006年2月，我国财政部发布了《中国注册会计师审计准则第1631号——财务报表审计对环境事项的考虑》，自2007年1月1日起正式实施。

颁布该新准则主要出于以下原因：第一，为了满足企业的利益相关者对企业环境状况信息了解的需要。伴随着公民环境意识的提高和国家环境法律法规的完善，企业的投资人及其他利益相关者要求企业说明其环境责任履行情况，在财务报表中披露与环境活动的相关信息，希望了解企业经营中环境风险的严重性。而企业会计报表提供信息是否真实公允，有赖于注册会计师通过审计加以鉴证。第二，环境事项已经成为导致财务报表重大错报环境风险的主要因素。目前我国环境保护法规日趋完善，环境事项对企业生产经营的影响更加重要。如果企业在生产经营活动中破坏了环境，按照相关环境法律法规，企业将受到处罚，发生巨额赔偿费用，承担巨大的负债和或有负债。企业的财务状况和经营将受到严重影响，其至无法持续经营和破产清算。因此，注册会计师在财务报表审计中应当考虑可能导致财务报表重大错报风险的环境事项。第三，企业为了获得各利益相关者的支持，也希望由独立性强的注册会计师承担针对环境责任的审计。

新准则的出台，有助于拓宽注册会计师的审计领域，规范了注册会计师的环境审计行为，奠定了其从事环境审计的基础。

新准则要求注册会计师在审计时要关注：所处行业存在的重大环境问题，包括已有的和潜在的风险；所处行业通常面临的环境保护问题；适用于被审计单位的环境法律法规；被审计单位的产品或生产过程中使用的原材料、技术、工艺及设备等是否属于法律法规强制要求淘汰或者行业自愿淘汰之列；监管机构采取的行动或发布的报告是否对被审计单位及其财务报表可能产生重大的影响；被审计单位为预防、减轻或弥补对环境造成的破坏，或为保护可再生资源和不可再生资源拟采取的措施；被审计单位因环境事项遭受处罚和诉讼的记录及其原因；是否存在与遵守环境法律法规相关的未决诉讼；所投保险是否涵盖环境风险等。

环境审计报告案例（日本）

精工爱普生株式会社环境报告书记载的2000年度环境核算的第三者意见书：

敬致：社长先生

发自：××××注册会计师（2001年5月31日）

（1）验证的范围及目的

本研究所对精工爱普生株式会社制作的"环境报告书（2000、4－2001、3）"（以下简称报告书）中记载的2000年度环境核算（以下简称环境核算）进行了验证。本验证的目的在于，对环境核算数据是参考环境省的"面向环境核算系统的确立（2000年报告）"，并根据公司的事业形态，采用合理的收集过程和统计方法而恰当地制作而成，表明本研究所站在独立立场上的意见。

（2）意见的根据

本研究所根据与公司的协商，实施了如下验证手续：

第一，对环境核算数据的收集过程，研究了"精工爱普生环境核算指导原则"，对经营者和领导进行了提问，阅读了各项规程及相关文件、记录；对统计方法，通过视察的方法，核查了成为环境数据的基础的证据材料，确认了计算的准确性等。

第二，对报告书中记载的环境核算信息，通过向经营者和领导提问，与公司内部、外部资料进行比较分析等，进行了综合研究。

（3）意见

以验证过程中公司提供的信息为基础，本研究所做如下判断：

第一，环境核算数据的收集过程，参考环境省的"面向环境核算系统的确立（2000年报告）"，考虑了公司的事业形态，具有合理性，环境核算数据的统计方法恰当。

第二，报告书中给出的环境核算信息，与研究所所获得的证据资料没有矛盾。

资料来源：王立彦，杨松. 环境事项影响财务信息的审计问题［J］. 审计研究，2003（5）.

4.3 将环境风险分析纳入信贷审核

4.3.1 银行贷款的信贷审核

信贷审核是管理信贷风险的重要环节。银行贷款的信贷审核主要遵循6C原则和采用内部评级制度。

6C原则是国际上通行的一种评价借款人信誉状况的原则，是指品质（Character）、能力（Capacity）、现金（Cash）、抵押（Collateral）、环境（Conditions）和控制（Control）。

品质。这是指借款人有明确的借款目的，并有能力按时足额偿还贷款。对借款人品质的判断可以通过借款人的以往还款记录、其他贷款人与该借款人往来的经验以及借款人的信用评级。

能力。这是指借款人具有申请贷款的资格和行使法律义务的能力。

现金。这是可以直接用于偿还贷款的,只有充足的现金流才能保证银行贷款的及时偿还。因此,信贷员要用现金流分析法判断借款人的现金状况,以确定其偿还贷款的能力。

抵押。借款人用于抵押的资产质量如何是银行关心的问题,特别是用于抵押的资产的价值稳定性等关系到贷款安全的保证程度。

环境。这是指借款人或行业的近期发展趋势、经济周期的变化对借款人的影响等。

控制。这主要是法律法规的改变、监管当局的要求和一笔贷款是否符合银行的质量标准等问题。政府法律法规的改变往往会改变一个行业和一个企业的借款条件,从而带来信用风险。

内部评级制度是《巴塞尔新资本协议》所倡导的。内部评级是由银行专门的风险评估部门和人员,运用一定的评级方法,对借款人按时、足额履行相关合同的能力和意愿进行综合评估,并用简单的评级符号表示相应的信用风险的大小。根据巴塞尔银行监管委员会 2002 年对经合组织近 50 个国际性大银行的一份调查报告,一个有效的内部评级系统主要包括以下基本要素:

第一,内部评级对象。过去一个时期以来,银行主要采用一维评级系统,即仅对借款人进行评级。而今越来越多的银行开始使用二维评级系统,既对债务人评级,也对金融工具评级。前者是对借款人偿还非特定债务的能力进行综合评估;后者则需要根据不同债务工具的具体特点,如抵押、优先结构等,对特定债务的偿还能力进行评价。

第二,风险等级及风险符号。按照国际标准,银行内部风险等级通常可分为十级:最佳级(AAA)、很好级(AA)、较好级(A)、一般级(BBB)、观察级(BB)、预警级(B)、不良级(CCC)、危险级(CC)、损失级(C)和严重损失级(D)。BBB 级以上(含)是贷款级别。银行不能批准信用等级在观察级(BB)以下(含观察级)借款人的贷款申请。如果贷后检查发现借款企业信用状况发生变化,银行可以变动借款企业的信用等级。当借款企业的信用等级下降到观察级以下（含），银行应该采取措施，以保证银行贷款的安全。

第三，评级方法。国际性大银行的评级方法主要分为三类：以统计为基础的模型评级法、以专家为基础的定性评级法、定量与定性相结合的评级方法。

第四，评级考虑因素。大多数国际性银行在评级时除了考察借款人的财务状况，包括资产负债情况、盈利能力和现金流量充足性等因素以外，还会考虑经济周期、行业特点、区域特征、市场竞争、管理水平以及产权结构等因素对借款人偿债能力的影响。

4.3.2 将环境和社会风险分析纳入银行的信贷审核

银行的信贷审核人员要将通过环境影响评价和环境审计获得的环境信息纳入银行的信贷审核中。银行在信贷审核中需要配备能够理解和分析这些环境信息并能将这些信息纳入银行信贷审核的人员。银行信贷审核人员需要有一些关于环境问题、环境政策等方面的知识，要能够正确分析通过环境评价、环境审计收集的信息和意见。例如，在抵押资产分析中，要关注环评和环境审计所提供的对抵押品环境质量的相关信息；在控制分析中，要关注环境政策法规的变动对借款人信用评估的影响等；在能力分析中，要关注借款人是否触犯了环境法律法规，是否有从事其申请借款行业的环境许可等；在环境分析中，原来的信贷分析只是强调借款人或者行业的近期发展趋势、经济周期的变化对借款人的影响等，现在要把国际国内生态环境形势对借款人所在行业的影响包括进来，特别是环保产业，国际国内生态环境形势对行业的影响就更为显著，例如，新能源产业，就严峻地受到国际国内气候变化政策的影响。他们应该对这些环境信息进行分析并作出一个分析摘要，提出结论，以便作为信贷决策的参考。

银行在培训信贷审核人员时，要将环境风险评估、环境审计、环境法规分析等内容纳入信贷审核人员的培训计划。另外，银行应该按照国际金融公司的模式，在银行内部设立环境部，为银行内部的各种环境业

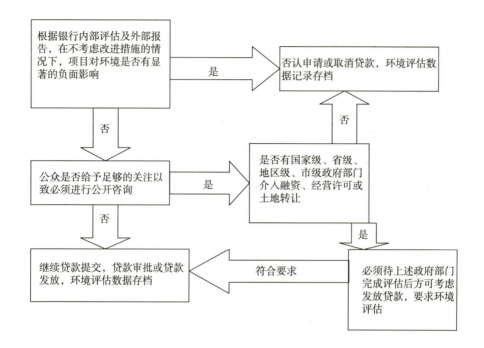

资料来源：BDC. Complementary Procedure Manual：Assessment of the Environmental Effects 2006.

图4-1 加拿大银行进行环境风险管理信贷审核流程

务提供专业知识。

　　国际金融公司（IFC）推荐的典型的识别环境与社会风险的流程包括：第一步，负责客户关系管理的人员进行首次筛选，所考虑的方面包括融资项目是否遵守了环境方面的法规、工作场所的安全性、土地污染和自然灾害等。第二步由负责信贷审批的人员对评估进行审核，如有必要则启动第三步，即具有严重环境风险的交易必须经过详细的环境评估——最好由环境和社会风险专业人员承担。

　　行业分析在银行环境风险的信贷审核中特别重要。根据借款者来自不同的行业，以一定的视角和规律审核具有行业特点的各种信贷申请项目和公司的环境风险，是一些领先银行的经验。在环境风险管理中，我们强调不同项目和不同公司的特殊性，但同一行业总是会面临着比较集中和典型的一些环境问题，甚至这些环境问题对借款人偿债能力的影响也具有一些共性。特别是表现在财务分析中的环境风险还经常和该行业的产业机构、行业发展前景、市场结构等有着重要相关性。因此，通过各不同行业的环境风险的比较，可以在一定程度上更好地了解这些环境风险对不同行业借款人的信用风险水平的影响。因此，国际上一些领先银行非常重视在环境风险管理中对行业中存在的重点环境风险进行研究和跟踪分析，并按不同行业积累环境风险管理经验，将其纳入银行贷款的信贷审核。

乌克兰的 AVAL 银行在将环境和社会风险管理系统纳入银行信贷审核流程方面做得十分成功。作为瑞福森国际银行控股公司（Raiffeisen International Bank – Holding AG）的成员，AVAL 银行是乌克兰最大的银行之一，也是最大的私营部门贷款发放者。

AVAL 银行已经在风险控制体系中加入了社会与环境因素。社会与环境风险评估已经被嵌入所有相关的信贷文件和流程中，如信贷风险评

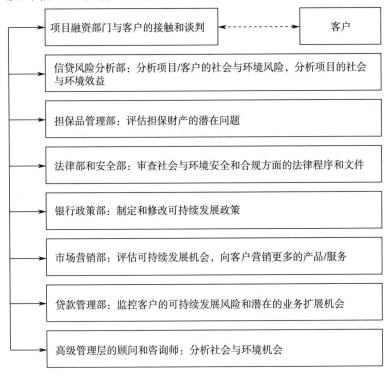

图 4 – 2　社会与环境可持续发展同 AVAL 银行信贷分析和审批流程的融合

估、贷款审批指引和客户协议等。银行运用各种方法来评估可持续发展机会：分析客户和潜在客户的经营周期和投资周期、销售渠道、供应链和利益相关者构成等；分析公司和集团企业的合并财务报表，了解其全面的业绩表现。基于这些业绩表现和市场变化预测，银行建立预测企业未来发展的模型，用于确定现有投资项目的可行性和开发新业务的前景。

随着乌克兰与欧盟的贸易不断扩大，乌克兰制造商必须遵循高质量标准，越来越需要生产设备的更新换代，新的资金需求产生了。此外，客户还必须与乌克兰严峻的能源问题作斗争。AVAL 的融资已经帮助了许多乌克兰企业生产有竞争力的出口产品。大多数由银行提供融资的生产更新或新设备购置项目都包含环境方面的考虑，如节能、清洁生产或减少对人的危害等。社会与环境管理帮助银行发现并且成功地抓住了住宅部门（节能供暖系统和节能技术）以及几乎国内所有工业部门的环保机会。

表4-3　　　　AVAL 银行为社会与环保相关项目提供融资情况

项目	金额	影响
纺织品制造商：生产流程的全面重构和设备更新换代	1 096.7 万格里夫纳	显著减少了燃气消耗（约20倍），自动化生产避免了人员伤害，帮助获得了生产流程和最终产品的国际认证，推动了出口，特别是对欧盟的出口
新的磨坊厂：建造和设备	120.4 万美元	产品质量、清洁生产和环境保护达到的欧盟标准
小型石油加工和石化生产：建厂	364.1 万美元	先进原材料加工处理的技术来保证产品的高品质，避免在生产技术中使用重金属，倡导生态更清洁的石化产品
大型农业控股公司：扩大经营	214 万美元	覆盖整个供应链的现代化生产流程（更好的产品质量和国际认证的最终产品）
商业中心：重建乌克兰最大的商业中心之一	302.2 万美元	增加能源效率，从而促进提高投资回报率
牛奶厂：现代化改造和新设备	360 万美元	更清洁的生产流程，保证高质量和获得国际认证

银行向不同经营阶段和不同类型的企业提供融资，包括中小企业和大公司，以及许多行业中覆盖供应链所有环节的控股公司。银行提供个性化的产品组合（贸易融资、保理、短期和长期贷款）以帮助客户实现目标。这些产品组合包含了社会与环境方面的因素，并纳入客户协议中。银行分布广泛的分行网络使其更有能力接触那些需要中长期融资的中小企业。

银行的尽职调查、风险评估提升了银行的信誉和声望，帮助其获得了一些著名国际银行的担保，如德累斯顿银行、德国商业银行，奥地利信贷银行，荷兰国际集团，美国运通银行、摩根大通银行等。

4.4 将环境条款和条件写入贷款协议

贷款协议是指借款人与银行签订的约定双方权利和义务关系的合同。协议的目的是在借款人偿债能力出问题时保护银行的利益，因此，贷款协议是银行风险防范的重要手段。

一般来说，贷款协议包括：贷款金额、期限、贷款用途的规定；利率与计息；提款条件、提款时间及提款手续；还款；担保；保险；声明与承诺；违约事件与处理；扣划；税费；抵消、转让与权利保留；变更与解除；法律适用、争议解决与司法管辖；附件。对于不同类型的贷款，贷款协议具有一定的差别。

作为银行环境风险管理，绝不仅仅是通过环境审核否决项目或者公司贷款。毫无疑问，有些具有重大环境问题的项目或者公司贷款，出于规避环境风险的考虑，需要否决。但由于目前各银行在环境风险管理中，都把获得国家颁发的各种环境许可作为管理的起点，其中最为重要的就是各国对建设项目的环境影响评价报告的审核。如果申请贷款的项目没有获得国家的环境影响评估审核，银行直接就会拒绝贷款。作为环境风险管理的起点和最基本的底线，所有申请贷款的项目首先必须通过国家的环境影响评价审核。银行的环境风险管理就是审核这些已经通过了国家环境影响评价审核的项目，看这些项目中是否仍然存在着对银行具有重大风险的环境因素。如果经过独立专家的反复论证，证实这些环境因素确实会对银行造成重大风险，那么需要否决这个项目。但大部分项目已经通过了国家环境影响评价审核，所以重大风险基本上已经排除，然而，还是存在着一些潜在的环境风险。那么，对这些环境风险的管理就不能通过否决项目来规避，因为对银行来说，否决了项目固然规避了风险，但也失去了获得经营利润的机会。

对于那些通过银行信贷审核和环境风险考察，最后决定要给予贷款的项目和企业，如果在环境风险分析中发现他们存在环境风险，就要设计规避环境风险的条款和条件，并把这些条款和条件写入贷款协议，将环境风险转移到借款方，避免银行因为借贷行为而遭受与项目相关的过去、现在或者将来的环境法律责任的追索。主要包括以下内容：

第一，对于存在潜在环境风险的借款方，贷款协议要包括借款方将遵守所有国家、地方的环境法律法规；对现在或者将来可能发生的污染，立即实施补救措施。

第二，如果借款方收到任何来自国家或者地方环境执法机构的通告，包括环境违法行为或者是执法程序，借款方有义务将信息通知贷款银行，使贷款银行的环境风险管理人员或者部门可以获得充分信息。

第三，在贷款协议中要规定，进行环境影响评估和环境风险评估的费用，以及环境审计的费用，都应该由借款方承担。另外，借款方每年要提供年度环境报告、进度报告、保险情况报告等。

第四，保障条款，以保障银行避免承受由于借款方的环境问题而导致的连带责任，如危险废弃物的处理和清洁，由于储藏、倾倒有毒化学物质所可能导致的损害赔偿责任以及修复费用和修复责任。

第五，承诺条款应该包括借款人所有已知环境问题的信息已经披露，不存在以前悬而未决的环境法律责任。

抵押资产的价值稳定性关系到贷款的安全。从银行的角度来说，抵押品通常是房屋、土地使用权、机器设备等。这些抵押品受环境因素影响导致价值变动的可能性都很高。例如房屋和土地，如果受到有毒化学物品的污染，其价值必然大大贬值。而国家的环境政策，经常导致一些不属于低污染低耗能的机器设备被淘汰。为了保证银行资产的安全，在抵押资产方面，银行在贷款协议中要作出一些安排以减少抵押品价值受环境影响减值对银行信贷安全造成的危害。例如，在贷款协议中规定有一部分贷款需要专门用于对环境法律法规的服从和环境风险的防范。另外，可以要求借款方的董事或者合作人就可能出现的因为环境管理疏忽而导致的抵押资产大幅减值问题提供一定程度的个人担保。尽管其个人担保额度与银行可能要承受的损失具有相当的差距，但由于其个人担保资金对其个人财富总量来说，是一笔不小的资金，这样就可以刺激企业和项目负责人加强环境管理和环境风险的防范。

4.5　将环境风险管理成本纳入贷款利率的决定

为贷款确定一个合理的价格是银行获取贷款业务利润的基础，也是银行与借款人能否达成该项贷款业务的关键。在银行对贷款进行定价时，经常采用成本—收益定价系统。在成本—收益定价法下，贷款银行要估计一个贷款利率，并计算贷款产生的总收入以及借款人实际使用的资金额，然后计算总收入与借款人实际使用的资金额度之间的比率，就是银行的收益率。银行要判断该税前收益率是否能够弥补银行的筹资成本、各项管理费用以及补偿各种风险的损失。如果不能，就需要调整贷款利率。

在贷款银行进行贷款利率的计算时，要将环境风险管理成本纳入考虑之中。这是一个非常复杂的计算和决定。因为如果我们对环境风险管理定价过高，导致利率高于同行竞争者，则银行就可能失去其借款方。如果我们对环境风险管理定价过低，则银行的成本—收益核算就可能产生误差，实际的成本可能会大于贷款收益，使银行遭受经济损失。

无论是从国际还是国内市场来说，现在的银行存贷款业务都存在着激烈的竞争。银行环境风险管理和定价技术，可以说是在环境危机背景下，银行获得更强竞争力的重要因素之一。在银行存贷款业务激烈竞争而环境危机又日益加重的情况下，银行环境风险管理必须研究定价技术，与利率相联系。无限制地扩大环境风险管理规模和深度，虽然更好地规避了环境风险，但会增加银行的经营成本。在银行存贷业务竞争激烈的情况下，利率的确定是由市场决定的，不可能由银行单方面决定。我们不可能通过无休止的增加利率来弥补银行因为进行环境风险管理而增加的成本。如果银行不进行环境风险管理，因风险而带来的损失同样也会大大增加银行的经营成本，降低银行的市场竞争力。从原则上来说，最佳的环境风险管理规模应该是在环境风险管理的边际成本等于边际收益的点上。银行的环境风险管理必须坚持利润最大化的原则，以最小的环境风险管理成本来获得最大化的环境风险管理收益。而这一切都要靠环境风险管理有效定价来实现。

4.6　将环境风险管理纳入贷后管理

贷后管理是指从贷款发放发生后直到本息收回或信用结束的全过程的信贷管理。贷后管理是控制风险、防止不良贷款发生的重要一环，环境风险管理必须延伸到贷后管理，才能真正做到对环境风险的控制。

借款方在环境问题方面的状况是不断变化的。也许在审批授信时借款方在环境管理方面的状况是良好的，可是中央或地方政府环境政策的变化、借款方自身在经营中对环境风险控制的疏忽以及全球环境问题和环境风险的改变等，都可能导致贷款项目或者贷款企业环境风险的增加。贷后环境风险管理就是要跟踪贷款项目或企业所在行业的相关环境政策法规标准的变动，监督借款方是否按照贷款协议执行环境管理相关措施，分析国际环境形势变动可能对拟贷款项目或企业造成的影响等，以有效控制环境风险。

贷款银行的贷后环境风险管理要以年度环境审计为基础，对一些重大的环境问题要每年进行复审。如果后续发现新的环境问题，或者因为情况的变动产生了新的环境问题，就需要对这些新的环境问题重新做环境影响评估或者环境风险评估，以给贷后环境风险管理提供依据。

国际金融公司对已投资项目进行持续的环境和社会风险管理

● 审核年度监测报告中关于环境和社会方面的资料，如环境审计等。

● 国际金融公司派出专家或者顾问到项目公司进行监督访问。

● 在审核年度监测报告和监督访问的基础上，提供环境和社会风险评级，作为国际金融公司进行持续管理的参考。

第5章 ISO 14001 环境管理体系 标准与商业银行环境风险管理

一个企业要建立环境管理体系，一般需要经过六个阶段：第一，领导决策准备阶段，包括企业最高管理者作出承诺，任命管理者代表，提供资源；第二，初始环境评审，这是建立环境管理体系的基础；第三，体系策划与设计，依据初始环境评审的结论，制定环境方针、目标、指标、管理方案，并划分明确的组织机构与职责；第四，环境管理体系文件编制，包括制定环境管理体系手册、程序文件与三级文件；第五，体系试运行，依据所建立的手册、程序文件和三级文件的要求协调运行，以解决实际生产中的环境问题，发现问题并及时给予修订；第六，内部审核与管理评审，通过内部审核和管理评审，企业可判断体系是否适应和有效。

一个企业经过以上六个阶段，建立起了环境管理体系，若已运行正常，即可向具有审核资格的部门申请进行正式认证。审核部门依据 ISO 14001 标准及企业的手册、文件对企业进行认证，通过后则颁发证书。在获得证书后的第一年内，还将进行两次监督审核，第二年与第三年内各进行一次监督审核。三年后，证书失效，若企业想再获得证书，需要重新申请。

如果申请贷款的企业具有 ISO 14001 认证，给贷款银行提供的信息是：第一，这个企业在近 3 年内没有违反环境法律法规的前科；第二，这个企业已经建立了防范环境风险的环境管理系统；第三，在企业进行 ISO 14001 认证时，要识别企业主要环境问题和污染源，这些信息对贷款银行进行环境风险审核十分重要。

5.1 ISO 14001 环境管理体系标准

5.1.1 ISO 14000 产生的背景和形成的基础

1. ISO 14000 产生的背景

1972 年，联合国在瑞典斯德哥尔摩召开了人类环境大会。大会成立了一个独立的委员会，即"世界环境与发展委员会"。该委员会承担重新评估环境与发展关系的调查研究任务，历时若干年，在考证大量素材后，于 1987 年出版了报告《我们共同的未来》，这篇报告首次引进了"持续发展"的观念，敦促工业界建立有效的环境管理体系。这份报告一发布得到了 50 多个国家领导人的支持，他们联合呼吁召开世界性会议专题讨论和制定行动纲领。

从 20 世纪 80 年代起，美国和西欧的一些公司为了响应持续发展的号召减少污染，提高在公众中的形象以获得经营支持，开始建立各自的环境管理方式，这是环境管理体系的雏形。1985 年荷兰率先提出建立企业环境管理体系的概念，1988 年试行实施，1990 年开始标准化和实施许可制度。1990 年欧盟在慕尼黑的环境圆桌会议上专门讨论了环境审核问题。英国也在质量体系标准（BS5750）基础上，制定 BS7750 环境管理体系。英国的 BS7750 和欧盟的环境审核实施后，欧洲的许多国家纷纷开展认证活动，由第三方予以证明企业的环境绩效。这些实践活动奠定了 ISO 14000 系列标准产生的基础。

1992 年在巴西里约热内卢召开"环境与发展"大会，183 个国家和 70 多个国际组织出席会议，通过了"21 世纪议程"等文件。这次大会的召开标志着全球谋求可持续发展的时代开始了。各国政府领导、科学家和公众认识到要实现可持续发展的目标就必须改变工业污染控制战略，从加强环境管理入手，建立污染预防（清洁生产）的新观念。通过企业的"自我决策、自我控制、自我管理"方式，把环境管理融入企业全面管理之中。

为此国际标准化组织（ISO）于 1993 年 6 月成立了 ISO/TC207 环境管理技术委员会，正式开展环境管理系列标准的制定工作，以规范企业和社会团体等所有组织的活动、产品和服务的环境行为，支持全球的环境保护工作。

2. ISO 14000 形成的基础

欧美一些大公司在 20 世纪 80 年代就已开始自发制定公司的环境政策，委托外部的环境咨询公司来调查它们的环境绩效，并对外公布调查结果（这可以认为是环境审核的前身），以此证明它们优良的环境管理和引为为豪的环境绩效。它们的做法得到了公众对公司的理解，并赢得广泛认可，公司也相应地获得了经济与环境效益。为了推行这种做法，到 20 世纪 90 年代末，欧洲制定了两个有关计划，为公司提供环境管理的方法，使其不必为证明信誉而各自采取单独行动。第一个计划是 BS7750，由英国标准所制定；第二个计划是欧盟的环境管理系统，称为生态管理和审核法案（Eco-Management and Audit Scheme，EMAS），其大部分内容来源于 BS7750。很多公司试用这些标准后，取得了较好的环境效益和经济效益。这两个标准在欧洲得到较好的推广和实施。

同时，世界上其他国家也开始按照 BS7750 和 EMAS 的条款，并参照本国的法规和标准，建立环境管理体系。

另外一项具有基础性意义的行动则是 1987 年 ISO 发布的世界上第一套管理系列标准——ISO 9000 "质量管理与质量保证" 取得了成功。许多国家和地区对 ISO 9000 系列标准极为重视，积极建立企业质量管理体系并获得第三方认证，以此作为开展国际贸易进入国际市场的优势条件之一。ISO 9000 的成功经验证明，国际标准中设立管理系列标准的可行性和巨大进步意义。因此，ISO 在成功制定 ISO 9000 系列标准的基础上，开始着手制定标准序号为 14000 的系列环境管理标准。可以说欧洲发达国家积极推行的 BS7750、EMAS 以及 ISO 9000 的成功经验是 ISO 14000 系列标准的基础。

5.1.2 ISO 14001 环境管理体系标准的主要内容及建立步骤

ISO 14001 中文名称是"环境管理体系——规范及使用指南",是组织规划、实施、检查、评审环境管理运作系统的规范性文件。它是 ISO 14000 系列标准的最基本的标准,也是 ISO 14000 标准系列的核心,其他标准都是对它的补充、解释和应用。

ISO 14001 标准包含 5 大部分、17 个要素。5 大部分是指:①环境方针;②规划;③实施与运行;④检查与纠正措施;⑤管理评审。这 5 大部分包含了环境管理体系的建立过程和建立后有计划地评审及持续改进的循环,以保证组织内部环境管理体系的不断完善和提高。17 个要素是指:①环境方针;②环境因素;③法律与其他要求;④目标和指标;⑤环境管理方案;⑥机构和职责;⑦培训、意识与能力;⑧信息交流;⑨环境管理体系文件编制;⑩文件管理;⑪运行控制;⑫应急准备和响应;⑬监测;⑭违章、纠正与预防措施;⑮记录;⑯环境管理体系审核;⑰管理评审。

5.2 ISO 14001 环境管理体系标准对商业银行环境风险管理的意义

ISO 14001 环境管理体系标准可用于银行在进行传统贷款融资服务时的环境风险管理。传统贷款融资服务又称作企业融资业务。企业融资是以企业的资产、权益和预期收益为基础,筹集项目建设、营运及业务拓展所需资金的行为过程。在银行进行传统企业融资业务时,银行是通过评估一个企业自身的资信能力来安排融资。贷款银行依据一个企业的资产负债、利润及现金流量的情况来决定是否贷出资金,并通过对企业经营历史和现状以及信誉状况的考察来获得还贷的安全感。由于在传统企业融资中,贷款银行对企业贷款具有完全追索权,即如果借款公司没有按期偿还债务,贷款银行有法律权利要求借款公司用公司所有的现金流和资产偿还所有贷款。在这种情况下,对贷款银行的信贷资产安全而言,公司本身的运营情况要比贷款项目的运营情况重要，因为即使某个具体项目失败了，贷款银行仍然可以依据完全追索权要求借款企业用企业所有的现金流和资产来偿还贷款。所以，贷款银行在传统企业融资业务中，主要是要考察企业的经营状况，而将对具体贷款项目的控制则放在了较为次要的位置。

银行的环境风险管理体系第一责任是保护银行的信贷资产安全，第二责任是履行社会责任。为了在进行传统企业融资业务中保护银行的信贷资产安全，贷款银行的环境风险管理人员就要关注可能危及整个企业现金流和资产的环境因素。而 ISO 14001 可以帮助贷款银行识别影响该企业运营的主要的环境因素以及该企业的环境绩效情况，特别是对于贷前的尽职调查很有帮助，因为 ISO 14001 环境管理体系标准适用性非常广泛，它可运用于具有自身职能和行政管理的企业、集团公司，或者是企业的部分，如各个生产工厂等，因此，可以把 ISO 14001 环境管理体系标准的认证与银行的贷前环境尽职调查程序结合起来。

贷款银行在从事企业融资业务的贷前环境尽职调查时，需要调查的内容主要有：该企业在生产、经营、销售等环节中，可能有哪些重要的环境因素；该企业是否对这些可能危及其经营状况的环境因素进行了有效管理；涉及哪些相关的环境法律法规和环境标准；该企业以往在遵守环境法律法规方面的状况；已经建立的环境管理体系是否能够有效预防污染以达到国家法律法规的标准和要求等。贷款银行在信贷审核中要调查企业的这些信息，必然存在着信息不对称。要验证企业所提交信息是否真实有效，需要花费贷款银行的资源和时间进行审核。而 ISO 14001 环境管理体系标准，规定企业在要求获得认证时，必须准确全面地识别出企业在生产、经营、销售等流程中产生的关键环境因数，并承诺遵守与这些环境因数相关的所有环境法律法规和标准。

ISO 14001 虽然是国际标准，但主要是要求建立环境管理体系，而对该体系管理绩效的考核，并没有设置绝对的定量排放要求，它强调的是：第一，通过环境管理体系的建设，必须达到预防污染的目的，其污染物排放必须符合企业所在国环境法律法规的要求和环境标准。第二，所建立的环境管理体系必须有持续改进的功效。中国《环境管理体系认证管理规定》要求申请认证的组织必须遵守有关的环境法律法规的规定。其中第 11 条要求申请认证的企业必须符合国家和地方环境保护法律法规及规章的要求；第 12 条要求申请认证的企业在申请认证审核时，应向认证机构提交如下证明材料：①由具有法定资格的环境监测机构近一年内出具的该企业各项污染物监测结果；②该企业所在地地（市）级以上环境保护行政主管部门出具的该企业在近 1 年内没有因环境违法受到处罚的证明。ISO 14001 标准要求申请认证的企业遵守与其环境因素有关的适用法律法规和其他要求。那么认证机构要判断其守法情况，就必须明确适用于该企业的所有相关环境法律法规和标准的具体内容，还要明确以下要求：①该企业应该控制的污染物科目；②适用于该企业的所有环境标准及执行环境标准的级别、时间段和标准值；③该企业经批准的污染物排放总量。

由以上内容可以发现，企业在申请 ISO 14001 认证时所需要达到的标准与获得银行信贷审核所需要达到的标准具有相似性和一致性。因此，贷款银行在进行企业融资业务的贷前环境尽职调查中，可以使用 ISO 14001 来帮助识别和认定拟贷款企业的环境绩效和环境管理状况。

但作为贷款银行，并不只是被动地接受企业是否通过了 ISO 14001 认证。ISO 14001 标准对贷款银行环境风险防范更重要的意义在于：由于 ISO 14001 认证建立了被认证企业的环境管理信息库，而且这些信息还很详细，甚至涉及具体的设备技术等，那么贷款银行的环境风险管理专家就可以根据不同的信贷审核需求，来审核和比较这些企业的环境信息，以识别和发现可能存在的环境风险，比如技术、设备、一些具体的环境管理措施是否会导致没有发现的潜在环境风险。因为贷款银行每一笔贷款风险程度是不相同的，对于那些风险程度相对较高的贷款项目，即使企业通过 ISO 14001 认证，也不一定就能完全避免风险。另外，如果要在几个企业的贷款项目之间进行比较，那么通过信息库的这些环境信息可以识别哪些企业潜在的环境风险更大一些，从而为信贷审核提供参考。

总之，作为贷款银行的环境风险管理专家，关注的应该是贷款银行的金融风险。因此，在对待 ISO 14001 认证信息时，贷款银行环境风险管理专家需要关注的是这些认证信息与贷款银行金融风险防范之间的关系，需要识别和评估哪些环境因素可能会对贷款银行的信贷资产安全产生影响，并通过 ISO 14001 认证系统信息，判断该企业是否对这些可能会影响贷款银行信贷安全的环境因素建立了有效的管理体系以预防其发生。

目前，贷款银行在企业融资业务中的环境风险管理，主要集中在贷前审核。由于环境法律法规的完善及环保部环境风暴对污染企业的打击，贷款银行更慎重地加强了贷前的环境尽职调查。对于这类贷款的环境风险管理，目前国际上是以抵押资产的环境安全为审核的重点。因为抵押资产的环境安全不但涉及还贷安全，还涉及银行是否会因为抵押资产的环境问题而受到连带责任。所以，很多国际领先银行都发展了一些导则和技术来确保贷款银行开展合适的贷前环境尽职调查。另外，贷款银行还在贷前环境尽职调查中越来越重视环境信息的收集以判断潜在的环境风险。

但大量证据显示，银行的环境风险防范主要集中在贷前尽职调查，而没有在贷后进行持续监测。目前，一些国际领先银行也开始加强贷后的环境风险持续监测，如加拿大帝国商业银行（CIBC），他们的实践证明，这些贷后的环境风险持续监测对贷款银行是极为有利的。

无论如何，一个国家贷款银行的环境风险管理系统的发展是与环境法律法规的发展和严格程度有密切关系的。一般来说，一个国家贷款银行环境风险管理系统的建立是对该国或者国际上环境法规的反应，这种环境法规对贷款银行的影响，可以是通过环境监管部门的监管，或者是通过法院的判决。尽管从全球来说，环境管理模式已经从过去的命令控制型向更为灵活的模式变化，但环境危机在全球的加剧，决定了各国的环境法律法规的执法将会越来越严格、越来越全面，在这种大趋势下，贷款银行只能积极建立环境风险管理系统，以防御可能的环境风险危及银行的信贷资产安全。

由于 ISO 14001 环境管理体系标准为贷款银行环境风险管理提供价廉而有效的信息，可以替代贷款银行贷前尽职调查的一些环节，所以，笔者认为银行的监管机构可以制定一些政策和措施来鼓励借款企业获得 ISO

14001 认证。因为 ISO 14001 认证要求企业必须自愿服从和遵守，不允许强制，但通过一些鼓励性的政策来激励借款企业获得 ISO 14001 认证，不仅有利于银行的环境风险管理，也有利于提高国家的环境管理水平。另外，银行的监管机构还可以和从事 ISO 14001 认证的相关机构合作，建立更高质量的信息共享系统，以有利于贷款银行更方便地获得进行环境风险管理所需要的信息。

第 2 篇

商业银行项目融资环境风险管理框架和国际标准

——赤道原则

第6章 赤道原则与项目融资

6.1 赤道原则

赤道原则（Equator Principles，EPs）是由世界主要金融机构根据国际金融公司和世界银行的政策和指南建立的，旨在判断、评估和管理项目融资中的环境与社会风险的一个金融行业基准。2002年10月，国际金融公司和荷兰银行等9家银行在伦敦主持召开会议讨论项目融资中的环境和社会问题，会后由荷兰银行、巴克莱银行、西德意志州立银行和花旗银行在国际金融公司环境和社会政策基础上共同起草了一套针对项目融资中有关环境与社会风险的指南，这就是赤道原则。2003年6月，包括4家发起银行在内的10家大银行宣布接受赤道原则。2006年7月，根据国际金融公司修订后的《社会和环境可持续性绩效标准》（以下简称《绩效标准》）对赤道原则进行了修正并重新发布。赤道原则要求金融机构开展项目融资业务时，要对该项目可能对环境和社会产生的影响进行综合评估，并且利用金融杠杆促进该项目在环境保护以及周围社会和谐发展方面发挥积极作用。2013年赤道原则根据国际金融公司绩效原则进行修改，在适用范围、指定国家与非指定国家的适用标准、人权和社会风险以及气候变化四个关键领域，对赤道原则3.0进行了修订，进一步加强环境和社会风险管理。

目前，全球已有包括花旗集团、渣打银行、汇丰集团在内的100家大型跨国银行宣布采纳赤道原则，这100家商业银行都是世界领先银行，项目融资额占全球项目融资总额的绝大多数。

表6-1 接受修订后的赤道原则的银行（部分）

①荷兰银行（荷兰）	㉛汇丰集团（英国）
②澳新银行（澳大利亚）	㉜裕宝银行集团（德国）
③布拉德斯科银行（巴西）	㉝ING集团（荷兰）
④巴西银行（巴西）	㉞联合圣保罗银行（意大利）
⑤加利西亚银行（阿根廷）	㉟JP摩根大通（美国）
⑥伊塔乌银行（巴西）	㊱比利时联合金融集团（比利时）
⑦马斯喀特银行（阿曼）	㊲德国复兴信贷银行（德国）
⑧美国银行（美国）	㊳储蓄银行（西班牙）
⑨共和银行（乌拉圭）	㊴劳埃德TSB银行（英国）
⑩蒙特利尔银行金融集团（加拿大）	㊵宏利人寿保险（加拿大）
⑪东京三菱银行（日本）	㊶蒙德拉贡联合公司（意大利）
⑫巴克莱公司（英国）	㊷千禧银行（葡萄牙）
⑬毕尔巴鄂外茨卡亚对外银行（西班牙）	㊸瑞穗实业银行（日本）
⑭圣精银行集团（葡萄牙）	㊹莱利银行集团（南非）
⑮那瓦拉银行（西班牙）	㊺诺迪亚银行（丹麦、芬兰、挪威和瑞典）
⑯东方汇理银行（法国）	㊻荷兰合作银行集团（荷兰）
⑰加拿大帝国商业银行（加拿大）	㊼加拿大皇家银行（加拿大）
⑱基础设施融资国际公司（美国）	㊽丰业银行（加拿大）
⑲花旗集团（美国）	㊾瑞典北欧斯安银行（瑞典）
⑳实业银行（智利）	㊿三井住友银行（日本）
㉑瑞士信贷集团（瑞士）	51兴业银行（法国）
㉒德克夏集团（瑞士）	52渣打银行（英国）
㉓DnB Nor（挪威）	53多伦多道明银行金融集团（加拿大）
㉔德累斯顿银行（德国）	54苏格兰皇家银行（英国）
㉕出口信贷基金（丹麦）	55联合银行（巴西）
㉖加拿大出口发展公司（加拿大）	56瓦乔维亚银行（美国）
㉗金融银行公司（多哥）	57富国银行（美国）
㉘荷兰发展金融公司（荷兰）	58西德意志州立银行公司（德国）
㉙富通银行（比利时）	59西太平洋银行（澳大利亚）
㉚苏格兰哈利法克斯银行（英国）	60兴业银行（中国）

赤道原则的重要意义在于它第一次把项目融资中模糊的环境和社会标准明确化、具体化，为银行评估和管理环境与社会风险提供了一个操

作指南。赤道原则就其书面表达的内容和结构比较简单，包括序言、适用范围、原则声明和免责声明四个部分。其中，序言部分对赤道原则出台的动因、目的和采用赤道原则的意义做了简要说明；适用范围部分规定赤道原则适用于全球各行业项目资金总成本超过 1 000 万美元的所有新项目融资和因扩充、改建对环境或社会造成重大影响的原有项目；原则声明是赤道原则的核心部分，列举了采用赤道原则的金融机构（EPFIs，即赤道银行）作出投资决策时需依据的 10 条特别条款和原则，赤道银行承诺仅会为符合条件的项目提供贷款。如果仅仅依据这些书面条款，我们很难了解其应该如何具体操作、具体标准是什么，赤道原则的可操作性来源于其文件系统是多面立体的，10 条原则仅仅是原则，而指导如何实施这些原则的文件极其庞大细致，从而形成了一个操作指导体系。

赤道原则的实施基础是国际金融公司所制定的有关政策和程序，是由一系列文件所构成的贷款银行项目融资环境和社会风险管理的国际行业标准，具体包括政策、绩效标准、实施工具三个层次。目前，主要的政策包括：赤道原则 10 项原则、国际金融公司信息披露政策和可持续性政策；绩效标准主要是国际金融公司环境和社会绩效标准；实施工具主要包括国际金融公司的环境与社会审核程序、8 项绩效标准指导说明、环境、健康与安全指南，以及其他最佳实践材料。按照赤道原则执行惯例，赤道银行在开展项目融资时，必须执行政策和绩效标准；实施工具是为了帮助赤道银行执行上述政策和绩效标准而发展起来的，以指导和帮助赤道银行理解和实施这些政策和绩效标准。

表 6-2　赤道原则：花旗银行典型的项目融资审核、批准和监控周期

客户行为	项目审核阶段	企业/交易员行为	独立风险审核和批准
• 客户从银行市场寻求具有竞争力的融资条款 • 制定或最终确定环境影响评价文件	识别商业机会	识别商业机会，用于内部审核和讨论	

客户行为	项目审核阶段	企业/交易员行为	独立风险审核和批准
接收和审核来自花旗银行的营销信函	许可备忘录和营销阶段	• 需要监管部门相应的高级企业主管的审核和批准 • 提交环境和社会风险管理类别以及可能的环境和社会风险管理政策或赤道原则要求 • 经过批准后，向客户提交花旗银行建议/营销信函	• 需要相应的独立风险管理部门主管的批准 • 将独立风险管理代表安排至交易团队 • 通知环境和社会风险管理董事并与其协商 • 对于A类交易，在与环境和社会风险管理董事协商后需要环境和社会风险管理审批人批准
• 审核和寻求有关花旗银行建议书的说明，包括赤道原则要求 • 接受、调整或拒绝花旗银行建议书 • 如果接受建议书，则向花旗银行授权	与客户讨论花旗银行建议书	• 包括讨论赤道原则（如果有关） • 在授权前，初步的信用批准或再批准，包括再次讨论环境和社会风险管理的类别和要求	
• 客户向花旗银行提交赤道原则文件，由客户或代表客户制定（例如，环境影响评价报告书，行动计划，咨询信息）	详细的尽职调查，包括条款清单协商	• 交易员和独立风险单位审核EA文件 • 对于A类交易，指定独立环境顾问审核环境评估文件以确认赤道原则合规 • 环境和社会风险管理董事进行审核和提供建议	
• 客户接受约定	信用批准与约定	• 确认项目符合适用的内部信用分析标准，包括环境和社会风险管理政策和赤道原则要求，或在罕见的情况下，如果证明存在偏差，则获得适宜的弃权声明书 • 对于A类交易，在与环境和社会风险管理董事协商后需要环境和社会风险管理审批人批准	

续表

客户行为	项目审核阶段	企业/交易员行为	独立风险审核和批准
• 同意最终的贷款条款 • 签署贷款文件 • 接受首次支付	完成和支付	• 符合先决条件，包括环境和社会风险管理和赤道原则条件（如果有） • 花旗银行签署贷款文件 • 企业将项目"移交"给独立风险/投资组合管理人员	• 修改信用审批（如果适用） • 投资组合管理人员控制和监督项目
⬣ 根据以前同意的条款，客户制定有关环境和社会条件合规的赤道原则和其他监控文件和报告，并提交至花旗银行和/或辛迪加（例如EMP）	持续的监控	• 符合先决条件，包括环境和社会风险管理和赤道原则条件（如果有） • 花旗银行签署贷款文件 • 企业将项目"移交"给投资组合管理人员	• 从客户和/或独立专家接收持续的监控和合规报告，并进行审核 • 与客户和/或独立专家合作，识别和纠正不合规领域（如果有） • 如果明显存在严重不合规的领域，则通知环境和社会风险管理审批人并修改行动计划，从而使客户合规

注：上述内容简述了典型的花旗银行项目融资交易采取的一般步骤。所有交易都是不同的，可能会根据具体交易的事实和情况调整、减少或补充上述的审核、批准和监控步骤。

⬣ 表示环境和社会风险管理审核和控制点。

2003年6月以后，赤道原则就直接运用于世界上绝大多数大中型和特大型项目中，有些项目在是否符合赤道原则方面颇有争议，引起了全世界的关注，如巴库—第比利斯—杰伊汉（Baku - Tbilisi - Ceyhan，BTC）输油管道工程、萨哈林（库页岛）2号油气开发项目（Sakhalin II Oil and Gas Project）和印度的那马达大坝项目（Narmada Dam Project）等。这三个项目是运用赤道原则过程中争议最大的，同时也是比较典型的案例。

赤道原则并不是国际法，本身没有授予任何组织和个人强制执行的权力，因而法律拘束力并不强。但它已经成为国际项目融资的社会和环境方面的行业标准和行业惯例，虽不具备法律条文的效力，却具有约定俗成的无法抗拒的威力，谁忽视它谁就会感觉到在国际项目融资市场中步履艰难，甚至可能会被迫退出国际项目融资市场。在这种情况下，很多国际法的研究者将其纳入国际法的研究范畴。

赤道原则这一特性决定了我们在引进赤道原则的时候，不应该对其修改，需要按照其标准直接运用。当然，每个银行所处的国家不同、业务特点不同，因此可以发展自己的实施细则和管理架构。2003年10月，瑞穗实业银行宣布采纳赤道原则后，就着手制定包括内部38个行业的实施细则的操作手册并建立内部操作流程。2004年10月，编制完成《瑞穗实业银行赤道原则实施手册》，并将其应用于全球的项目融资和财务顾问活动。但这些发展是属于实施细则和实施工具领域，在原则和标准方面没有修订，完全按照赤道原则的国际标准执行。

赤道原则所确定的金融行业环境和社会风险管理国际标准主要体现在赤道原则10项原则、国际金融公司8项绩效标准及环境、健康与安全指南方面。

赤道原则10项原则包括：审核和分类；社会和环境评估（程序）；适用的社会和环境标准；行动计划与管理系统；磋商和信息披露；投诉机制；独立审核；承诺性条款；独立监控和报告；赤道原则金融机构报告。

国际金融公司的8项绩效标准（Performance Standards），规定了拟贷款企业在管理项目时所应承担的环境和社会责任，以及企业要从金融机构获得融资所必须达到的要求。这8项绩效标准主要用于项目融资（指无追索权融资）。在《详细指南》（Guidance Notes）中，对如何达到这些标准提供了进一步指导。

《绩效标准1》着重阐明了在项目（需要评估和管理的任何商业活动）周期内进行社会与环境风险管理的重要性。有效的社会与环境管理系统应当是一个动态、连续的流程，由管理层启动，涉及企业、企业员工以及直接受到项目影响的当地社区（受影响社区）之间的沟通交流。

《绩效标准2》认为，通过创造就业机会、产生收入的方式追求经济增长，应当与保护员工基本权利达成平衡。对所有企业来说，劳动力都是一项宝贵资产，劳资关系是否良好是企业能否生存下去的关键因素。如果没有建立和巩固良好的劳资关系，就会破坏员工的责任心和凝聚力，从而危及整个项目。该标准部分参照了国际劳工组织（ILO）与联合国（UN）之间通过谈判所达成的多项国际公约。

《绩效标准3》认为，工业活动与城市化程度的增加常常会加剧对空气、水和土地的污染，从而威胁到当地、所在地区以及全球的民众与环境。另外，关于污染防治的技术和实践，在世界各地也更易于获取和实现。

《绩效标准4》是关于客户在避免或降低项目活动对社区健康和安全的风险与影响方面所负有的责任。

《绩效标准5》是关于非自愿搬迁。非自愿搬迁是指由于与项目有关的征地而导致的物质上的迁移（重新安置或丧失居所），以及经济上的变化（丧失资产或无法获得资产，从而失去收入来源或生计）。如果受影响的个人或社区无权拒绝将导致以上变化的征地时，这种搬迁就是非自愿的。

《绩效标准6》所针对的是，客户如何才能避免或降低企业运作对生物多样性的威胁，以及如何可持续地管理可再生的自然资源。该标准认为，保护和维持生物多样性——各种生命形式，包括基因、物种和生态系统的多样性——及其改变和进化的能力，对可持续发展至关重要。

《绩效标准7》认为，土著居民是与国内其他优势群体具有不同身份的社会群体，通常属于最被边缘化和最易受伤害的人群。私营部门的项目可以为土著居民创造机会，来参与并受益于与项目相关的活动，这些活动有助于他们实现对经济和社会发展的渴望。此外，该标准还认为，土著居民可以作为发展伙伴，通过促进、管理活动为可持续发展发挥作用。

《绩效标准8》阐述了文化遗产对当前和后世的重要性。根据《保护世界文化和自然遗产公约》（*Convention Concerning the Protection of the World Cultural and Natural Heritage*），该标准旨在保护不可替代的文化遗产，以及指引客户在其业务运作过程中保护文化遗产。该标准对项目中使用文化遗产的要求，部分基于《生物多样性公约》（*Convention on Biological Diversity*）所制定的标准。

《环境、健康与安全指南》（*Environmental, Health and Safety Guidelines*），制定了环境、健康和安全问题评估的技术基准。2007 年 4 月推出了新版本，而且还会定期更新。该指南是一份技术参考文献，包括了普遍的和按行业细分的国际行业操作惯例（GIIP）案例，而这些惯例在 IFC《绩效标准 3》中有相关介绍。指南中列举了国际认可的各行业最低绩效标准和应采取的措施。这些标准可以在新项目中通过现有技术以合理成本达到。当所在国的规定与该指南中的水平和措施有差异时，应要求融资项目遵守两者中更严格的规定。

赤道原则要求商业银行在履行尽职调查业务时应根据上述标准重点审查以下内容：

- 审核项目分类的准确性；
- 借款人提交的环境与社会影响报告是否全面客观；
- 借款人制定的行动计划和社会与环境管理机制是否切实可行；
- 借款人与受影响社区的磋商活动是否属于透明、知情、事先的磋商；
- 借款人是否建立了合理的投诉机制；
- 贷款协议在形式和实质方面是否与行动计划或当地法律保持一致。

有的专家认为，赤道原则所规定的国际行业标准不适合我国国情，所以在执行的时候需要修订。对这个问题，我们需要追溯到我们为什么需要赤道原则。赤道原则产生的背景是环境问题全球化和金融资本全球化，项目融资本身就属于国际金融的范畴，是金融资本全球化的产物。项目融资是为满足大型项目融资需求而发展的一种新型融资方式，一般用于大型、复杂且价值不菲的设施。这些设施包括发电厂、化学加工厂、矿井、运输基建、环境和电讯基建等。

20世纪60年代以来，国际上大型工程开发项目日益增多，这类大型项目既包括石油、煤炭、天然气等自然资源开发项目，也包括交通运输、电力、农林等基础建设工程项目。这些项目往往耗资巨大，需要几十亿乃至几百亿美元的投资资金，投资周期长，短则10年、长则30年。项目的投资额度远超出了项目投资者的自身筹款能力，而项目的投资风险更是超出了项目投资者自身所能够承受的限度。所以，传统的公司融资方式无法满足这些大型项目的融资需求。在这种情况下，为满足此类大型项目的融资需求，以特定项目的资产、预期收益或者权益作为抵押而取得无追索权或者有限追索权的贷款，就作为一种新的融资方式迅速发展起来，这就是项目融资。

项目融资所面临的环境和社会风险，一般具有两个特性：第一，国际性；第二，严重性。作为大型的国际融资项目，首先，其面临的环境风险可能是国际化的，其次，其资金组合方式是国际化的。当不同国家的银行在合作共同融资一个具有国际性环境风险的大型项目时，任何国家的环境标准都不具有说服力，必须要有一个国际认同的行业标准和准则来评估和审核银行的行为。例如，如果银行的大坝投资是建在国内河道上，对于银行来说主要的环境风险可能是来自该国环境监管部门的法律法规。但如果这个大坝的投资是建在国际河道上，而且可能这个河流的流域还穿越几个国家，由于流域影响的一体性，任何国家在其河道上建立的大坝都可能影响到其他国家的福利，在这种情况下，任何其中一个国家的环境法规或者标准都不具有说服力，需要审核金融机构行为的国际行业标准和国际法，而赤道原则因为获得了国际上的认可，就成为评判金融机构行为的审核标准。

所以，由金融机构倡导和发起的赤道原则，在本质上是保护金融机构的。很多环境危害，其产生的原因具有分辨的难度。如果没有赤道原则，金融机构可能会受到公民社会或者国际社会的指责而无法解释自己项目与环境危害的相关程度。我们知道很多项目都会在一定程度上消费环境容量，但过度消费环境容量就会带来环境危害。我们不可能要求所有项目都不产生一点废气或者废水，关键是标准和程度，在什么标准和程度下可以界定该项目产生了环境危害。如果没有这种国际准则和标准，在环境问题日益影响民众福利的今天，其融资行为很容易受到攻击。赤道原则确定的执行标准和准则，可以帮助金融机构认清项目在消费环境容量方面的界限，从而自发地避免风险，如果受到指责，也有了申辩的标准。

巴克莱银行曾经作为领头银行在冰岛投资了一座大坝进行水力发电，水电产生的温室气体排放为零，也不需要大规模的人口迁移，还能解决就业问题。这个项目看起来应该是对环境和社会有益的。但这个项目受到了大批国际 NGO 的批判和指责，它们发起了对该项目的强烈抵制运动，因为它们认为这个大坝的建设导致了冰岛上濒危动物粉腿鹅的减少。很多国际 NGO 和国际动物保护组织宣称：水库大坝破坏了 7 000 对粉腿鹅的夏季栖息地，而且还影响到驯鹿的迁徙路线。尽管按照冰岛的监管要求巴克莱银行已经要求项目发起方提供了大量和广泛的环境影响评价研究，也获得了政府许可，可是国际社会强烈的抵制使项目无法顺利开展。为了答复国际组织对该项目的质疑，巴克莱银行不得不对该项目与粉腿鹅之间的联系展开了细致的调查和研究，聘请了大量的专家从十年以上的相关研究成果中收集环境影响评价数据。调查研究结果表明，导致粉腿鹅减少的原因并不是大坝的建设，而是岛上人口的扩张已经超过了粉腿鹅的越冬条件。

为了消除民众对冰岛大坝项目的质疑，巴克莱银行进行了以下工作：编写了一份立场申明，在申明中提供了相关事实，并且发布给了参与运动的团体和组织；为银行的公共关系团队提供了可能的"问题与答案"，以处理媒体的询问；编写了相关标准体系以应对公众的查询等。巴克莱银行处理冰岛粉腿鹅事件显示了巴克莱银行极强的公关能力和应对能力，但这个事件同时也说明，当对有争议性的发展项目进行融资时，银行很容易成为攻击的目标。为了应对这些指责和攻击，同时也为自己树立一个警戒标准，赤道原则对从事国际项目融资的银行是必须而且必要的。

如果我们对赤道原则进行修订，就无法发挥其国际行业标准的作用。

另外，赤道原则已经考虑到了各国的不同情况，为了解决其国际适应性问题，赤道原则特别强调必须遵守东道国政府制定的环境保护法律法规。

兴业银行成为中国首家全面采纳赤道原则的银行，兴业银行执行赤道原则的组织框架如图6－1所示。

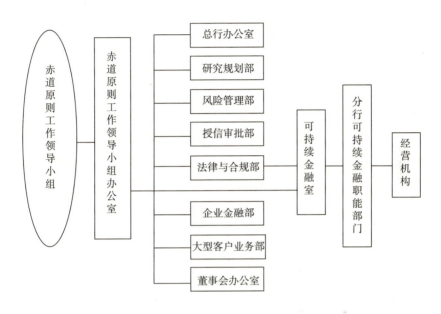

图6－1　兴业银行执行赤道原则的组织框架

6.2　风险管理是商业银行项目融资的关键

项目融资近30年来已经发展成为一种为大型工程项目的建设开发筹集资金的卓有成效并且日趋成熟的手段。与传统的依靠借款人的公司资信及综合债务偿还能力的公司融资不同，项目融资的根本特征在于"项目导向"、"有限追索"、"风险分担"，因此，风险控制和管理是项目融资的关键。

1. 项目融资是为满足大型项目融资需求而发展的一种新型融资方式

项目融资是一种集资方式，借款人主要以单一项目资产及所产生的收益作为还款的资金来源，另一方面也以项目作为风险的抵押品。这类融资一般用于大型、复杂且价值不菲的设施。有关设施可能包括发电厂、化学加工厂、矿井、运输基建、环境和电讯基建等。项目融资的形式，可以是新资本设施建设的融资，或现有设施的重新融资。借款人获支付的款项通常全部或者绝大部分来自设施所生产产品（如发电厂出售电力）的合约产生的资金流。借款人通常是特别目标机构，即除发展、拥有和营运有关设施外，不可担当其他职能的机构。因此，还款主要取决于项目的现金流量和项目资产的整体价值。①

2. 项目导向、有限追索、风险分担是项目融资的主要特点

与传统的公司融资方式比较，项目融资的主要特点是：第一，项目融资的融资基础是项目的资产和收益，而传统融资是债务人的资产。因此，贷款银行在项目融资中的注意力是放在项目在贷款期间能够产生多少现金流量用于还款。贷款的数量、融资成本的高低以及融资结构的设计都是与项目的预期现金流量的资产价值联系在一起的。第二，在追索权上，项目融资是有限追索或者无追索，而传统融资是完全追索。追索是指在借款人未按期偿还债务时，贷款银行要求借款人用除抵押资产之外的其他资产偿还债务的权利，在某种意义上，贷款银行对项目借款人的追索形式和程度是区分融资是属于项目融资还是传统融资的重要标志。第三，资本金和贷款比例，项目融资的自筹资金比例较低，而传统融资的自筹资金比例比较高，通常大于30%。第四，从财务处理上看，项目融资的债务是与母公司分离的，也就是说，如果项目出现问题，不能用母公司的资产抵债；而传统融资项目债务是母公司财务的一部分。第五，项目风险分担。由于项目融资是无追索或有限追索，所以，对于与项目开发有关的各种风险要素，需要项目借款人、贷款银行及其他项目参与者共同分担。第六，高融资成本。项目融资的大量前期工作和有限追索的性质，导致其融资成本要比传统融资方式高。融资成本包括融资的前期费用和利息成本两个主要组成部分。融资的前期费用与项目的规模有

---

① Basel Committee on Banking Supervision, International Convergence of Capital Measurement and Capital Standards ("Basel II"). http://www.bis.org/publ/bcbs118.pdf, 2005-11.

直接关系,一般占贷款金额的 0.5% ~ 1.5% ,其增加幅度与贷款银行在融资结构中要承担的风险以及对项目借款人的追索程度有密切关系。

3. 风险管理是项目融资的关键

项目融资对贷款银行来说,收益是巨大的。由于项目融资风险较大、融资的技术性较强,贷款银行通常可以收取高于一般融资方式的贷款利息、管理费等收入。一般来说,项目融资的利息率要高出同等条件下公司融资的 0.3% ~ 1.5% 。其增加的幅度与贷款银行在融资结构中承担的风险以及对借款人的追索程度是密切相关的。

但巨大的收益也意味着高风险。由于项目融资总额大、投资周期长,再加上其有限追索的特性限制了贷款银行的追索程度和范围,因此贷款银行在从事项目融资业务时,面临的风险就比传统融资更为复杂。贷款银行必须认真分析融资项目的潜在风险,并对这些风险进行系统管理,否则,贷款银行就可能会遭受巨大的经济损失。因此,对于贷款银行来说,风险管理是项目融资成功的关键。

作为贷款银行的项目风险管理是指对与项目资产和现金流量直接相关的风险因素的管理,包括政治风险、法律风险、完工风险、经营风险、环境风险等,而环境风险是项目融资风险管理中的重要内容。

6.3 环境风险对商业银行信贷资产安全的影响

随着社会的发展,商业银行面临的风险种类也不断发展。环境问题对贷款银行信贷资产安全造成影响,主要来源于以下四个方面:第一,环境法律法规赋予贷款银行直接和间接的污染责任;第二,环境污染导致利益相关者对项目的强烈抵制;第三,环境污染导致项目抵押品贬值以及环境清洁连带责任引起贷款银行资金严重损失;第四,突发性环境污染事件对贷款银行造成的巨大经济损失。

1. 环境法律法规赋予贷款银行直接和间接的污染责任

环境污染问题会赋予贷款银行直接和间接的污染责任,极大地影响着贷款银行的信贷资产安全。如果环境污染影响了项目的现金流量,导致借款方无法按期或者按量地归还贷款，这种污染责任就间接地落在了贷款银行。而由于项目融资中贷款银行对项目的控制权力极大的增加，一旦项目导致严重污染，很多国家的法律还要追究贷款银行的直接污染责任。

环境法律法规通过影响项目资产和现金流量赋予贷款银行间接的污染责任。对于项目融资来说，贷款银行所获得的还款资金主要来源于该项目产生的现金流，一般不具备其他还款来源。因此，如果环境法律法规的约束和惩罚影响了项目的现金流量，就会导致贷款银行无法按期按量地获得还贷款项，从而危及贷款银行的信贷资产安全。企业履行法律法规所规定的环保义务引起的成本支出的增加，环保部门处罚引起项目公司被勒令关闭或者停业整顿、环保要求变化对项目建设及运营的影响以及额外的投资需求等，都会对项目现金流带来影响。随着公众越来越关注工业化进程对自然环境的影响，许多国家颁布了日益严格的法令来控制辐射源、废弃物、有害物质的运输及低效使用能源和不可再生能源，如果项目的环境要求不能达标，就会导致项目被迫停建或追加新的投资，必将影响项目的现金流，从而影响贷款银行的信贷资产安全。

环境法律法规规定了贷款银行对污染项目的直接法律责任。以上还只是由于环境法律法规作用于借款的项目公司而间接带给贷款银行的影响，目前，许多国家（地区）如美国、欧盟等，已经规定了贷款银行对项目污染的直接法律责任。北美银行最早被迫承受这种直接的法律责任。美国 20 世纪 70 年代颁布的《清洁空气法》等环境法规，虽然对污染企业和项目有极大影响，但法律并没有规定对贷款银行的法律责任。在《有毒废物堆场污染清除资金修订和重新授权法案》（*Superfund Amendment and Reauthorization Act*，SARA）中，也对贷款银行的直接法律责任进行了豁免，其依据是贷款银行无法干预借款方的污染行为，因此不应该承担法律责任。但随着项目融资的兴起，贷款银行对贷款项目的控制能力大大增强，很多证据显示贷款银行在污染项目中有积极参与行为，因此，美国的《综合环境影响补偿和责任法》（*Comprehensive Environmental Response Compensation and Liability Act*，CERCLA）逐渐开始把贷款银行也列入直接法律责任人中。按照 SARA，首先由美国环保署承担对污染地点清理的费用，然后，再按照 CERCLA，追究相关责任人，由他们分别承担清理费用，从而使环保署收回垫付的清理费用。按照 CERCLA，法律责任的追究主要涉及以下责任方：第一，污染项目的所有者或者操作者；第二，污染场地的所有者或者操作者；第三，有害废弃物的制造者；第四，向污染场地输送违规物质的输送者。① 由于项目融资的兴起，贷款银行的责任变得模棱两可。因为在项目融资中，由于项目融资有限追索的特性，给予贷款银行更多的权利介入和操作控制项目，同时，项目的资产和一定的未来收益和权限都作为贷款抵押转让给了贷款银行，在一定程度上说，贷款银行就成为该污染项目的拥有者和操作者之一，也应该承担直接的法律责任。许多法庭就据此判定贷款银行的直接法律责任。

1986 年，美国马里兰银行和信托公司被法院判决对一个废弃物管理公司的土地资产的污染清洁负有直接的法律责任。由于废弃物管理公司拖欠该银行贷款，所以该银行就没收了作为贷款担保的该块土地。但这块土地已经被有害废弃物严重污染，被法院勒令清洁。法院判定马里兰银行和信托公司对该块土地的清洁负有直接的法律责任，因此，应该承担所有的清洁费用。法院认为，法律没有义务保护贷款银行和信托公司由于没有很好地做尽职调查而带来的资金损失。贷款银行和信托公司必须将尽职调查列入它们的日常业务，通过尽职调查和风险管理来保护它们的资产。②

加拿大没有专门的法律来规定贷款银行对污染的责任，但有一系列的联邦、地方的环境法律法规有可能带给贷款银行对污染的直接法律责任。例如，在联邦政府法律这一级，1988 年开始执行的《加拿大环境保护法案》规定，任何个人和机构如果对污染物和有毒物质的排放负有责任，就必须负责采取补救措施以消除对人类和自然环境的危害。因为项

---

① Thompson, G. The Role of Financial Institutions in Encouraging Improved Environmental Performance [M]. In M. Rogers (ed), Business and the Environment. London: Macmillan Press, 1995.

② Schmidheiny and Zorraquin. Financing Change: the Financial Community, Eco – Efficiency and Sustainable Development [M]. Washington, DC: MIT Press, 1996.

目融资中贷款银行对项目的深度介入，很多法庭会认为贷款银行也应该对项目中排放的污染物负有法律责任。①

2. 环境污染导致利益相关者对项目的抵制，可以逼迫项目迁移，甚至停止关闭，从而危害贷款银行的信贷资产安全

随着公民社会的兴起，利益相关者对企业和金融机构业务绩效的影响越来越大，从而在企业和金融机构的业务经营中受到广泛重视。1984年，弗里曼出版了《战略管理：利益相关者管理的分析方法》，明确提出了利益相关者管理理论。利益相关者管理理论认为，企业的生存和发展依赖于企业对各利益相关者利益要求回应的质量，而不仅仅取决于股东。

项目所在地居民、各种环保 NGO、爱好环境的产品消费者等，都是重要的利益相关者。项目导致的环境污染，如果触及了这些利益相关者的利益，导致它们对项目的强烈抵制，而项目公司和贷款银行又没有制定和执行缓解这些冲突和矛盾的措施，就会导致项目执行失败。

这方面较为典型的例子就是萨哈林 2 号油气项目。萨哈林 2 号油气项目位于俄罗斯远东的萨哈林岛，包括海上石油平台、海上和陆地输油管道、陆地炼油工厂、液化天然气厂和石油天然气出口设施等众多子项目。该项目的主要平台位于仅有的、濒临灭绝的灰鲸的捕食海域附近，长达 800 公里的项目管线计划穿越 24 个地震多发带、200 条河流及其支流（这些河流是野生大马哈鱼的产卵地）。

萨哈林 2 号油气项目发起人为几个大型跨国公司，1994 年它们签署了项目产品分成协议（PSA），总投资初期预算为 100 亿美元，后追加到220 亿美元，预计于 2008 年初投产。为萨哈林 2 号油气项目提供融资的贷款银行主要包括欧洲复兴开发银行、瑞士信贷银行、摩根大通银行、瑞穗银行和荷兰银行等 6 家银行和 2 家出口信用保险机构。

萨哈林 2 号油气项目在开工初期就遭到了众多非政府组织的强烈抗议，同时，项目所在地的居民也对该项目提出了强烈公开的抗议和抵制，

---

① Levy, J. Landlord and Lender Liability for Hazardous Waste Clean – up: A Review of the Evolving Canadian and American Case Law [J]. Canadian Business Law Journal, 1992 (20): 269 – 304.

声称他们没有得到项目关于环境方面的相关信息，项目公司也没有征询他们该项目对渔场、驯鹿和森林的影响。他们要求项目公司对这些影响进行评估并对当地居民进行资金补偿。这些抗议得到了国际声援。

随着项目建设的进展，非政府组织和当地居民的抗议活动愈演愈烈，最终采取了法律诉讼形式。2006年9月，俄罗斯有关法院判决撤销了该项目的建设许可证，已经完成80%工作量的萨哈林2号项目于2007年1月停止建设。①

萨哈林2号油气项目严重地损害了环境资源，没有妥善解决项目对地震带、灰鲸以及渔场、驯鹿、森林的影响，从而引起了利益相关者的强烈抗议和抵制，使为项目提供融资的贷款银行遭受了巨大的金融风险。因此，贷款银行应高度重视非政府组织、项目所在地居民等利益相关者对项目的社会影响力和公信力，积极回应利益相关者对项目提出的各种异议。如果忽视或无视利益相关者对项目的影响能力，不仅将直接增加贷款银行的经营风险，甚至可能危及贷款银行的可持续经营和生存。

3. 环境风险使项目抵押品贬值以及环境清洁连带责任对贷款银行信贷资产安全的影响

在项目融资中，贷款银行往往只能要求以项目资产和项目未来收益作为抵押，由于有限追索的特性，一旦项目公司违约或者破产无法还贷，项目资产就成为贷款银行所获得的主要赔偿品。在化工、油漆等污染行业中，一些污染如有毒液体的泄漏或者重金属的散失等管理不善引发的环境污染事故都会污染工厂生产用地。如果借款者不能按合同约定偿还贷款或者破产，贷款银行将不得不变卖抵押土地以获得补偿。但这种被污染的土地往往会在变卖时因为污染问题而使其用途受限制，导致变现困难或者大幅贬值。比如，被污染的土地是不宜于开发房产的，被污染的水域附近的土地也不适宜于开发房地产。对于抵押的设备来说，如果环境标准提高了，一些不符合新的环保标准的设备就意味着被淘汰，即

---

① Platform. Analysis of the Sakhalin II Oil and Gas Project's Compliance with the Equator Principles [EB/OL]. http：//www. assets. panda. org/downloads/analysisequatorp2004. pdf, 2006 – 12 – 03.

使可以继续使用，这些设备在作为抵押资产处置时，也会因为不符合新的环保标准而难以变现或大幅贬值。

另外，污染的土地还会污染附近的水域或者地下水，影响周围居民的生活和生产，比如因为饮用水质量下降引起各种疾病，或者污染水域影响渔业生产等。这些不良影响往往会引起附近居民的抗议和媒体的关注，政府往往迫于社会压力依法要求土地所有人对污染土地进行必要的清洁，对污染源进行必需的治理。这种清洁责任的费用是极其昂贵的，经常会超过抵押土地本身的变现价格。如前所述，国际上很多国家，由于项目融资中银行的深度参与，已经将贷款银行列为直接责任人之一。虽然中国目前还没有法律直接追究贷款银行的污染责任，但如果借款的项目公司因为破产已不复存在，贷款银行作为这些抵押地产的现时实际所有者，有可能被政府部门要求承担污染土地的清洁责任。

4. 突发性环境污染事故对贷款项目及贷款银行造成的灾难性影响

突发性环境污染事故是在瞬间或短时间内大量排放污染物质，对环境造成严重污染和破坏，给人民的生命和国家财产造成重大损失的恶性事故。它不同于一般的环境污染，具有发生突然、扩散迅速、危害严重及污染物不明等特点，包括核污染事故，剧毒农药和有毒化学品泄漏、扩散污染事故等。在社会经济生产活动中，突发性环境污染事故时有发生，尤其是石油化工原料、产成品及有毒有害危险品的生产、贮存和运输过程中均隐含着不同程度的突发事故因子。根据事故发生原因、主要污染物性质和事故表现形式等，可以分为七类：①有毒有害物质污染事故：指在生产、生活过程中因生产、使用、贮存、运输、排放不当导致有毒有害化学品泄漏或非正常排放所引发的污染事故。②毒气污染事故：主要有毒有害气体有一氧化碳、硫化氢、氯气、氨气等。③爆炸事故：易燃、易爆物质所引起的爆炸、火灾事故。例如煤矿瓦斯、烟花爆竹以及煤气、石油液化气、天然气、油漆硫磺使用不当造成爆炸事故。有些垃圾、固体废物堆放或处置不当，也会发生爆炸事故。④农药污染事故：剧毒农药在生产、贮存、运输过程中，因意外、使用不当所引起的泄漏所导致的污染事故。⑤放射性污染事故：生产、使用、贮存、运输放射性物质过程中不当操作而造成核辐射危害的污染事故。⑥油污染事故：原油、燃料油以及各种油制品在生产、贮存、运输和使用过程中因意外或处置不当而造成泄漏的污染事故。⑦废水非正常排放污染事故：因处置不当或事故使大量高浓度水突然排入地表水体，致使水质突然恶化。

突发性环境污染事件往往具有突发性、难以预测性、意外性、灾难严重性等特点，一旦发生，危害极大，对贷款银行的影响非常严重。因为突发性环境污染事件不但会增加项目成本而使项目丧失原有的经济强度，更为严重的是，一旦项目公司因为突发性的环境污染事故而倒闭破产，贷款银行因为当初的协议而成为项目所有权和经营权的拥有者，就必须承担污染的清洁、赔偿等压力和责任。这样严重的压力，其强度甚至可能会导致贷款银行的破产。所以，一般来说，国际上商业银行的环境风险管理机制是运用环境保险来转移这种突发性环境风险。

6.4 赤道原则是商业银行管理项目融资环境风险的国际标准

赤道原则是商业银行管理项目融资环境风险的国际标准，是商业银行风险管理的必要和重要组成部分。

商业银行对项目融资中环境风险管理的特点是由项目融资和环境风险的特殊性决定的。这种环境风险管理不能归类到任何一类传统的金融风险管理，因为它的涉及面很广，几乎涉及所有传统金融风险管理领域，包括信用风险、操作风险、合规风险、声誉风险等，还有一些内容是传统金融风险管理类型无法囊括的，因此，成为一项独立的新型金融风险管理内容。

赤道原则是商业银行管理项目融资中环境和社会风险的国际标准。赤道原则的产生根源于商业银行对项目融资风险管理的内生需求和公民社会要求商业银行承担社会责任的外在压力。许多学者都理解了公民社会要求商业银行承担社会责任对赤道原则催生的作用，却很少有人理解到，赤道原则是商业银行管理环境和社会风险的一套系统性工具，它的产生，首先是来源于商业银行对项目融资中环境和社会风险管理的内生需求，其次才是商业银行履行社会责任的一种手段。

只有揭示了赤道原则产生的内在动力，中国的商业银行才能更加理解实施赤道原则的必要性。随着项目融资的日趋成熟和发展，近年来，不论是银团贷款（Syndicated Loan）还是 BOT，国际上都是以项目融资方式来筹集资金，项目融资已经逐渐成为融资市场的主流。而项目融资有限追索的特性使风险管理成为商业银行成功运作项目融资的关键。赤道原则是商业银行项目融资风险管理的重要和必要组成部分，如果不执行赤道原则，将会导致以下危害：第一，有可能导致贷款银行因为环境和社会风险而运作项目融资失败，从而给贷款银行带来巨大的经济和声誉损失。第二，将无法取得国际同行的认同，从而使中国的商业银行无法参与大型的国际项目融资业务。由于大型项目融资额度巨大，所以商业银行经常组团来对一个巨大项目共同融资。一旦组团共同融资，任何一家银行风险管理失误所带来的后果都要波及银团的其他成员，所以，如果中国的商业银行没有建立实施赤道原则的机制以规避环境和社会风险，国际上其他银行就不敢吸纳中国的商业银行参与国际大型的项目融资。因此，中国的商业银行要开展项目融资业务，就必须将赤道原则纳入其风险管理系统。

赤道原则产生的内在动力是贷款银行在项目融资中对环境和社会风险管理的需求。随着公民社会的兴起和项目融资的发展，由环境和社会问题导致的贷款银行的经济和声誉损失日益严重，从而受到贷款银行的广泛关注。2002 年 10 月，国际金融公司和荷兰银行在伦敦组织召开了由 9 家大型商业银行参加的会议，讨论项目融资中的环境和社会问题。会上，与会各银行提供了以往项目融资中涉及环境和社会风险的案例进行研究和讨论，这些案例往往因为环境和社会问题导致了贷款银行的经济和声誉损失。随后，花旗银行建议制定一套风险规避系统来解决这些环境和社会风险对贷款银行的伤害。于是，各银行同意成立一个工作组来起草一个银行业项目融资环境与社会风险管理框架供其他银行参考。此后，工作组举行了多次电话会议，商讨该风险管理系统。通过电话会议在各大银行之间的交流，花旗银行、荷兰银行、西德意志州立银行和巴克莱银行赞同在世界银行和国际金融公司的环境和社会保障系统的基础上，创建一套银行业项目融资中关于环境和社会风险管理的指南。这个指南就是赤道原则。

赤道原则认识到环境和社会风险主要来源于政府制定的法律法规、利益相关者对环境和社会问题的关注，以及由意外性和突发性事故导致的环境和社会风险。所以，赤道银行在其制定和实施中特别强调对这些风险的规避。

首先，对于来自政府制定的法律法规的风险，赤道原则做了特别的强调。

由于项目执行地各国的法律法规具有很大的差异性，为了增强赤道原则的适应性，赤道原则强调其所要求的只是最低标准，如果项目执行地国家有更高的环境和社会要求指标，必须按照项目执行地国家的法律法规来决定对项目的环境和社会影响的基准要求。赤道原则中承诺性条款要求：项目执行机构必须遵守项目所在地的法律法规和许可等各方面的要求。[①] 赤道原则反复强调是在遵守项目执行地东道国的法律法规的基础上执行赤道原则中的各项指标。国际大型银行在执行赤道原则的时候，其环境和社会专家要列出项目所在国所有与该项目相关的法律法规，找出东道国政府要求的标准和指标，与赤道原则所要求的相关指标进行识别和对比，如果东道国要求的指标高于赤道原则，就执行东道国的标准，如果东道国的标准低于赤道原则，就执行赤道原则标准。所以，作为商业银行的环境和社会风险管理专家，必须对东道国与环境和社会相关的法律法规、许可、指标、基准等有全面的了解，否则就可能遗漏潜在风险源，从而给贷款银行带来经济或者声誉损失。

其次，赤道原则特别关注来自利益相关者对环境和社会问题抵制而导致的金融风险。

---

① Equator Principles［EB/OL］. http：//www. equator‐principles. com/documents/Equator Principles. pdf.

随着公民社会的兴起，利益相关者如非政府组织、当地社区组织、顾客等对商业银行经营绩效的影响越来越大，因此，在制定赤道原则时，各发起银行对这些利益相关者的意见十分关注。2003 年 1 月非政府组织发布了《关于金融机构和可持续性的科勒维科什俄宣言》（*Collevecchio Declaration*），提出了非政府组织希望金融机构遵守的 6 条原则，即可持续性、不伤害、负责任、问责度、透明度以及可持续市场和管理。[①] 这个宣言成为了非政府组织衡量金融机构环境与社会问题的一个参考标准。由于非政府组织对商业银行来说是非常重要的利益相关者，所以赤道原则吸收了这些原则。2003 年 2 月，发起银行向社会公开赤道原则并向商业银行的各利益相关者征询意见，然后根据这些反馈意见对赤道原则进行了修改，可见在赤道原则制定过程中就十分注重利益相关者的意见。

为了更好地规避来自利益相关者对环境和社会问题抵制所导致的金融风险，赤道原则强调了与利益相关者的互动，并要求借款方建立与利益相关者互动的管理体系，以规避此类风险。在国际大银行项目融资的环境和社会风险规避中，对于 A 类和 B 类项目，贷款银行一般会派出环境和社会专家，帮助借款方建立与利益相关者的互动机制，并对这些机制的有效性和连续性进行监督。

利益相关者互动机制包括：第一，对与项目相关的利益相关者的识别和分析，并建立利益相关者图表。每个不同的项目，其利益相关者是不同的。商业银行的环境和社会专家要有丰富的经验去识别可能会对贷款项目产生影响的利益相关者，这些利益相关者包括直接或者间接受项目影响的利益相关者，比如受影响社区；以及基于自身利益决定的利益相关者，比如环保 NGO、高校的学者、相关的新闻机构等，他们的工作就是发现各种大型项目可能存在的环境和社会问题，并通过写文章、呼吁、组织集会等手段阻止存在环境和社会问题的项目进行下去，所以，虽然他们并没有直接或者间接受到项目的影响，但基于自身利益，他们

---

① Collevecchio Declaration on Financial Institutions and Sustainability［EB/OL］.（2006 – 03 – 10）http：// www. foe. org/camps/intl/declaration. html.

是与项目及其相关的利益相关者。建立正确的利益相关者图表是成功进行利益相关者互动的第一步。

第二，磋商和信息披露。在确定了利益相关者图表后，商业银行的环境和社会专家就要帮助贷款项目公司建立与利益相关者的磋商机制，而信息披露是磋商的前提，只有利益相关者充分了解项目相关信息，该磋商机制的建立才是有效的。赤道原则规定对受影响社区构成重大不利影响的项目，磋商过程须确保受影响社区在自由的、事先的和知情的情况下进行，并须便利受影响社区知情参与。因此，磋商的原则是自由（不受外部操纵、滋扰或胁迫）、事前（适时披露信息）、知情（相关的、易于理解的和可获得的信息）。

第三，投诉管理是建立与利益相关者互动机制的重要环节。投诉管理强调公开性、客观性、适当性和连续性。公开性就是对利益相关者提出的投诉意见以及项目公司和其他项目参与方的答复要予以公开，以利于与利益相关者的沟通。客观性是指答复必须是客观的，是可以实际实施的，而不能为了安慰利益相关者而承诺一些无法实现的条件。如果利益相关者所要求的条件确实是项目操作方无法做到的，要客观地与利益相关者沟通，以找到切实可行的解决办法。适当性是指投诉管理的规模必须与项目规模相适应。连续性是指投诉管理必须贯穿于项目的整个生命周期。在整个项目的生命周期，必须给利益相关者以适当途径与项目最高管理人员沟通，反映他们的意见，这是杜绝风险的重要手段。如果利益相关者与项目最高管理人员一直有沟通的渠道，且认为他们反映的问题受到项目操作者的关注和重视，并正在寻找合适途径解决他们反映的相关问题，这些利益相关者就不会采取极端的方式来表达他们的意见，比如游行、抗议、诉讼等，从而给项目和贷款银行带来经济和声誉的损失。

6.5　赤道原则保护商业银行利益的额外规定

中国的许多银行在计划实施赤道原则的时候，往往顾虑赤道原则的实施会加大银行的管理成本，从而降低银行的利润。其实，这是错误地将赤道原则仅仅理解为一种环境责任，而没有看到赤道原则是由国际领先银行制定的，它的首要目标是保护商业银行的利益不受环境与社会风险的影响。赤道原则除了通过降低商业银行的环境和社会风险来保护商业银行的利益，还作出以下规定来保护商业银行的利益。

第一，对于项目的环境和社会风险评估、监测、管理所产生的费用，原则上应该是由借款方支付的，是作为融资成本的一部分。所以，商业银行实施赤道原则的成本实际上是由借款方承担的。正是项目融资的有限追索特性，导致了贷款银行需要面临和承担更多的环境和社会风险，因此，贷款银行有权利要求借款方承担环境和社会风险评估、检测、管理所产生的一切费用。赤道原则的大部分条款是指导贷款银行应该如何要求借款方来履行环境和社会风险评估、检测、管理的责任，而贷款银行的环境和社会专家的职责是站在贷款银行的立场，指导、监督借款方建立环境和社会风险管理机制。当然，由于贷款银行的环境和社会风险管理专家有丰富的经验，他们更多地参与会加强贷款银行的信贷安全，同时降低借款方的风险防范成本。但由此所产生的费用，原则上是应该由借款方支付的。

第二，赤道原则的适用范围是全球各行各业项目资金总成本超过1 000万美元的所有新项目融资。国内的很多专家对于赤道原则的1 000万美元金额的规定多有诟病，并质问：难道不满1 000万美元的项目就不会对环境造成危害吗？这是不了解赤道原则的本质，赤道原则首先是商业银行防范金融风险的一种风险管理系统，其次才是商业银行履行社会环境责任的一种手段。所以赤道原则的基本立场是保护商业银行的利益，而规定项目资金总成本超过1 000万美元正是体现了对商业银行利益的保护。

任何风险的规避和管理都是要增加成本的。风险管理者在评估风险的时候，与之对应的总是收益。只有具有巨大收益的项目才值得冒险，才需要建立完善的风险管理机制来规避风险，同时保证获得巨额收益。如果是有很大环境社会风险而收益又很小的项目，商业银行可以很容易拒绝对该项目的贷款。但对于那些收益巨大然而又有很大环境和社会风险的项目，商业银行在收益和风险中需要反复权衡、反复评估，如果决定贷款，还要对这种项目持续监测来进行风险管理。赤道原则正是建立了一整套的规则、机制、指标来帮助商业银行评估这些风险，建立一个基准来便于商业银行在收益和风险中权衡，并建立一整套管理系统来帮助商业银行对这类项目进行持续性监测。

许多商业银行担心实施赤道原则的成本太高，但资金总成本1 000万美元的规定大大地增加了其适应性。固然这种风险管理机制的建立需要很多资金投入，但相对于巨大项目的巨额收益，这种风险管理的投入是具有经济有效性的。

第7章 赤道原则中的环境和社会影响评估

7.1 环境和社会影响评估概述

一个有效的社会和环境管理系统应当是一个由管理方提出的动态且连续的过程，其中涉及借款方、借款方工人和受该项目直接影响的当地社区之间进行的沟通交流。基于经实践证明的"计划、实施、核查和行动"这一管理过程，该管理系统需要在项目建设的初期阶段就对项目的社会和环境影响和风险进行全面评估，并持续不断地提供减缓和管理风险的手段和办法。一个规模和性质与项目相匹配的良好管理系统可以促进良好、可持续的社会和环境绩效，并且能够带来更好的财务、社会和环境项目结果。

该环境和社会管理系统实施的目标是：确认和评估在项目影响范围内造成的正负两面社会和环境影响；避免或尽量降低、减缓对工人、受影响社区和环境所造成的不利影响的赔偿；确保受影响社区与可能对它们造成潜在影响的事项进行了适当交流；通过管理系统的有效使用来提高公司已改善后的社会和环境绩效。

要实现该管理目标，环境影响评估是起点。赤道原则要求借款方开展社会和环境的评估，该评估需要以一种集中统一的方式将项目的潜在社会和环境（包括劳动、健康和安全）风险和影响加以考虑。评估过程以现有信息为基础，包括对项目的准确描述以及适当的社会和环境基础数据。评估需要把所有相关的项目社会和环境风险及影响考虑进去，包括项目运营司法管辖地内与社会和环境事项有关的适用法律和法规，以及东道国为了依据国际法实施东道国义务而制定的法律，也需要加以考虑。

对项目的影响区域和对项目的环境风险的影响进行分析。项目的影响区域包括：①主要的项目现场以及借款方（包括其承包商）开发或控制的相关设施，如输电通道、管道、引水渠、隧洞、搬迁及施工道路、取土区和弃土区、施工生活区；②未作为项目的一部分获资助的关联设施（可能是由借款方或包括政府在内的第三方另行出资），此类设施的生存及存在完全依赖于该项目，并且其货物或服务对于项目的成功运营至关重要；③因该项目计划内的进一步开发、任何现有的项目或状况以及其他与项目有关的发展变化而产生累积性影响，有可能因此受波及的区域；④计划外发展变化所产生的影响可能波及的地区，该发展变化是由项目所致，属计划外但在可预见之列，可能在较晚时间或在不同地点发生。影响区域不包括即使没有该项目也同样会发生或与该项目无关的潜在影响。

此外，对于项目周期的关键阶段，包括施工筹备、施工行为、运营以及退役或关闭，也都要进行风险和影响分析。必要时，评估还需考虑对项目构成风险的第三方的角色和能力，前提是借款方对相关风险和影响的处理方式应与其对第三方行动的控制及影响力相称。如果项目使用的资源具有生物敏感性，或低劳动成本是外购物品竞争力的一个决定因素，则须考虑与供应链相关的影响。此外，评估还需考虑潜在的跨国界效应（例如空气污染，或国际水道的使用或污染）以及全球影响（例如温室气体排放）。

7.2 环境和社会影响评估流程

环境和社会影响评估的对象是拟建项目的社会和环境影响及风险。环境和社会影响评估可帮助借款方评价所有与项目有关联的潜在影响和风险，确定任何必要的减小或纠正措施，使项目能够符合任何当地相关法律和法规的规定，并切合借款方在社会或环境绩效方面额外规定的任何重点事项和目标，因此对于项目社会和环境绩效的管理和改进而言，环境和社会影响评估是重要的第一步。

一般而言，评估流程的主要组成部分包括：①项目定义；②项目的（初步）甄别和确定评估范围；③鉴别利益相关者以及收集必要的环境和社会影响基线数据；④影响的鉴别和分析；⑤提出降低或管理影响的措施及行动。分析的广度、深度和类型，应与评估确定的拟建项目潜在影响的性质和规模相适应。评估必须符合东道国环境评估法律及法规的要求，其中包括相关的信息披露和公众磋商要求。

项目定义：项目定义应简明扼要地描述拟建项目以及待评估的背景条件。项目描述通常是介绍贷款银行拟出资的新设施或业务活动。这些设施必须从一开始就达到国际金融公司《绩效标准》的相关要求，或经贷款银行同意后，在合理的时间段内达到相关要求。如果贷款银行拟出资的业务活动涉及已有设施（例如对该项目设施进行结构调整、扩建、现代化改造、私有化），贷款银行需要与借款方合作，制定出技术上和经济上可行、符合成本收益原则的管理计划（包括行动计划），使这些设施能在合理的时间框架内达到相关的绩效标准。

初步甄别：根据当地的相关法律和法规以及绩效标准，对项目进行初步甄别，初步评估确定项目的环境和社会风险程度类别，以确定该项目是属于 A、B、C 哪类。通过初步甄别，应确定项目影响区域内潜在影响及风险的大小和复杂度。项目影响区域是项目活动的现场和非现场影响所可能涉及的总体区域。如果初步甄别表明有潜在的负面影响，则应确定评估的范围，并需要进行进一步的影响鉴别和分析（如果有相关基线数据，则应以其为依据，并考虑已鉴别的利益相关者），以落实影响的性质和大小、受影响社区和可能的减缓影响措施。如果经过初步甄别，认定一个项目没有或只有微乎其微的潜在负面影响，借款方应对甄别过程及其结果形成书面文件。不需要作进一步评估或建立管理系统。

项目分类：赤道原则要求："当项目提呈进行融资时，赤道银行应按照国际金融公司的环境和社会筛选准则，根据项目潜在影响和风险的程度将项目分类。"赤道银行应该将拟融资项目根据初步的筛选分为 A、B、C 三类。

A 类为高风险，如果项目对社会或环境可能造成严重的负面影响，并且这种影响是多样的、不可逆转的或前所未有的，就应该认定为 A 类；B 类为中等风险，如果项目对社会或环境可能造成一定的负面影响，并且影响的数量较少，一般集中在一定区域，大部分是可逆的，并能够通过缓解措施容易得以改善，就可以认定为 B 类；C 类为低风险，项目对社会或环境影响轻微或无不利影响，就可以核定为 C 类。

伊塔乌投资银行实施赤道原则的分类方法

步骤 1：在进行环境和社会风险评估前，先确定那些只有很小或者没有社会或环境影响的项目，它们将被归为 C 类。C 类项目不需要为了遵守赤道原则而执行任何额外的规定。

步骤 2：作为初步评估，其他项目会首先根据其对社会或环境潜在负面影响的范围和程度，分为 A 类或 B 类。比初步分类更重要的是，在进行了更详细的社会和环境评估后，项目的类别可能被重新确定。对项目分类的再次确认将依据更广泛和更严格的数据和知识，并针对更广泛的问题和影响进行评估。

步骤 3：被分为 B 类的项目按照赤道原则 4 和赤道原则 8 的规定，需要执行其他的一些程序，即编制一份行动计划并通过其社会和环境管理系统执行。同时还要包括一份协议，承诺执行行动计划，遵守当地的法律法规和其他相关规定。

步骤 4：A 类项目需要执行赤道原则 5、6、7 和 9，即利益相关者的参与（原则 5）、投诉机制（原则 6）、独立审查（原则 7）和独立监测和报告（原则 9）。

步骤 5：此外，B 类项目可能也被要求执行步骤 4 的相关程序，取决于项目是否产生非常重大的环境和社会风险。

利益相关者鉴别和信息收集：从广义上讲，利益相关者鉴别涉及可能在项目中拥有利益、可能影响项目或受项目影响的各种个人或群体。利益相关者鉴别过程由不同的步骤组成，包括：①鉴别项目可能对其有积极或消极影响的个人、群体或当地社区，并直接或间接作出特别的努力，以鉴别受到直接影响者，其中包括弱势者或脆弱者；②鉴别更广泛意义上的利益相关者，凭借其对受影响社区的了解或政治影响力，这些利益相关者可能有能力影响项目的成果；③鉴别合法的利益相关者代表，其中包括民选官员、非民选社区领袖、非正式或传统的社区机构领导人以及受影响社区内的年长者；④测绘受影响群体和社区的地理分布图，绘制出影响区域图，这有助于客户定义和细化项目的影响区域。

在评估过程中，基线信息的收集是一个重要步骤，往往也是一个必要的步骤，是确定项目潜在影响和风险的一个前提条件。通过收集基线信息应可描绘出相关的现有状况，例如物质、生物、医学和社会经济状况。对涉及具体项目和现场的影响进行分析，应以最新并且可核实的第一手信息为依据。对于项目的影响区域，允许参考第二手信息，但可能依然有必要通过实地勘察来收集第一手信息，以确定与拟建项目潜在影响及风险相适应的基线。

影响和风险：对项目周期的每个关键阶段，包括设计和规划、施工、运营和退役或关闭，均应评估和记录潜在的影响和风险；由于这些影响和风险具有动态性和游移性，因此还应评估和记录这些影响和风险的短期、长期和累积性背景条件。无论是项目影响区域的大小，还是影响区域内的社会和环境影响及风险，都可能有很大的差异。有些影响和风险，特别是绩效标准内提及的，可能是归因于影响区域内的第三方。影响区域越大，第三方的作为或不作为越有可能对项目构成风险。必要时须将这些第三方风险纳入评估范围，特别是借款方可能对其有一定控制力或影响力的风险。除了负面的影响和风险，评估也需要对项目潜在的积极或有利影响进行评估，并提出增强这些影响的措施。这些措施可通过借款方的社会和环境管理计划进行实施。经借款方申请，赤道银行可以通过各种技术和经济援助计划，协助借款方增强项目的积极成果。

全球影响：单个项目对气候变化、臭氧层、生物多样性或类似环境问题并无显著的影响，但是与其他人类活动造成的影响加在一起，却可能变成具有全国性、区域性或全球性意义的影响。如果项目有可能造成大规模的影响，并可能加剧负面的全球环境影响，评估应考虑这些影响。

跨国界影响：跨国界影响是指影响的范围超出项目东道国而波及多个国家，但不具有全球性。例如，波及多个国家的空气污染，使用和污染国际水道①，以及跨国界传染病蔓延。如果评估认定：①项目活动可能通过空气污染和从国际水道取水或污染国际水道而造成不利影响；②受影响国家和东道国已签订协议或安排或建立了机构，以便保护可能受影响的空气流域、水道、地下水等资源；或者③受影响国家和东道国之间对于可能受影响的资源存在未解决的分歧，而且在近期内解决的可能性不大，就要求借款方向受影响的一国或多国通报将要进行的项目。

累积性影响：已有项目、拟建项目和（或）预计中的远期项目所产生的多种影响综合在一起，其结果可能是在单独一个项目期望之外的重大负面和（或）有利影响。应当根据预计累积性影响的来源、范围、严重程度对累积性影响进行评估。因此，累积性影响评估的地理范围和时间范围将取决于项目潜在累积性影响，也取决于可合理预见的第三方活动的潜在累积性影响，所以累积性影响评估将最终确定对项目影响区域的影响。

弱势或脆弱群体：在项目的影响区域内，可能会存在处于特别弱势或脆弱地位的个人或群体，拟建项目对他们的负面影响可能比对他人更为严重。大型项目不仅影响区域大，而且影响到多个社区，与问题仅限于现场的较小型项目相比，更有可能使这些个人和群体受到负面影响。如果预计项目会影响到一个或多个受影响社区，评估工作应采用获认可

---

① 国际金融公司对国际水道的定义：a. 任何形成两个或更多国家之间的边界的河流、运河、湖泊或类似地表水体，或任何流经两个或更多国家的河流或地表水体，无论这些国家是否是国际金融公司成员国；b. 作为上文 a 项所述任何水道的组成部分的任何支流或其他地表水体；c. 任何有两个或更多沿岸国的海湾和海峡，或虽然位于一个国家的境内，但被视为公海与其他国家之间的必要通道的海湾和海峡，以及任何流入这些水域的河流。

的社会学和医学方法来鉴别和定位受影响社区人群中的弱势个人或群体，分门别类地采集数据。借款方应使用分类信息来评估对这些个人和群体的潜在影响，其中包括差异化的影响，并在与其磋商的基础上提出具体的措施（必要时，提出单独的措施），以确保以适当的方式避免、减小或补偿对其造成的潜在影响和风险。

区域、行业或战略性评估：如果预期某个项目或某一系列的项目会产生重大的区域性影响或影响到区域发展（例如城市区域、流域或海岸带），则要进行区域评估。如果影响地区分布在两个或多个国家，或影响很可能超出东道国，也应进行区域评估。如果借款方单独或与他人合作，拟在同一国家的相同或相关行业（例如电力、运输或农业）新建几个项目，则可运用行业评估。战略评估是研究与特定战略、政策、规划或计划相关的影响和风险，往往同时涉及公共和私营部门。为了评估和比较不同发展选择的影响，评价与影响和风险相关的法律和制度因素，以及为未来的社会和环境管理提出广泛措施，可能需要进行区域、行业或战略性评估。

减小影响和风险的措施：如果影响分析确认有潜在的影响和风险，客户应制定相关措施和行动方案，以避免、最大限度降低、减小、补偿或抵消潜在的负面社会和环境影响，或增强积极或有利的影响。作为一条普遍原则，对于负面的社会和环境影响，评估应着重提出预防第一的措施。

7.3　不同类型项目环境和社会影响评估程度

1. A 类项目

如果在评估的初期分析中，确定项目可能有多样化、不可逆或前所未有的重大负面社会和环境影响及风险，即 A 类项目，则应按国际通行惯例编制正式的社会和环境影响评估报告。"技术可行性"以拟实行措施和行动是否能够以商业上可获之技能、设备和材料加以实施为依据，并将诸如气候、地理、人口统计、基础设施、安全、治理、能力和运行可靠性等主导性的当地因素考虑在内。"财务可行性"以商业考虑为基础，包括将采取此种措施和行动的增加成本的相关数据与项目投资、运行和维护成本相比较，以及这种增加成本是否会使客户在经济上对项目无法承受。

这种评估应当包括审查技术和经济上可行的替代方案，以及审查有关如何选择拟议的具体行动计划之原则的文件资料。在某些例外情况下，可能需要开展地区性、部门性或战略性评估。

进行替代方案分析是为了根据可行的项目替代方案，对项目的设计、施工和运行决策加以改进。通过替代方案分析，在项目发展的初期阶段就可以对社会和环境标准加以考虑，并根据真实选择之间的差异作出决策。在评估工作中，替代方案分析应尽早进行，对可行的替代方案进行研究，例如替代性的项目地点、设计或运营流程，或社会和环境影响的替代处理方式。该分析须遵守评估的披露和磋商要求。

此类项目应在分析摘要中以非专业人士可以理解的方式，清楚和客观地阐述分析结论。如果项目主要是在社会领域可能有很重大的负面影响（例如非自愿移民），则评估工作应主要集中于生成适当的社会基线数据、编制影响分析和提出减小影响措施（例如移民行动计划）。

2. B 类项目

对于影响有限且影响数量较少、一般局限于场地、大部分可逆并且易于通过减缓措施加以解决的项目，评估范围可以更窄一些。

3. C 类项目

对于影响极其轻微或无不利影响的项目，无须在上述规定之外展开进一步的评估。

第8章　赤道原则中的利益相关者互动机制

8.1　建立利益相关者互动机制的重要性

利益相关者互动机制的建立是赤道原则的重要内容之一。建立利益相关者互动机制是商业银行项目融资中防范环境风险的重要措施。它的作用和重要性主要来自两个方面：第一，利益相关者互动有利于项目操作方及时地收集环境风险信息，从而加强环境风险防范；第二，建立利益相关者与项目最高管理人员的沟通协商渠道，可以通过协商沟通调整及时化解因为项目的环境影响而导致的利益相关者对项目的强烈抵制。

1. 利益相关者互动机制的建立有利于项目操作方及时地收集环境风险信息，从而更好地防范环境风险

赤道原则是用于确定、评估和管理项目融资中的环境和社会风险的国际行业基准，而项目融资环境风险管理具有系统性和长期性的特点。项目融资是一种为满足大型项目融资需求而发展起来的一种新型融资方式，融资额度巨大，经常高达几百亿美元，投资周期长，甚至达30年之久；而项目融资的特点是项目导向、有限追索、风险分担。由于具有项目导向、有限追索的特性，贷款银行获得还贷资金的主要来源是项目产生的收益，回收贷款的年限甚至要达到几十年。所以，项目融资的环境风险管理就必须是对项目环境风险进行连续长期的监测，以防止风险管理人员没有预测到的环境风险损害项目现金流，从而影响借款方的还贷能力。这就决定了项目融资环境风险管理必然是系统的和长期的。

要对一个项目的环境风险坚持长达几十年之久的连续长期的监测，要获得防范环境风险的充分信息，其代价必然是巨大的，而利益相关者互动机制的建立可以使项目操作方廉价及时地获得防范环境风险的信息。无论多么有经验的项目风险评估和管理人员，都不能保证对所有项目的风险预测具有完全信息，项目风险管理人员必须通过一些手段和措施来收集信息加以分析，而与利益相关者互动机制的建立是最为廉价的信息获得渠道。与项目利益密切相关的利益相关者，由于与项目的利益关联性，会对项目保持长期关注，因此，他们掌握着大量与项目的环境风险预测和规避相关的信息。通过与利益相关者保持密切的联系和互动，将项目信息详细地告知各利益相关者，因为贷款项目与其利益密切相关，利益相关者有积极性协助审核贷款项目的环境风险评估，并提出他们的意见和看法。另外，在项目执行的整个周期，如果项目产生的环境影响危害到他们的利益，他们有动力及时与项目风险管理人员沟通，使项目的环境风险管理专家及时获得信息，并向项目管理高层提出建议措施来及时消除这些不利的环境影响，从而杜绝环境风险危害项目执行。

2. 通过利益相关者互动机制，可以建立利益相关者与项目管理高层的沟通协商渠道，通过协商沟通调整及时化解因为项目的环境影响而导致的利益相关者对项目的强烈抵制

对于商业银行来说，环境风险的来源主要是：环境法律法规赋予贷款银行直接和间接的污染责任；贷款项目环境影响导致利益相关者对项目的强烈抵制；突发的环境污染事故对贷款银行造成的经济和声誉损失。随着公民社会的兴起和民间团体地位的提高，因贷款项目环境影响导致利益相关者对项目的强烈抵制而导致的金融风险越来越严重，成为了项目融资中环境风险的主要来源，因此，为了规避该类环境风险，赤道原则特别强调利益相关者互动机制的建立。

项目的利益相关者是指直接或者间接受项目影响的个人或者群体，以及可能在项目中有利益或有能力对项目结果产生积极或者消极影响的个人和群体。利益相关者可包括当地受影响社区、有特殊利益的民间组织和团体、国家或地方政府的主管机构、学术界或其他企业。社区组织和

民间组织在社会中发挥的作用日益增大，如果企业和商业银行不注意与其沟通和交流，并尊重他们的监督和意见，就有可能导致他们激烈的抗议行为，比如集会、游行、诉讼等，从而导致项目无法顺利执行，给贷款银行带来经济和声誉的损失。

从国外的实例看，如美国的 Pikes Peak 高速公路一案，就表现得十分突出。Pikes Peak 高速公路属于 Colorado Spring 市政当局，该高速公路要通过一国有林地，因气候恶劣且使用超负荷，每年大量的公路上的碎石滑落进河流与湿地，导致了对林地河流和湿地的严重环境影响。为解决这一问题，美国的非政府组织 Sierra Club 起诉 Colorado Spring 市政府，要求其按照美国清洁水法的规定对这些由高速公路运行造成的对河流和湿地造成的恶劣环境影响进行治理。最后，Colorado Spring 市政当局同意提升公路维修等级以防止碎石滑落，并同意设立一个监测系统以确保该公路的运行不会危及 Pikes Peak 的水生资源。①

萨哈林 2 号油气开发项目更是典型案例。萨哈林 2 号油气项目位于俄罗斯远东的萨哈林岛，包括 3 个海上石油平台、海上和陆地输油管道，1 个陆地炼油工厂，1 个液化天然气厂和石油天然气出口设施。项目的平台位于濒危动物西部灰鲸唯一的产卵和捕食海域；项目还穿越 200 条河流及其支流，这些流域是野生大马哈鱼的产卵地；项目还向 Aniva 湾排放 100 万吨废水，会严重破坏当地的水生态，从而使依靠渔业为经济基础的当地居民受到影响，威胁到几千个渔民的生活。2003 年 1 月，由 50 个俄罗斯民间团体和国际非政府组织组成的联盟，向项目执行机构之一——壳牌公司提出严重抗议，但是并没有得到壳牌公司的充分回应。2003 年 12 月，来自日本的 32 个民间组织写信给为该项目提供融资的商业银行，表示该项目有严重的环境影响。这些抗议行动，引起了欧盟和北美对该项目的强烈关注。2004 年，国际社会呼吁项目执行机构采取措施规避风险，比如，改变项目设计方案，将平台转移至其他海域等。但项目执行

---

① Susan D. Daggett. NGOs as Lawmakers, Watchdogs, Whistle – blowers, and Private Attorneys General [J]. Colorado Journal of International Environmental Law and Policy, Winter, 2002：108.

机构仍然没有给予积极的回应。2004 年，来自 15 个国家的 39 个民间团体劝告各商业银行不要对该项目提供融资，并警告因该项目导致西部灰鲸灭绝，所有提供融资的商业银行都将负有不可推卸的责任。但项目执行机构仍然没有接受采取规避措施的建议，并没有将平台转移出灰鲸捕食区。在这种情况下，非政府组织将俄罗斯联邦自然资源部作为被告人，该项目公司作为第三方，提出了法律诉讼，指出萨哈林 2 号项目由于威胁到濒危物种而违反了俄罗斯环境法，要求停止严重违反俄罗斯环境法的项目。2004 年 3 月，莫斯科一家法院同意审查该诉讼，2006 年 9 月，俄罗斯自然资源部根据俄总检察院的要求，撤销了先前对该项目作出的国家环境鉴定结果；2007 年 7 月，俄罗斯负责工业安全和环境保护的机构叫停了该项目的建设。①此时萨哈林 2 号项目已经完成了 90% 的工作量，由于该项目的融资方式是项目融资，项目融资有限追索的特性使贷款银行损失惨重。

从以上这些案例可以看出利益相关者对项目执行的影响力，只有注重与利益相关者长期的互动，才能更好地规避环境风险。

3. 利益相关者互动机制的建立是商业银行环境风险防范的中心环节

（1）贷款银行仅仅审核项目是否通过了国家的环境影响评价并不能规避所有的环境风险，建立贯穿整个项目周期的利益相关者互动机制是必要补充。

中国商业银行意识到的环境风险主要是来自环境保护监管机构的环境执法行动，而对民间团体和社区组织因环境影响导致的对贷款项目的强烈抵抗所形成的环境风险认识不足。基于此，许多商业银行在环境风险管理方面，经常用国家的环境影响评价来替代环境风险管理。他们认为，因为环境风险主要来自环境监管机构的环境执法行动，而国家的环境影响评价是由国家环境监管机构评审，如果项目通过了国家的环境影响评价，就可以避免一切环境风险。在这种意识指导下，中国商业银行

---

① Sakhalin II Pipeline Construction Suspended Again by Authorities, Catalogue of Violations Mounting [EB/OL]. http：//www. pacificenvironment. org/article. php? id=2526.

没有意识到建立利益相关者互动机制的重要性。

其实，在国家的环境影响评价制度中，也是有利益相关者互动机制的，然而，赤道原则中利益相关者互动机制的建立与国家环境影响评价中利益相关者互动机制的建立既有联系又有区别。我们要肯定的是赤道原则中的利益相关者互动机制与国家环境影响评价中的利益相关者互动机制是有密切联系的。在赤道原则对利益相关者的定义中，政府是十分重要的利益相关者，尤其是环境监管机构；而且，赤道原则反复强调的是要尊重和遵守项目所在国或者所在地的法律法规。建设项目的环境影响评价是中国重要的环境管理制度，是赤道银行必须尊重和遵守的法律规定。因此，如果项目不能通过国家的环境影响评价审核，赤道银行是肯定不应该批准该项目的贷款申请，否则，其环境风险是显然的。这其实也是赤道原则中利益相关者互动的重要内容，作为重要利益相关者之一的国家环境监管机构已经评估该项目的环境影响并对该项目说"不"，赤道银行必须尊重国家环境监管机构的意见，因为他们是最了解国家的环境法律法规和标准的利益相关者，只有尊重他们的审核才能规避环境风险。

但只有审核项目是否通过了国家的环境影响评价并不能让商业银行规避所有的环境风险，建立贯穿整个项目周期的利益相关者互动机制是银行环境风险规避的必要补充。这主要是由于以下原因：

首先，国家的环境影响评价与商业银行项目融资环境风险管理的执行周期是不同的。国家的环境影响评价是针对建设项目的建设，因此，其执行周期开始于项目申报期，结束于项目完工期。而商业银行项目融资中的环境风险管理，其目的是为了保护商业银行的利益，因为项目融资的特点，商业银行获得还贷资金的主要来源是项目收益，所以，为了保护商业银行的利益，这种环境风险管理要贯穿于项目的整个生命期，从项目的概念期到项目规划、施工和运营期。而作为商业银行环境风险管理主要内容之一的利益相关者互动机制的建立也必须贯穿于项目的整个生命周期。

其次，国家的环境影响评价与商业银行项目融资环境风险管理，其实施目的不同。国家的环境影响评价是环境监管部门为了防止建设项目的环境影响危害到国家的环境安全而采取的一种环境管理制度。而商业银行项目融资的环境风险管理是商业银行为了规避环境风险，同时履行社会责任，所采取的一种金融风险规避制度。这种风险规避中的重要均衡之一就是收益与风险的均衡。如果贷款项目收益很小而环境风险很大，商业银行不需要犹豫就可以作出判断，无论是站在商业银行的利益还是社会的利益，都很容易作出拒绝贷款申请的决定。需要商业银行反复斟酌并反复权衡的项目，往往是收益很大而环境风险也很大的项目，因此，风险管理就是在一定的底线基础上的权衡。商业银行项目融资中环境风险管理的国际标准之所以取名为赤道原则，也是在一定程度上体现了这种风险管理是在一定底线基础上的权衡和均衡。项目融资的特色，对商业银行来说，就是收益巨大同时风险也巨大，因此这种一定底线基础上的权衡和均衡就更为重要。其实大部分环境风险，我们都可以找到措施来减缓和规避，只是，这些减缓措施的实施是需要成本的，而且有些成本是十分巨大的，甚至超过了项目收益。因此商业银行项目融资环境风险管理的国际良好做法是在项目的概念期和规划期就开始实施利益相关者联系互动，这是为了吸收各利益相关者的意见来规划设计项目，包括找到合适的方案和减缓措施，力争在项目设计阶段就开始发现最廉价最有效的规避环境风险方法。利益相关者包括社区组织和民间组织、国家或地方政府主管机构、学术界或其他企业界。这些利益相关者掌握着大量与项目相关的信息和知识，在项目的概念期和设计期就与其建立互动机制，必然有助于发现更为廉价有效的风险规避措施，从而提升项目的可执行性和项目的经济强度。

最后，国家的环境影响评价与商业银行项目融资环境风险管理，其性质和实施方式不同。国家的环境影响评价是国家为了监管项目的环境影响而采取的环境管理措施，而赤道原则中规定的利益相关者互动是商业银行为了规避环境风险而采取的自我保护制度，是一种内部制度。国际良好做法是要把这种利益相关者互动机制镶嵌进商业银行和项目操作方的日常业务中，而且这种利益相关者互动机制的建立，不仅是为了防范风险，同时也是为了发现新的业务机遇。

（2）中国公民社会的兴起和完善，使各利益相关者在环境监管中发挥着越来越重要的作用。随着中国法律对公众参与环境事务的权利的肯定和强调，中国的社区和民间组织在环境保护中发挥着越来越大的作用，商业银行不应该忽视社区和民间组织在环境监督中的力量。从其他国家的实例来看，如萨哈林2号油气开发项目，虽然俄罗斯自然资源部对该项目通过了环境鉴定，但社区和民间组织的呼吁和抗议，甚至是诉讼，还是迫使俄罗斯自然资源部撤销了对该项目的环境鉴定，并叫停了该项目。从国家环境保护的角度来说，公民、社区和民间团体对环境的监管可以说是国家环境监管的必要补充。无论多么严密的环境监管系统，都有可能发生疏漏或者错误的时候。社区和民间组织的参与，增强了对环境保护的监管层次，完善了环境监管。按照世界各国的环境保护发展趋势，社区和民间组织在环境保护监管中发挥越来越大的作用将是必然的趋势。

我国蓬勃发展的公民参与环保行动也证实了这一点。Bretted认为，中国公众参与环境保护主要包括社区公民直接抗议、信访体系、环保NGO等模式。①在中国，群众特别是农民，在抗议企业和项目的环境污染，比如水污染、空气污染、土地污染时，主要采取的方式仍然是以"信访"、"上访"为主。如果商业银行的贷款项目，即使通过了国家的环境影响评价，但是在实际运行时却产生了没有预料到的严重污染，当地群众会通过集体信访、越级投诉等方式，要求环保监管机构取消叫停该项目。如果群众抗议的呼声很高，且确实发现了严重环境影响，环保监管机构会尊重民意主动叫停该项目。而且，日益成长起来的环保NGO也在领导群众对企业污染监管及诉讼中发挥着重要作用。特别是国家环保总局（现环保部）于2007年发布《环境信息公开办法》后，给予了公民和社团以法律权利去监管和要求相关企业和政府公开其环境信息，促

---

① Ann Brettell. Environmental Non – Governmental Organizations in the People's Public of China ［J］. the Journal of Pacific Asia, Spring 2000.

进了公民和社团参与环境监管。中国各类环保民间组织（NGO）从 2005 年的 2 760 多家，发展到 2013 年的 7 880 多家，9 年增长了 185%。① 环保 NGO 在长江禁伐天然林、藏羚羊保护、圆明园防渗工程环评听证、环境公益诉讼等方面展示了自己的实力。特别是怒江大坝突然搁置的事实就说明了中国各级政府对民间团体力量的重视。

怒江、澜沧江、金沙江三条大河在滇西北丽江地区、迪庆藏族自治州、怒江傈僳族自治州行政区内并流而行，人们称之为"三江并流区"。2003 年 7 月 3 日，"三江并流"被联合国教科文组织正式批准为世界自然遗产。但是，为了发展当地经济，2003 年 8 月 12 日至 14 日，国家发展和改革委员会在北京主持召开《怒江中下游水电规划报告》（以下简称《报告》）审查会。会议通过了怒江中下游两库十三级梯级（松塔、丙中洛、马吉、鹿马登、福贡、碧江、亚碧罗、泸水、六库、石头寨、赛格、岩桑树和光坡）开发方案，全级总装机容量 2 132 万千瓦，年发电量为 1 029.6 亿千瓦时。该《报告》认为，怒江干流中下游河段全长 742 千米，天然落差 1 578 米，水能资源十分丰富，是我国重要的水电基地之一。与另外 12 个大水电基地相比，其技术可开发容量居第 6 位，待开发的可开发容量居第 2 位。如果建成，经济效益显而易见，比三峡工程规模 1 820 万千瓦还要大，是三峡年发电量（846.8 亿千瓦时）的 1.215 倍，而工程静态总投资才 896.46 亿元。本来按照规划，2003 年内将开工建设六库电站，同时启动马吉、碧江、亚碧罗、泸水、赛格和岩桑树电站的设计工作。但是由于利益相关者，包括环保 NGO、相关专家学者、公众等提出不同意见，原有的规划被搁置。2004 年 2 月，因为利益相关者的质疑，一度如箭在弦的怒江大坝工程被叫停。项目的利益相关者，专家学者、公民团体的呼声，影响了最终的决策，这说明了政府对民间组织和民间呼声的重视。

怒江大坝项目叫停具有里程碑意义，它说明中国现代化进程的完善和公民社会的兴起。而公民社会的一个重要特征就是在国家治理中，公

---

① 何平. 环保 NGO 发展需破几重围？[J]. 环境经济, 2015 (10): 19.

民和公民团体将发挥越来越重要的作用，政府将会积极接受公民团体的监督，并利用公民团体的力量来完善其管理体制。

除了国内的公民团体，金融业国际同行和国际环保 NGO 组织对商业银行环境风险管理来说，也是一个重要的利益相关者。随着中国商业银行国际业务的扩展，必然需要采纳国际环境风险管理标准，因为迈出国门的中国商业银行，除了受到国内利益相关者的督促，同时还会受到国际同行和国际环保 NGO 的监督。

从国际同行的角度来说，他们监督中国商业银行在项目融资中实施赤道原则的动力来自两个方面：第一，国际项目融资一般融资额度巨大，即使是国际领先银行也很难承担独立融资，所以一般采取的是国际辛迪加银团贷款（International Syndicated Loan）。目前，辛迪加银团贷款市场是国际金融市场中规模最大竞争最激烈的一个组成部分。在同样的项目风险条件下，通过辛迪加银团贷款可以筹集到数额很大的资金，而且贷款货币的选择余地大，对贷款银行的选择范围也比较大。但由于项目融资的高风险性，要求参与辛迪加银团贷款的商业银行具有理解和参与大型复杂项目融资及承担其中风险的能力，否则，一个参与商业银行的风险管理失误，就可能要殃及其他银团成员银行。随着国际环境运动的兴起，环境风险现在已经成为国际项目融资中主要的金融风险之一，如果中国商业银行不能在项目融资中理解和执行赤道原则，其他国际领先银行会担心中国商业银行在防范环境风险中的失误会连累他们的经营业绩和声誉，因此，会拒绝在国际项目融资中与中国的商业银行合作。第二，国际项目融资利益回报丰厚，因此在世界各领先银行间存在激烈竞争，如果中国的商业银行不遵守赤道原则，就会被指责为没有遵守国际行业准则，是一种不公平竞争，因此会通过孤立策略来逼迫中国的商业银行接受赤道原则。因此，中国的商业银行如果要参与国际项目融资业务，就必须主动采纳赤道原则，这是中国商业银行顺利融入国际项目融资市场的必要条件。

另外，国际环保 NGO 对中国商业银行贷款项目的环境影响的监督也会影响到中国商业银行的国际声誉，从而影响中国商业银行国际业务的开展。目前，中国已经成为对外投资的大国。2017 年，中国出口信用保险公司、韩国贸易保险公司和加拿大出口发展公司在短期出口信用保险承保金额量上成为世界三大出口信用机构。

在这样的形势下，作为商业银行项目融资的环境风险管理，必须重视利益相关者对项目、政府和国际融资市场的影响力。因此，建立利益相关者互动机制是商业银行环境风险管理的中心环节。

8.2　建立利益相关者互动机制的方法

作为商业银行项目融资环境风险管理的利益相关者互动机制的建立和执行，按照国际良好做法，应该遵循以下原则。

1. 与赤道原则中的其他部分，如审查、分类、评估、监测等紧密结合，并贯穿项目的整个生命周期

赤道原则是包含了一系列文件所构成的商业银行项目融资环境风险管理系统。它包括政策、绩效标准、实施工具三个层次。目前，赤道原则执行体系主要的政策包括：赤道原则 10 项原则、国际金融公司信息披露政策和可持续性政策；绩效标准主要是国际金融公司社会和环境绩效标准；而主要的实施工具包括国际金融公司环境与社会审核程序，8 项绩效标准指导说明，环境、健康与安全指南，以及其他最佳实践材料。按照赤道原则执行的惯例，政策和绩效标准是必须执行的，是对赤道银行执行项目融资的要求；而工具是为了帮助各赤道银行执行这些政策和绩效标准发展而来的，是指导和帮助赤道银行理解和实施这些政策和绩效标准。

利益相关者互动机制的建立是赤道原则政策和绩效标准的要求，而国际金融公司和世界各领先银行也发展了很多对其实施的良好做法，其中，将利益相关者互动机制与赤道原则其他部分如分类、评估、监测等紧密结合，并贯穿于项目的整个生命周期，既是赤道原则的要求，也是国际良好做法。

（1）利益相关者互动机制的规模应当与项目分类和项目规模相一致

赤道原则一要求："当项目提呈进行融资时，赤道银行应按照国际金融公司的环境和社会筛选准则，根据项目潜在影响和风险的程度将项目分类。"赤道银行应该将拟融资项目根据初步的筛选分为 A、B、C 三类，A 类为高风险，B 类为中等风险，C 类为低风险。赤道银行应根据项目的风险程度和项目的规模来审核和要求项目操作方建立与之相适应的利益相关者互动机制。赤道原则是商业银行项目融资环境风险管理系统，所以风险规避收益与风险规避成本之间的平衡，是其实施的基本准则。程度越高的利益相关者互动机制的建立必然意味着更高的成本，因此，利益相关者互动机制规模必须和项目的风险程度和规模相一致，以体现风险规避收益与风险规避成本的平衡。

一般来说，如果是 C 类项目，就只需要建立信息披露机制，并设置一个反馈热线，使利益相关者可以了解该项目的信息，如果有意见和建议，可以反馈到项目公司和贷款银行。如果是 B 类项目，就要求将赤道原则二所要求的环境和社会影响评估的所有文件都通过合适途径披露给利益相关者，使利益相关者获得充分的项目信息。应该披露的文件包括贷款银行的《环境和社会审查摘要》、客户的《环境影响评估文件》和《行动计划》；另外，应该建立自由、事先、知情的磋商机制，主动与利益相关者沟通和互动，这种沟通和互动应该贯穿于项目的整个生命周期。如果是 A 类项目，由于环境影响较大，牵涉的利益相关者更多，就需要环境风险管理专家根据项目的特殊性，帮助客户制定利益相关者互动策略，并积极参与和严格监督客户执行。

一旦这种与项目风险程度和规模相适应的利益相关者互动机制建立起来，就要坚持执行，要贯穿项目的整个生命周期，特别是 A 类和 B 类项目。

（2）利益相关者互动机制与环境和社会影响评估相结合

对于风险管理来说，需要评估、预测、制定规避和减缓措施、监测等系统化的执行体系。风险的评估和预测对于风险防范是十分重要的。赤道原则二规定：对于每个评定为 A 类和 B 类的项目，贷款银行应该要求借款方开展环境和社会影响评估，并提出减缓和管理风险措施以防范环境和社会风险。对于 A 类和 B 类项目，赤道原则要求的环境和社会影响评估是多层次的。

首先，要求借款方先请环评机构和专家按照赤道原则、国际金融公司环境和社会可持续性绩效标准，借助 8 项绩效指导说明和环境、健康与安全指南，对拟贷款项目的环境和社会影响作出全面评估，并基于环境影响评价文件，设计出适宜的减缓环境和社会风险的行动计划。赤道原则要求该环评报告和行动计划要在当地媒体公布，使拟贷款项目所涉及的利益相关者能够了解到项目的充分信息，并反馈意见。要求借款方应该根据利益相关者所提出的意见和建议对环境影响评价报告和减缓风险的行动计划进行修订。也就是说，借款方送交贷款银行审核的环境影响评估报告和减缓风险的行动计划应该是已经经过了与利益相关者的联系互动，并反映了利益相关者的意见的。

其次，贷款银行收到拟贷款项目的环境影响评估报告和行动计划之后，要派出商业银行自己的环境和社会专家到项目所在地对借款方所做的环境影响评估报告和行动计划进行审核。之所以要到当地审核，主要基于两点考虑：其一，任何环境和社会影响都是与当地的实际情况紧密联系的。比如，排放同样的污水，在不同地区造成的环境影响差异可能非常大。在水量充沛地区，由于大量雨水或者其他来源水的稀释作用，造成的环境危害可能小一些，而在水量稀缺相对干旱的地区，污水浓度无法得到稀释，危害就要大些。因此，为了使审核更为客观准确，以防范环境风险，贷款银行需要派自己的环境影响评估专家到当地审核。其二，由于进入审核程序的项目，其融资额度都超过了 1 000 万美元，而且项目融资利息较高，对于贷款银行来说，收益是巨大的。所以，派环境专家到当地去审核，一方面是加强环境风险防范，另一方面是指导和协助借款方编制更为完善合理的环境影响评估报告和行动计划，尽可能地在安全规避环境风险的基础上使项目可以得到执行。而这一切，都要求商业银行派出的环境专家有很好的与项目涉及的利益相关者联系互动的能力。因为无论多么优秀的环境风险评估专家，都不可能掌握全面的当地信息，靠搜寻文献来了解当地的实际情况只能获得部分信息，要获得全面信息就需要商业银行派出的环境风险管理专家与项目涉及的利益相关者建立联系并积极互动，通过利益相关者了解信息，从而对项目的环境风险获得更为全面的了解，并指导借款方编制更为合理有效的行动计划。商业银行派出的环境风险专家是站在商业银行的立场，既要审核项目，防止环境风险危害商业银行的信贷安全；但又要从最大化商业银行经营利益出发，尽可能地帮助借款方找到合理有效的环境风险规避措施，力争使项目可以顺利执行。要做到这种平衡，就需要有充分的信息，只有与项目涉及的利益相关者，比如社区组织、当地专家、当地政府机构、当地环保 NGO 等主动接触联系，与他们积极互动，才能在这种平衡中作出促使商业银行利益最大化的决定。

再次，贷款银行所派出的环境和社会风险专家，在与项目涉及的利益相关者充分互动的基础上，帮助借款方修订环境和社会影响评估文件以及行动计划，并对其审核，写出《环境和社会影响审查报告》。如果贷款银行派出的环境和社会风险专家认为这个项目值得提交给董事会或管理高层审核批准，就要在提交给董事会审核该项目前将《环境和社会审查影响报告》、《拟投资项目概述》及客户的环境影响评估文件和行动计划，在项目所在地和贷款银行网站公布，通过信息披露和与利益相关者的互动来核实审核报告，以避免金融风险。

《拟投资项目概述》主要是简要介绍项目的主要内容，一般应该包括以下信息：项目的概述性信息，如有关项目赞助商、股东的信息；项目的成本，项目的宗旨；项目的预期开发影响和预期投入；基于国际金融公司环境和社会可持续绩效标准所做的项目分类；由于 C 类项目不需要进行详细的环境审核评估，所以没有《环境和社会影响审查报告》，那么在《拟投资项目概述》中就要说明为什么将该项目通过筛选评为 C 类。

《环境和社会影响审查报告摘要》的内容主要应该包括：项目分类，并简要说明分类依据；项目的主要环境和社会风险；识别和消除这些风险的关键措施，同时具体说明项目公司需要落实的且已经包含在客户《行动计划》中的任何行动。在贷款银行公开发布该项目的《环境和社会影响审查报告摘要》之前，要先交客户审核其内容，以确认有关客户和项目的信息准确无误。

客户的环境影响评估文件应包括该项目对环境和社会影响的全方位评估，对主要的环境和社会问题的更集中和详细的评估和说明，或针对环境选择、污染标准、设计规范或施工标准的直接运用，并需要根据项目的规模和特性对某一方面或几个方面进行专门研究。

客户的《行动计划》是应该由贷款银行派出的环境专家协助客户共同编制的，如果是 A 类项目，还需要聘请外部专家来共同参与，其内容从对例行减缓措施的简要描述到一系列的具体行动，主要包括：描述为了减缓环境和社会风险需要采取的减缓措施和纠正行动；确定这些行动的重要性次序；实施的时间表；向受影响社区信息披露和实施利益相关者互动的计划；向外发布实施计划情况的时间表和机制。

从公布的时间来说，对于 A 类项目，国际金融公司的做法是最迟不晚于将项目提交给董事会审核批准前 60 天公布；对于其他项目，信息公布的时间应该最迟不晚于将项目提交给董事会审核前 30 天。这种时间规定，是为了项目的利益相关者有充足的时间了解信息并反馈意见。这种向利益相关者公布信息并主动接受反馈意见的过程，就是利益相关者互动机制的主要内容之一。

最后，贷款银行派出的环境和社会风险专家将已经整合过利益相关者意见和建议的《环境和社会影响审查报告》及《拟投资项目概述》提交给贷款银行的董事会和管理高层，并就董事会和管理高层提出的问题进行答辩。因为进入审核的项目融资额度超过 1 000 万美元，所以，无论是否决还是通过，商业银行都需要慎重考虑。

可见，赤道原则为了规避高收益项目融资的高风险，在评估、预测阶段就通过与利益相关者互动建立了层层监督和防范机制。

（3）利益相关者互动机制应融入贷后监控管理

有效的监控对于获得环境风险管理的全部收益是至关重要的。通过评估和预测，贷款银行要求和帮助借款方建立了与项目适宜的环境风险减缓措施和管理规模，然而，由于项目融资都是针对大型项目，特别是需要运用赤道原则来规避环境和社会风险的项目，其融资额度超过了

1 000万美元，且借款期经常长达几十年，所以，在经过早期审查、分类的尽职调查后，贷后的风险监控就十分重要了。

贷后的环境风险监控也必须以利益相关者的互动为基础，这种以利益相关者联系互动为基础的贷后环境风险监控主要有以下优点：第一，可以及时察觉环境风险的变动，以防范在评估中没有预测到的新的环境风险的出现和突然的情况变化，例如棕地污染影响出现的潜在性和滞后性，降雨量的突然变化对废水排放的影响，新的环境政策和标准的出现等。如果没有利益相关者互动机制，可能要等问题变得很严重了，甚至是已经演化成环境危机了，商业银行的环境专家才会发现和察觉，毕竟商业银行的环境专家是有限的，不可能时刻追踪该项目。利益相关者互动机制的建立，打通了利益相关者与项目环境风险管理专家和项目管理高层的沟通渠道，如果出现问题，利益相关者会及时反馈信息或提出意见，项目管理高层和贷款银行环境专家就可以针对这些意见协商提出解决办法，从而化解或者降低环境风险。第二，解决信息不对称问题。贷款银行环境风险专家的主要责任是代表贷款银行监督项目公司的环境风险管理情况和采取的减缓措施，并不是贷款银行自己去投资实施这些措施。当贷款银行的环境专家需要监控项目公司贷后在环境和社会风险防范方面的持续情况时，总是面临着信息不对称问题。环境风险管理专家不可能常驻项目所在地，要获得项目公司在实施后环境风险管理方面的充分信息，就必须与利益相关者建立良好的联系互动关系。由于利益相关者与项目存在着利益联系，因此有动力向贷款银行报告项目公司的污染控制情况。因此，将利益相关者互动机制融入贷后监控管理，将大大增加环境风险防范效率，同时减少贷后监控管理成本。

2. 信息披露、磋商和投诉管理机制是利益相关者互动的重要环节

信息披露、磋商和投诉机制是利益相关者互动的重要环节，而且这三者之间是互相联系、互相促进的。

（1）信息披露

信息披露是防范和化解商业银行环境和社会风险的主导性制度安排，是商业银行防范环境风险的内控机制和外控机制的有机结合点。商业银

行进行项目融资的各种环境和社会影响信息公开后，公众就成为商业银行环境风险监管的重要组成部分。再加上有效的磋商和投诉机制及利益相关者的监督和参与，一方面给商业银行以巨大外界压力，促使其努力完善内控系统；另一方面，利益相关者的意见和建议，也降低了商业银行完善内控机制的交易费用。外控机制和内控机制的有机结合，就促进了环境风险的防范。

所以，赤道原则对信息披露是十分重视的。赤道原则中的信息披露制度是多层的，不仅包括对赤道银行信息披露的要求，还包括对贷款项目公司信息披露的要求，其执行准则是赤道原则和国际金融公司的信息披露政策。首先，赤道原则要求商业银行通过加强透明度、问责制、吸收利益相关者的反馈意见来改善商业银行环境风险管理，并通过与利益相关者的沟通来加强互相的理解并达到可持续发展的目的。同时，赤道原则要求商业银行在执行项目融资业务的时候，还要将信息披露作为环境风险管理的重要环节，加强与受影响社区和利益相关者的交流和互动，其方式应该与国际金融公司的《社会和环境可持续性政策》及《社会和环境可持续性绩效标准》相协调。

赤道原则要求的信息披露，就其内容来说，应该分为机构信息披露和融资项目的信息披露。常规地，作为赤道银行，应该披露的机构信息包括公司治理信息、特别是与环境和可持续发展相关的治理信息、商业银行的可持续发展战略等；应该披露的融资项目信息主要包括《拟投资项目概述》、《环境和社会影响审查报告摘要》等。

要求项目方的信息披露就是传达项目相关信息给受影响社区和各种利益相关者。必须用通俗易懂的语言并确保项目涉及的利益相关者可以便利地获得信息和理解信息。可能的信息披露渠道包括市政厅、公共图书馆、媒体、广播、公众集会、网站等。赤道原则要求根据东道国法律和国际金融公司的信息披露政策及项目的执行阶段的不同，来选取不同的信息披露方法。

就项目层面具体的信息披露执行方法，应该是按照项目所在地的法律法规和赤道原则及国际金融公司的《信息披露政策》相融合，找到与项目最为合适的信息披露方法。比如，如果是在中国执行赤道原则中的信息披露政策，商业银行的环境和社会风险专家就要首先了解中国在信息披露方面的政策法规，例如《中华人民共和国信息公开条例》、《环境信息公开办法》、《环境影响评价公众参与暂行办法》等，然后结合赤道原则要求及国际金融公司信息披露政策，对这些标准进行融合，选取最合适的信息披露执行方法。

国际金融公司对环境和社会风险比较大的开采业和基础设施项目行业制定了有关信息披露的行业特别方案：

开采业。对于开采行业（石油、煤气和采矿项目），国际金融公司要求：对于重大的新开采业项目，客户应该公开披露其向东道国支付的实质性项目款项（如权利金、税款和利润分成等），以及引起公众关注的关键性协议条款。如东道国政府协议和政府间协议。

基础设施项目。若国际金融公司投资的项目涉及垄断经营，负责向普通大众最终交付基础设施服务，例如水、电、管道天然气以及电信的零售经销服务，国际金融公司会鼓励公开披露有关价格及价格调整机制、服务标准、投资义务以及政府长期支持方式和程度的所有信息。若国际金融公司资助的是经销服务的私营化项目，国际金融公司亦会鼓励公开披露特许费或者私营化收入。

（2）磋商

磋商是项目方与利益相关者进行对话的双向交流过程。这种双向交流的过程给利益相关者提供了机会表达他们对项目风险和减缓及纠正措施的看法和意见，同时，使项目方可以考虑和回应这些意见。

自由、事先和知情是磋商的三大原则。赤道原则五规定：对受影响地区构成重大不利影响的项目，磋商过程将须确保受影响地区在自由（不受外部操纵、滋扰或胁迫）、事先（事件发生前）和知情（提供易于理解易于获得的项目相关信息）的情况下进行，并需便利受影响地区知情参与，以便项目充分对受影响地区所关注问题作出互动反馈。这一自由、事先和知情的磋商过程是要求项目方负责，而贷款银行的环境风险管理专家的职责是帮助项目公司建立自由、事先和知情的磋商机制，并监督项目公司将该机制贯穿运行于项目的整个生命周期。

受影响地区是指项目环境影响范围内可能受不利环境影响的人口地区。如果是环境影响特别严重，产生的后果可能特别严重，需要系统地磋商，贷款银行还应该要求项目公司编制公共磋商和信息披露计划。借款方还应该根据受影响社区的语言偏好、决策过程以及弱势或易受伤害团体的需要来调整磋商过程。

案例：与社区进行磋商的挑战和收益

某公司在秘鲁南部实施矿产勘探项目时，出于许多原因，在勘探期很早的阶段就开始与社区进行磋商。及早进行联系互动，认为这是可以帮助该公司处理与该地区矿产开采的政治敏感性有关的风险，特别是因为秘鲁有强大的民间运动力量。另外，秘鲁法律规定，企业要取得探矿权，事先必须征得拥有土地权的当地社区同意。

勘探期的一些具体挑战包括：向社区解释勘探的性质；让当地社区了解勘探与实际开采之间的区别；以及因结果存在变数，尝试进行期望管理。该公司确定了关键的利益相关者代表并与他们合作，向他们详细解释拟进行的勘探活动，然后由这些代表通过公众会议向各自所代表的当地社区转达有关信息。通过磋商，该公司最终获得当地社区的同意，成功取得勘探许可证。

从磋商过程得到的一个教训是，即使勘探阶段的社会和环境影响不是很显著，在项目的早期阶段与当地社区进行联系互动的真正价值在于建立关系，因为社区的支持与否，无论在过去和未来都能左右该公司在这个地区的经营能力。

有效磋商的良好做法包括：

第一，有效磋商必须以事先的信息披露为基础。只有知情参与，使受影响区域的居民和其他利益相关者在磋商前就已经对需要磋商的问题有了较充分的了解，并已经留给他们充足的时间进行思考，利益相关者才能在磋商过程中与项目公司有深入的观点和信息的交流，这样的磋商才能取得预期的绩效。

第二，有效磋商必须及早进行。即必须留出足够的时间来圈定关键问题，并有足够的时间使磋商过程所获得的结果对项目决策产生影响。只有这样，磋商才不是走形式走过场。

第三，有效磋商必须是持续进行的，并贯穿于项目的整个生命周期。反复是磋商过程的本质特征。磋商不是一次就可以解决所有问题的，为了获得与利益相关者的有效沟通和交流，就必须在整个项目生命期，坚持反复多次的磋商。与利益相关者的磋商，应该贯穿于项目的整个生命周期，是反复主动的磋商，是为了防范环境风险而主动地与利益相关者进行反复的沟通，而不是走过场似的一次性行为。反复的磋商可以加深利益相关者对项目的理解，同时使项目方获得关于环境风险防范的信息。倾听利益相关者对项目带来的环境影响的看法和关注，是廉价而宝贵的信息来源，所收集的信息可以用于改进项目设计和减缓纠正行动，从而控制环境和社会风险。对于利益相关者，反复磋商机制的建立，可以使利益相关者了解更多的项目信息，提出问题和关注事项，并建议项目方采取措施改变自己关注的环境影响的现状，从而以一种互相协商的方式维护自己的环境权益。

第四，有效磋商必须是包容和务实的。包括用通俗易懂的格式和语言表述磋商的内容，并采用适合当地文化的方式选择交流模式。本地化是务实的重要内容之一。要运用当地语言，选择适合当地背景和文化的交流模式。

案例：包容而务实的磋商

Adastra矿业公司拟在刚果民主共和国加丹加省兴建Kolwezi尾矿项目。公司雇用的咨询顾问启动此项目的公众联系互动工作时，遇到了许多挑战。除了当地的官员外，可能受影响的社区很少有人会讲官方语言（法语），识字率非常低。因为纸张价格上涨而且很难获得，在许多地区沟通已退回到传统的口头模式。Kolwezi 市区没有报纸、广告牌、可正常使用的电话系统，也没有邮政系统。

为了克服部分障碍，在社区联系互动工作中大量动用了该地区六家用法语和斯瓦希里语广播的地方电台。实践证明，一旦建立起由关键传播人组成的网络，口头沟通是非常有效的。在环境影响评估会议上，为了克服识字人不多的问题，专门制作了招贴画来描绘项目可能带来的影响；向当地社区作宣讲时，同时使用斯瓦希里语和法语，以克服语言障碍。广泛使用移动电话，通过直接通话和短信，以联络关键人物和动员其他人。此外，投入大量时间举行了一系列的村级会议，因为本地没有公共交通，通讯手段有限，要将许多人集中到一个地方，需要克服巨大的后勤挑战。

资料来源：Stakeholder Engagement, IFC, May 2007.

（3）投诉机制

国际金融公司在《绩效标准1》的指导说明中指出：应当建立适当的投诉机制以回应社区对项目风险和潜在负面影响的担忧。如果是可能发生复杂问题的大型项目，应当在评估工作的初期阶段就建立投诉机制，并且在项目施工以及运行乃至结束的整个过程中始终保持。[1]

客户应该为与利益相关者联络建立和保持一个责权明确的组织机构。调查投诉和确定适当回应措施的部门应该尽可能地与项目管理人员分开。投诉机制的规模应该与项目需求相适应。投诉的受理和处理应由客户组织内部有经验的合格人员负责。客户应该为投诉建立接收、处理、记录和存档制度，该制度应明确规定受理哪些人的投诉，确保为投诉人保密。此外，对受影响社区而言，该制度应该做到使用方便和容易理解。应该向受影响社区宣传该制度。如果在知识、影响力和力量方面存在严重的

---

[1] International Finance Corporation's Guidance Notes. Performance Standards on Social and Environmental Sustainability. 2007 – 07.

不平衡，项目公司可能需要向其他伙伴寻求协助。在维护权益方面，可引入非政府组织来协助当地社区，出面维护当地社区的利益。如果需要调解，可请学术机构或者其他当地机构出面调解，在项目公司与社区之间扮演"诚实的中间人"的角色。

项目方不得妨碍利益相关者寻求法律补救措施。如果项目方本身无法处理投诉，让投诉人可以寻求外部专家的意见可能是适当的做法。这些专家可包括公共辩护人、法律顾问、法律界非政府组织或大学的工作人员。项目公司或许会发现，可以通过这些第三方和受影响社区的合作，找到成功解决问题的办法。但是，现实并非总是如此，投诉人可能会选择通过法律途径解决问题。这种情况下，项目公司应熟悉业务所在国可用于解决纠纷的司法或行政渠道，不应妨碍投诉人使用这些机制。

案例：免费电话热线，有效的投诉渠道

在南非，世界第三大白金生产商 Lonmin 发现公司设立免费电话热线，以接受公众报告对 Lonmin 公司运营活动的担心或不满（特别是环境、健康和安全、社区及保安方面的问题），是特别有效的一个手段，于是设立了专门的登记册，以登记投诉情况和采取的处理措施。此外，还定期安排与受影响利益相关者的特定群体进行会晤，讨论具体方面的问题，例如新的露天矿开采作业带来的噪音和震动。另外，还定期举行 Lonmin 公司管理层和关键利益相关者群体都出席的利益相关者座谈会，主动邀请利益相关者提出较为一般性的关切事项。

---

3. 在建立和执行利益相关者联系互动时，必须尊重东道国的法律法规和文化习俗，特别是对土著居民文化习俗的尊重和保护

赤道原则虽然给定了一系列政策、绩效标准和实施工具，但它反复强调其执行要建立在遵守东道国的相关法律法规的基础上，如果东道国的标准高于赤道原则，就按照东道国的标准执行，如果东道国的标准低

于赤道原则要求，就按照赤道原则执行。正是这样的灵活性，保证了赤道原则在全球的适应性，使赤道原则适应于当地的关键在于商业银行派出的环境和社会风险管理专家的经验及对赤道原则系统和东道国情况的把握。懂得如何融合赤道原则和东道国法律法规及文化习俗的有经验的专家是非常重要的。

在建立和执行利益相关者互动机制时，项目公司应该接受环境和社会风险管理专家的指导，在设计互动的方式和机制时，应尊重东道国的法律法规和文化习俗。赤道原则特别强调了对土著居民文化习俗的尊重，在国际金融公司社会和环境可持续性绩效标准中，专门关注了土著居民问题。

（1）土著居民的识别

当商业银行的环境和社会风险管理专家在执行绩效标准时，对于赤道原则特别关注的利益相关者最感到困惑的是：什么是土著居民？怎么识别土著居民？在中国的执行过程中，很多商业银行询问：土著居民是不是就是少数民族？

按照国际金融公司《绩效标准7》的指导说明，土著居民应该具有以下特征：第一，自我认同为一个与众不同之土著文化群体的成员，并且该身份为他人所认可；第二，共同依附于项目区内地理上与众不同的栖息地或祖先领土以及这些栖息地和领土上的自然资源；第三，拥有与主流社会和文化相分离的习惯性文化、经济、社会或政治制度；第四，拥有往往有别于国家或地区之官方语言的土著语言。

在土著居民的判断和《绩效标准7》的适用范围方面，主要是要商业银行的环境和社会风险管理专家根据以上四项指标，并结合实际情况，进行独立判断。笔者认为，《绩效标准7》所指的土著居民和少数民族，还是有差异的。应该说能够判断为土著居民的族群，就必然是少数民族；然而并不是所有少数民族都属于土著居民。

赤道原则特别关注土著居民这一利益群体，是基于以下考虑：第一，土著居民作为国家社会中族群特征与主流群体迥然不同的社会群体，往往属于最边缘化、最弱势的人群。这种弱势的地位决定了他们承受和抵御伤害的能力是很低的。第二，土著居民有其独特的文化和语言，信息交流方式区别于主流社会，因此，与其沟通交流需要特殊的方式和方法。第三，许多土著居民的文化和特性，与他们居住的土地和所依赖的自然资源之间的联系是不可分割的。即如果项目开发伤害了当地的自然资源，或者导致了土著居民的迁移，这种影响，可能是在导致一个族群的消失，因为他们被迫离开了赖以维持他们独特文化和特性的土地和自然资源，就导致他们丧失了族群的独特性。

所以，笔者认为，判断土著居民，除了以上4个特征，最根本的特征应该是其文化和特性是否与其所居住的土地和所依赖的自然资源之间的联系是不可分的。而且，《绩效标准》虽然用的是土著居民，但根据指导说明，指的是族群，而不是单个个体，这强调了对独特族群文化的保护。比如，在长期耕作过程中，红河哈尼族产生了大量与稻谷相关的礼仪、祭祀活动以及节庆活动，如梯田农事历法，三大农耕节日——祭寨神、六月年、十月年，《哈尼多声部音乐》、《哈尼族四季生产调》、《哈尼哈巴》等古歌，哈尼乐作舞，以及众多口传民间知识。而且在其族居地哀牢山脉中下段的红河流域，形成了哈尼族独特的哈尼梯田。可见，红河哈尼族的文化与特征是与其居住的红河流域及红河流域的自然资源密不可分的。如果拟贷款项目会影响红河哈尼族的自然资源，甚至可能会导致其被迫迁离红河流域，我们就要适用《绩效标准7》中关于土著居民的规定来评估和管理该项目的环境和社会风险。

（2）赤道原则在利益相关者互动中对土著居民的特别关注

赤道原则中特别规定了对土著居民的信息披露、磋商、知情参与：客户需要在项目规划阶段尽早与受影响的土著居民社区建立关系，并持续贯穿项目的生命期。如果项目对土著居民社区有负面影响，磋商过程将确保在土著居民社区知情并参与的前提下，就直接对其有影响的事物，例如拟采取的减小影响措施、发展利益及机会的分享以及实施问题，进行自由、事先和知情的磋商。与土著居民的联系互动方式应该适合当地文化，并与对土著居民的风险和潜在影响相称。

赤道原则特别强调在与土著居民社区互动的时候，应该有土著居民的代表机构参与；要为土著居民的集体决策流程提供足够的时间；要让土著居民自己选择语言，在不受外部操纵、干涉和胁迫的情况下，表达自己的观点、担忧和提议；并确保为项目建立的投诉机制适合当地文化，便于土著居民使用。

由于土著居民对当地的自然资源具有高度依赖性，所以，在与土著居民的利益相关者互动时，要根据项目影响，特别是在自然资源使用方面，加强与土著居民积极主动的互动。如果项目对土著居民赖以生存的自然环境有较大影响，应该研究可行的替代方案。如果负面影响不可避免，就要评估其风险，并通过与利益相关者的积极互动，来找到土著居民满意的减缓和纠正措施。特别是涉及土地用途的改变和土著居民的被迫迁移，需要反复互动、磋商、诚恳的交流，以增加评估的客观性和准确性，并寻求双方都能接受的选择。

评估项目方是否诚恳交流的标准是：第一，项目方是否积极地组织和参与，是否按照合理的时间和频率参加交流会议；第二，是否主动提供尽可能完整的信息，使土著居民社区真正做到知情参与；第三，是否探讨有重要意义的关键问题；第四，是否有双方共同接受的谈判程序；第五，是否在必要时根据土著居民的意见来改变初始立场并修改条件；第六，是否在决策时真正考虑了土著居民的关注，并将土著居民的意见纳入决策中。所以，必须要求项目方在与土著居民的交流互动中做详细的记录，包括双方达成协议的谅解备忘录、意向书、联合申明和协议等。

目前，在许多国家，如果项目开发影响到土著居民，在与土著居民进行磋商和互动方面，往往有特殊的法律、法定或监管要求。国际劳工组织还于 1989 年通过了《土著及部落居民公约》，对 17 个已经批准该公约的国家具有约束力，其中 13 个是拉丁美洲国家。①

---

① ILO Convention 169 and the Private Sector: Questions and Answers for IFC Clients [EB/OL]. http://www.ifc.org/enviro.

8.3　建立利益相关者互动机制需要注意的问题

1. 利益相关者的鉴定和分析必须全面，如果遗漏了重要的利益相关者，就会严重影响风险规避的效率

当项目方筹备项目时，就要开始分析该项目主要的利益相关者有哪些，并列出这些利益相关者的名单。利益相关者的鉴定包括以下几方面。

（1）鉴别项目可能对其有消极影响或者积极影响的个人、群体或者当地社区。要鉴别受项目影响的利益相关者，首先要划定项目的地理影响区域，包括其相关设施、关联设备、交通路线、累积性影响可能波及的地区。可将影响划分为积极影响和消极影响，再分别分析。消极影响包括项目改变土地的使用用途、废气和废水的排放、危险材料的运输等，积极影响包括创造了当地的就业机会等。通过影响分析来确定利益相关者，并绘制利益相关者分布图，将利益相关者分布图与项目影响区域叠加后，根据项目情况确定利益相关者的主次序列。[①]利益相关者互动就是要通过与这些受到项目积极或者消极影响的利益相关者进行交流，获得更多的支持，同时，通过交流和磋商，解决可能会受到负面影响的利益相关者的顾虑和问题，以规避风险。

（2）鉴别更广泛的利益相关者。在利益相关者的鉴别中，我们往往关注受项目影响的利益相关者，但能给贷款银行带来风险的，不仅是受到项目影响的利益相关者，更为重要的是，还包括能对项目造成影响的利益相关者，比如 NGO、新闻媒体、政府各监管部门、从事该领域研究的相关专家学者等，他们并没有受到项目的直接影响，但由于他们的职业关系，会很关注项目的动向，并且有能力对项目产生影响。与这些利益相关者的联系互动是十分重要的。如果他们与项目缺乏直接有效的沟通渠道，而且该项目的环境影响已经导致了他们对该项目的强烈抵制，他们会通过执法、新闻媒体的信息披露或者是诉讼等对抗手段来影响项

---

① IFC. Doing Better Business through Effective Consultation and Disclosure. 1998.

目。但如果项目方与其建立了良好的互动，他们对项目可能产生的环境影响的顾虑和考虑就可以传达到项目管理高层，并与项目高层直接对话交流，这些利益相关者的学识、经验可以帮助项目方识别潜在的风险，帮助项目方发现和制定经济有效的纠正计划或减缓计划，从而帮助项目方规避环境风险。所以，当我们鉴别利益相关者的时候，除了受项目影响的利益相关者，还要分析哪些利益相关者可以协助改进项目设计以减少项目的风险防范成本，哪些利益相关者对识别环境风险和影响范围最有帮助等。

（3）要注意随着项目的进行和时间的变化，利益相关者有可能改变。所谓利益相关者，当然是基于与项目有关联的利益而形成的。然而，随着项目的进行和时间的变化，情况在不断地变化，与项目关联的利益也可能在发生变化，从而导致利益相关者的变动。因此，作为环境风险管理专家，要时刻关注项目情况的变化，并分析是否发生了利益关联方利益的改变，适时调整互动的利益相关者对象和主次次序。由于成本的限制，我们不可能和所有的利益相关者充分互动，我们必须选择主次，而这种主次，随着项目从设计、施工到运营，肯定是有所变化的。在这里必须牢记的是，政府是重要的利益相关者之一，因此，要主动保持与项目所在地政府的积极互动，向相关监管部门主动通报项目信息和可能产生的影响。政府监管部门由于经常处理相关问题，它们的忠告和意见是很重要的。与政府部门的积极互动一定要在影响发生之前，这样，就有机会按照它们的建议和忠告来设计纠正行动或者减缓措施来规避风险，而不是等到影响已经发生执法已经开始的时候。

2. 注意分清贷款银行与借款方的责任

很多商业银行在准备执行赤道原则的时候，经常感到困惑的是：利益相关者互动机制的建立和执行的程序和工作是如此之多，而商业银行可能设置的环境风险管理专家是有限的。其实，贷款银行最重要的是要分清贷款银行和借款方在利益相关者互动机制的建立和执行中各自不同的责任。

应该说，上面要求的很多工作都应该是借款方执行的，贷款银行的职责主要是指导、帮助和监督借款方去建立和执行利益相关者互动机制。贷款银行当然也应该在项目层面建立自己的利益相关者互动机制，主要包括在网站公布相关项目信息，并设置投诉机制，使利益相关者可以有渠道与贷款银行的管理高层进行沟通。这既可以作为项目环境风险的第二层防范，也可以作为贷款银行对借款方经济有效的监控措施。因为如果利益相关者与借款方沟通失败，他们还可以通过与贷款银行沟通来达到保护他们利益的目的，同时可以寄希望于贷款银行的干预使借款方停止危害环境的行动。如果没有贷款银行这一层次的利益相关者互动，利益相关者在与借款方沟通失败之后，就可能直接采取更强硬的行动，从而影响贷款银行的信贷资产安全。另外，贷款银行对借款方的监控总是会存在信息不对称的情况，利益相关者与贷款银行的沟通，等于是帮助贷款银行在监控借款方的环境风险管理。

由于贷款银行主要职责是监控借款方执行利益相关者互动机制，为了节省监控成本，可以利用国际金融公司和国际领先银行已经开发的许多评估工具来实现监控。比如，对于项目是否获得了"广泛的社区支持"，国际金融公司就开发了有效的评估工具，了解和有效使用这些评估工具，可以帮助贷款银行实现经济高效的监控。所谓广泛的社区支持是指收集受影响社区代表对该项目表示支持的表态，来评价该项目是否获得了广泛的社区支持。广泛的社区支持并不排除某些个人或者团体反对该项目。如果项目可能对当地社区构成重大的负面影响，或者对土著居民构成重大负面影响，赤道原则要求进行广泛的社区支持调查。国际金融公司在判断拟贷款项目是否拥有广泛的社区支持时，从两项审查条件、流程和结果来考虑和进行数据分析：条件一，借款方是否开展了自由、事先和知情的磋商，并使受影响社区能够做到知情参与；条件二，项目的受影响社区对项目的支持和反对程度。在《国际金融公司环境和社会审查程序》中，对这两项的评估和审查设计了非常细致而又具体的方法，运用这些细致的评估工具，可以评估项目是否获得了广泛的社区支持。

第9章 赤道原则中土著居民绩效标准的适应性问题

在推行赤道原则过程中，一些专家认为，赤道原则中土著居民绩效标准不适应我国，因为中国不存在赤道原则中所定义的土著居民和相关内容。实际上，国际金融公司《绩效标准7：土著居民》中对土著居民的定义，是个很宽泛的概念，它只是对祖祖辈辈居住于某一地域，而且其生产生活方式及文化和族群特征都与该地区自然资源有密切联系的少数民族的一种统称。该《绩效标准》主要关注三个方面可能给贷款银行信贷安全带来风险的问题：第一，原住地少数民族土地产权不清问题，会导致尽管项目用地已经得到政府批准，却可能受到原住地少数民族的抵制。第二，原住地少数民族文化与当地自然资源和生态环境之间密切不可分割的和谐关系，如果项目改变了当地资源状况和生态环境状况，特别是如果需要迁移当地族群，就有可能导致该独特族群文化的消失，从而带来生态环境的恶化和生物多样性的丧失。因此，要求借款方尽可能地使用替代方案以规避该风险，如果实在无法规避，要列出理由和减缓措施。第三，对少数民族无形文化遗产资源的商业化开发，因为涉及少数民族社区产权，需要格外谨慎地与当地少数民族社区沟通磋商，在信息公开、磋商和知情参与方面都有特别规定，以尊重少数民族传统文化资源的社区产权。

对照我国的实际情况，主要的风险应该是集中在后两个方面。在少数民族族群文化与生态资源和生物多样性保护方面，我国很多少数民族在其族群地都生活了几百年甚至上千年之久，在长期的生产生活中，建立了与当地自然资源密切不可分割的生产生活方式和族群文化特征，这些与当地生态十分和谐的独特族群文化，是保护当地自然资源和生物多样性的重要力量。一旦外界影响导致这些族群文化消失，当地自然资源和生物多样性保护将面临危机。如果项目涉及与当地自然资源和生物多样性保护密切相关的族群文化，我国的贷款银行无论是为了银行自身的风险防范，还是为了履行社会责任、保护重要的生态资源，都应该对项目导致的这种影响进行仔细评估和管理。在少数民族传统文化资源产权保护方面，由于少数民族传统文化资源是全族群集体智慧的产物，产权难以界定清晰，但是，保护少数民族传统文化的知识产权已经成为国际国内广泛关注的议题，一旦相关的文化资源商业开发项目损害了少数民族传统知识产权，就可能会导致当地少数民族的强烈抵制，新闻媒体和国际 NGO 也喜欢追踪这一领域，所以，作为贷款银行，如果融资项目中涉及对少数民族传统知识商业化问题，与当地少数民族进行事先、知情的磋商肯定是规避风险的好办法。

所以，该《绩效标准》在中国是具有适应性的，而且是防范项目融资中环境和社会风险必不可少的环节。如何运用该《绩效标准》以规避项目融资的社会和环境风险，并与中国的文化背景和法律法规相融合，关键要依靠环境与社会风险管理专家的经验和对赤道原则及中国文化和法律法规的理解。

赤道原则是一套开放性原则，虽然制定了一系列标准，但其反复强调的一个重要执行原则是要尊重和遵守东道国的法律法规和文化制度。如果东道国的法律法规和文化制度标准高于赤道原则，就按照东道国的法律法规标准执行。如果东道国法律法规标准低于赤道原则标准，就要按照赤道原则标准执行。因为，赤道原则是针对融资额度大于 1 000 万美元的巨额项目融资，项目融资的有限追索特性及巨额融资额度，再加上往往长达几十年的贷款周期，都给贷款银行带来了比传统公司融资大得多的金融风险。要规避这样高度的金融风险，贷款银行的一些要求高于中国的法律法规是可以理解的，因为法律法规是防范一般可能发生的环境和社会风险，而赤道原则是专门用于防范额度高于 1 000 万美元以上巨额项目融资的金融风险，它不是一般的商业银行的环境标准。作为商业银行一般的环境标准和商业银行用于防范巨额项目融资高度金融风险所制定的绩效标准是具有显著差异性的。因此，如何使赤道原则中的土著居民绩效标准适应于中国，执行项目的环境与社会风险管理专家的经验和技术是关键，必须从金融风险防范的角度去把握如何识别问题及如何实际运用该《绩效标准》。

9.1 赤道原则中对土著居民的界定

要解决赤道原则中土著居民绩效标准适应性问题，首先就要明确赤道原则是怎样界定土著居民，以及中国是否存在该《绩效标准》所定义的土著居民。

根据《绩效标准 7》，土著居民应该具有以下特征：第一，自我认同为一个与众不同之土著文化群体的成员，并且该身份为他人所认可；第二，共同依附于项目区内地理上与众不同的栖息地或祖先领土以及这些栖息地和领土上的自然资源；第三，拥有与主流社会和文化相分离的习惯性文化、经济、社会或政治制度；第四，拥有往往有别于国家或地区之官方语言的土著语言。

从以上的界定，我们可以看出，赤道原则中对土著居民的界定与政治学意义上的土著居民的界定是有很大不同的。它只是对祖祖辈辈居住于某一地域，而且其生产生活方式及文化和族群特征都与该地区自然资源有密切联系的少数民族的一种统称。如果从全中国的角度来说，只是着眼于"土著"二字，那我们可能会认为中国没有土著居民，因为中国不是移民国家，汉族本来就是中原最大的土著民族。然而，当我们站在商业银行项目融资环境和社会风险防范的角度，结合赤道原则对土著居民的定义和风险防范原因，就会认识到，这里对土著居民的定义不是针对国家，而是针对项目可能影响到的地理区域。另外这里对土著居民的定义和规定不是一种意识形态，而是出于商业银行防范项目融资环境和社会风险的需要。在项目影响到的一些地理区域内，可能存在一些少数民族，他们祖祖辈辈就生活在这一区域，作为国家认可的少数民族，他们当然是自我认同为一个与主流民族（汉族）不同的文化群体，并且他们这种身份也为国家和他人所认可；他们也许祖祖辈辈就生活在这一区域，并与这一区域的自然资源形成了密不可分的关系，比如云南红河哈尼族。

云南红河哈尼族是主要从事稻谷栽种的民族，有自己的民族语言，在长期耕作过程中，红河哈尼族产生了大量与稻谷相关的礼仪、祭祀活动以及节庆活动，如梯田农事历法，三大农耕节日——祭寨神、六月年、十月年，《哈尼多声部音乐》、《哈尼族四季生产调》、《哈尼哈巴》等古歌，哈尼乐作舞，以及众多口传民间知识。而且，在其族居地哀牢山脉中下段的红河流域，形成了哈尼族独特的哈尼梯田。哈尼梯田拥有独特的灌溉系统和奇异而古老的农业生产方式，形成了江河、梯田、村寨、森林为一体的良性原始农业生态循环系统，而其气势磅礴、震撼人心的宏大规模，更是世界罕见。即使遇上了百年特大干旱，大部分的哈尼梯田由于其独特的灌溉系统仍然得以耕田耙地栽新秧。红河哈尼梯田主要分布在红河州的元阳、红河、绿春、金平4县境内，总面积达82万亩，梯田级数最多的达3 700多级，开垦历史已有1 300多年。①

可见，红河哈尼族的文化与族群特征是与其居住的红河流域及红河流域的自然资源密不可分的。如果拟贷款项目会影响红河哈尼族的自然资源，比如会导致土地利用方式的改变，危害哈尼梯田的完整，甚至可能会导致其族群被迫迁离红河流域，我们就要运用《绩效标准7》中对土著居民的规定来评估和管理该项目的环境和社会风险。

赤道原则认为土著居民拥有与主流社会或文化相分离的习惯性文化、经济、社会或政治制度，而目前中国各民族各地区的政治制度都是一样的，所以，一些专家认为该《绩效标准》不适用。但是，笔者认为，这一定义实际强调的是从项目融资风险管理角度考虑，该族群与主流社会不同的文化、经济、社会或者政治制度特征会给拟贷款项目带来什么影

---

① 闵庆文，刘珊. 哈尼梯田农业文化遗产及动态保护论坛综述［J］. 古今农业，2010（1）.

响。即使政治制度是一样的，但不同的习俗和文化差异仍有可能给项目带来一些特殊影响的。比如中国一些少数民族族居地，有一些教育系统仍不完善的地方，可能当地的居民不会说汉语，甚至也没有报纸、电视、电台，而且在特别是乡以下级别的管理中，族长或者族中辈分高者有很高的权威，那么与这些族群的互动，就需要一些特殊的信息披露方式，磋商和投诉机制也要符合当地文化和习俗，以表达项目方对当地文化和习俗的尊重。否则，如果这些受影响族群认为项目方冒犯了根据他们特殊的文化习俗认为是很神圣的东西，认为项目方没有尊重他们的文化和习俗，他们就会抵制该项目，而且从土著文化和弱势群体保护的角度，他们的抵制很容易引来国际社会的关注，从而给项目带来极大风险。

因此，要判断一个具体族群是不是适用于《绩效标准7》，我们要从商业银行防范环境和社会风险的角度，根据项目所产生的影响及该族群的特点，并结合中国的法律法规来进行判断。没有一个"一刀切"的标准，不同的项目、不同的区域、不同的条件背景，就会有不同的结论。因此，环境和社会风险管理专家要进行详细的实地调查，通过检索文献，分析项目影响和中国相关的法律法规，对相关的机构和个人进行访谈，来确认《绩效标准七》的适应性。如果还不能判断，就要考虑聘请外部社会学专家来共同参与评估。

由此可见，《绩效标准7》的适应性要根据特定项目和特定情况而定，其判断标准是要实现防范商业银行的环境和社会风险的最优化。因此，我们不能仅仅从意识形态角度出发，死抠"土著"字眼，而是要着眼于商业银行的环境与风险防范。对商业银行环境与社会风险管理专家来说，这是一个很需要技术才能判断的问题。

9.2　运用土著居民绩效标准管理项目融资的环境风险

在运用土著居民绩效标准管理项目融资的环境和社会风险时，最重要的是要根据项目情况将绩效标准与中国的相关法律法规和实际国情相结合。

赤道原则只是商业银行用于防范项目融资中环境和社会风险的国际管理标准，它之所以受到大多数国际领先银行的自愿认可并主动实施，就在于它不是一种意识形态，而是对于商业银行来说十分有用的风险规避系统。所以，当我们在运用土著居民绩效标准的时候，就要从风险防范的角度理解其规定并在实际运用中，根据最容易对贷款银行资产安全产生影响的方面，按照绩效标准加以规避。在与中国法律法规的融合中，对与中国法律法规相冲突的地方，根据赤道原则规定，要遵守东道国法律法规的要求，即按照中国的法律法规处理；如果中国的法律法规在某些方面比赤道原则要求更高，要按照中国法律法规的要求办；对于并不与中国法律法规相冲突，但是要求高于中国法律法规的部分，要按照赤道原则执行。因为，法律法规只是防范一般可能发生的伤害和损失，但赤道原则所要防范的，是针对 1 000 万美元以上、只有有限追索权、贷款期限长达几十年的项目融资所可能带来的风险，它并不是商业银行一般的环境标准，因此，如果环境和社会风险管理专家根据项目特征和当地的实际情况，察觉在土著居民的某些方面可能会产生很大风险，那么，在这些方面要求借款方按照比中国法律法规要求更高的标准执行，也是应该的。毕竟赤道原则执行的首要目标，是帮助商业银行防范环境和社会风险。

从国际情况来看，土著居民问题可能会对项目产生的重大影响主要集中在以下方面：第一，原住地少数民族土地产权不清问题，会导致尽管项目用地已经得到政府批准，却可能受到原住地少数民族的抵制。第二，原住地少数民族文化与当地自然资源和生态环境之间密切不可分割的和谐关系，如果项目改变了当地资源状况和生态环境状况，特别是如果需要迁移当地族群，就有可能导致该独特族群文化的消失，从而带来生态环境的恶化和生物多样性的丧失。第三，对少数民族无形文化遗产资源的商业化开发，因为涉及少数民族社区产权，这是国际国内都十分关注的一个领域，如果借款方不十分谨慎地与当地少数民族社区沟通磋商，并实现收益分享，就会导致当地社区对项目的强烈抵制，甚至引来媒体和国际社会的关注。

从我国的实际情况来看，中国基本上不存在少数民族土地权益不清的情况，对贷款银行的主要风险来源集中于以下两个方面。

第一，项目影响到的一些少数民族文化与自然资源和生物多样性保护具有密切关系。由于土著居民通常生活在比较偏远的山区或者林地，远离工业社会，因此，往往成功地保留了与自然和谐共存的生产生活方式及独特的生产和生活文化，其居住的区域，往往是保护自然资源和生物多样性做得最好的地方，因此，很多环境专家认为，土著居民是保护自然生态系统和独特文化的重要环节。这使土著居民社区具有了特殊性。项目如果影响到这样的土著居民社区的生产和生活方式，等于是在破坏自然生态系统和生物多样性，或者是在毁灭也许是全球独一无二的某种独特的文化遗产。

《国家地理》杂志完成的一项中美洲土著居民与森林研究就证实了土著居民对保护生态环境的重要性。在中美洲，有森林的地方就有土著居民，有土著居民的地方就有森林。而且其他热带雨林地方的情况也是相似的，没有被工业文明所渗透的土著居民社区及其独特的生产生活方式，是热带雨林得以保存的重要原因。热带雨林地区虽然只占有地球面积的6%，但是却拥有地球一半以上的物种，是生物多样性最重要的地区。远离工业文明的当地土著居民的生产生活方式及其独特的文化，不但是宝贵的文化遗产，也是保存自然生态环境、保全生物多样性的重要环节。而且他们由于祖祖辈辈长期生活在当地，对当地的自然资源十分了解，积累了丰富的利用当地生态环境的知识，比如如何运用当地的地理环境、自然资源、气候变化、动物习性、植物药性等，来安排生产和生活，这些宝贵的文化和对保护当地生态环境和生物多样性极为重要的知识，都依附于该族群的存在。如果项目开发导致了该种族群的逐渐消失，比如，由于工业文化的引入导致其独特的生产生活方式的改变，由于项目污染带来其区域自然生态环境的改变、由于项目执行导致土地使用用途的改变，或者更严重的是，由于项目的执行导致该族群的被迫迁移，那么依附于该族群的宝贵的森林、山地、旱地等复杂生态资源管理知识以及独特的文化也就不复存在。当相关 NGO 组织和当地政府发现项目执行的这些危害时，必然会喊停项目，从而给商业银行信贷资产带来损害，还会危及商业银行声誉。

在土著居民《绩效标准》中，反复强调了这种对独特生态系统或者独特文化的保护，以做到有效规避环境和社会风险。国际金融公司指出："许多土著居民的文化和特性，与他们居住的土地和所依赖的自然资源之间的联系是不可分割的。在许多情况下，土著居民的文化、特性、传统知识和口头历史，都与这些土地和自然资源有关，也是通过使用这些土地和自然资源以及与这些土地和自然资源的关系来维系的"。"因此，项目对土地、森林、水、野生动植物和其他自然资源的影响可能会危害土著居民的生产、生活方式和保持其特征和文化的能力"。对于影响到这些方面的项目，要适用土著居民《绩效标准》的相关规定。

由此可见，赤道原则中的所谓土著居民，是个十分宽泛的范畴，并不一定要牵涉自我决策权、领土所有权等意识形态方面的东西，更多的是从商业银行的风险管理角度出发，关注于如何规避风险。因此，《绩效标准》的适用性就要依靠商业银行的环境和社会风险专家对赤道原则的理解和把握，使其灵活地与项目及项目东道国情况相结合。在中国实施，就要在《绩效标准》的使用中，注重项目所影响到的少数民族地区，是否该地区的少数民族通过祖祖辈辈在当地的生产生活，已经形成了与当地自然资源密切不可分割且对保护当地独特生态环境十分重要的生产文化和生活文化。例如前面提到的红河哈尼族，就是十分典型的例子，假如项目开发影响到红河哈尼族的生产生活方式，甚至导致其被迫迁移，那么哈尼梯田及相关的生态环境保护知识以及依附于这些生产生活方式所产生的独特文化都要消失。如果项目影响遇到这样的情况，就需要使用土著居民《绩效标准》。

第二，项目对少数民族无形文化遗产的商业开发可能会伤害到该少数民族知识的社区产权。所谓土著民族知识是指世代居住在某一地区的当地民族在长期的生产和生活中积累发展起来的科学知识和民间知识的总和，是居住在特定环境中的民族在不同时期发明创造的。它有别于传统知识和当代科学技术。这些土著文化资源、知识往往在保护生态环境和资源、发展农业或者医药等方面具有独特的价值。这些文化资源、知识往往都是一个族群在长期的生产生活中总结发展而来，因此，其知识产权应该归属全族群所有，任何个人不具有出让这些知识产权的权利。

对土著知识产权的关注来源于"死藤水案"。死藤水是南美洲亚马逊盆地的一种奇特的植物，当地居民将它与其他植物混合，经过一定的工艺制成一种药物，这种药物具有强烈的致幻作用。千百年来，南美土著人一直在培育这种植物，并掌握着这种药物的制作工艺，将其广泛地用于宗教、医疗等方面。1984年，一家总部设在加利福尼亚的美国医药公司从南美土著人手中得到一些死藤水样品及药物制作工艺。这家公司随即在美国申请了这种药物专利，并于1986年6月17日得到了美国政府的批准。总部设在厄瓜多尔的亚马逊流域土著组织协调会得到此消息后，对该公司的行为表示强烈抗议。1996年5月，亚马逊流域土著组织协调会宣布这家美国公司的代表是亚马逊地区人民的敌人，禁止该公司人员进入亚马逊盆地，否则对该公司人员的生命安全不予保证。随后，美洲基金会作为美国政府开发拉美国家的代理机构对亚马逊土著组织协调会的声明表示抗议，并声称如果他们不收回这项不合理的声明，美洲基金会将取消对拉美国家的经济援助。亚马逊流域土著组织协调会态度坚决地答复道：亚马逊人民的尊严比美元更加重要。美洲基金会与亚马逊流域土著组织协调会之间的争执，引起了国际社会的广泛关注。1998年6月，亚马逊土著组织协调会向联合国大会发出一封公开信，阐述了自己的立场，并要求美国保护土著人的知识产权。应亚马逊土著组织协调会的申请，美国专利商标局重新审核了死藤水案的专利，并在1999年12月5日撤销了该项专利。

另一个关于土著知识产权的案例是抑制食欲的P57专利。生活在非洲南部的SAN部族很早就发现一种叫Hoodia的植物具有抑制饥饿、止渴和提高注意力的功效。几千年来，SAN部族就是通过嚼Hoodia来抑制在沙漠打猎及旅途饥饿和口渴的。20世纪70年代，南非的科学和产业研究理事会通过分离Hoodia的活性成分，获得了一种抑制食欲的化学品专利。

因为该化学品是第 57 次化学测试所得，被取名为 P57。1997 年，南非科学和产业研究理事会将该专利卖给英国一家药品公司 Phytopharm，该英国公司随后又将专利卖给了美国一家大型药品公司。通过早期的临床试验，分析家预测 P57 在抗肥胖方面具有很好的效果。但他们在申请专利和专利买卖过程中，都没有考虑到 SAN 族群的权利，SAN 族群没有获得任何的利益分享。在这种情况下，媒体报道并呼吁保护 SAN 族群的权利。面对媒体的压力，Phytopharm 公司的执行总裁在《金融时报》中为其公司辩解："我们在尽我们的能力进行补偿，但是……发现这种植物的民族已经消失了。"他这样说是因为 SAN 族群以前的名称叫 Bushemen。2001 年，SAN 进行了示威，并聘请了律师为其提出补偿的法律要求。这些示威和法律诉讼，包括媒体的轰炸，迫使相关方不得不给予其一点利益补偿。尽管这种补偿是极其微小的，但是，这一案例却受到了全球关注。

番茄红素案是又一个引起全球关注的土著知识案例。数个世纪以来，亚马逊地区的印第安人一直使用厄瓜多尔丛林中的一种名为 Tamate 的小型圆柱状西红柿来治疗癌症。一个跨国药品公司调查了这一传统知识，开始对 Tamate 的开发研究，并分离出了其中的活性成分番茄红素。现在，这家公司正在这一抗癌药品的销售中获得丰厚利润，而提供这些传统知识的国家和当地土著居民却没有从这种本属于他们所有的知识产权中获得任何经济利益。①

这些关于土著知识产权的案例经常会引起媒体的高度关注，甚至引起当地政府的干预而导致项目失败，因此，赤道原则的《绩效标准 7》特别对土著居民的文化资源开发作出了规定：如果项目拟将土著居民的文化资源、知识、创新或做法用于商业目的，则客户须向土著居民告知：①国家法律赋予其的权利；②拟进行商业开发的范围和性质，以及③该等开发的潜在后果。客户在履行以下要求之前，不得进行商业化：①与

---

① Elizabeth Longacer. Advancing Science While Protecting Developing Countries from Exploitation of Their Resources and Knowledge [J]. Fordham Intellectual Property, Media and Entertainment Law Journal, Spring, 2003 (13).

受影响土著居民社区进行诚恳交谈；②记录受影响土著居民社区的知情参与的情况和成果；③依照受影响土著居民社区的习俗和传统，公正和公平地分享从该知识、创新或者做法的商业化中获取的利益。在该《绩效标准》指导说明中，对该条款的解释是：土著居民的知识、创新和做法，在国际公约中往往被称为无形文化遗产，是目前国际讨论的议题，国际标准正在慢慢形成。商业开发包括传统医药知识和其他用于处理植物、纤维或金属的传统手段的商业化。如果拟对该类资源商品化，则除了要满足东道国法律法规的要求外，客户还应该记录与受影响土著社区进行诚恳谈判的过程和成果。有些国家的法律规定要进行这方面的商业开发须征得土著居民社区的同意。对于拟进行的无形文化遗产之利用、开发和商业化的项目，《绩效标准7》要求客户与受影响土著居民社区分享从该等利用中获得的利益。

9.3　土著居民绩效标准对我国少数民族传统知识和文化保护的意义

我国少数民族众多，蕴藏着极为丰富、价值巨大的传统知识和传统文化，涉及农业、畜牧业、医药、生物多样性保护等方方面面。很多传统知识都符合国际公约中无形文化遗产的标准，也就是赤道原则中的土著居民知识；很多传统文化都是当地少数民族在长期的生产和生活中，通过对当地自然资源的长期了解和使用中获得的，与当地自然资源具有密切不可分割的特性。因此，根据项目特性和中国法律法规及中国国情来融合土著居民绩效标准，对保护我国少数民族传统知识和传统文化，是十分有意义的。

首先，对于少数民族传统文化来说，特别是一些独特的对保护当地生态环境有特别意义的传统农耕或者渔猎文化，要求借款方在进行项目开发时必须对这些文化持特别谨慎的态度，尽量避免和减少对当地独特文化的伤害，这有助于我国少数民族传统文化的保护，比如红河哈尼梯田。将土著居民从文化遗产中单独列出来，一方面是因为在世界上的有些国家，还存在当地土著居民土地产权归属不清的问题，更重要的是，土著居民条款与文化遗产条款的根本不同在于，文化遗产重点在于保护物，而土著居民条款是把族群就作为一种特别的文化遗产，该族群所承载的独特的生产生活方式和文化特征，都要依靠该族群的存在而存在。比如，哈尼梯田及相伴随的一系列哈尼文化，都是由哈尼族这一特殊族群承载的，该族群消失了，这些文化遗产也就消失了，所以土著居民条款是注重从族群保护的角度来保护族群所承载的特别文化遗产。比如，如果运用于哈尼梯田的保护，那么，首先就是要求项目不能影响哈尼族群的特征，而不仅仅是保护哈尼梯田，而是要注重对整个族群文化的关注，因为，哈尼梯田作为一种哈尼族的农业生产方式，其生态价值和文化遗产价值，都离不开哈尼族人的耕作。如果哈尼族迁离该地区，或者哈尼族受工业文化的影响放弃这种梯田耕种的方式，哈尼梯田及一系列的文化特征都不可能保持下去。我国赫哲族的渔猎文化及鱼皮文化也是一个例子。赫哲族长期居住在三江流域（黑龙江、松花江、乌苏里江），是一个具有悠久文化的土著少数民族。据有关资料记载，赫哲族古代文明至少可以追溯到六千年前的密山新开流新石器时代，出土的渔猎生活工具鱼叉和缝制鱼皮兽皮衣物的骨针说明了赫哲族悠久的历史。赫哲的名称，最早见于"清圣祖实录"，是原居于黑龙江八岔以下地区和乌苏里江沿岸者的自称。① 赫哲人逐水而居，不事耕织，以渔猎为生，渔猎生活给赫哲族文化打上了特别的印记，逐渐形成了在全世界独一无二的赫哲族"鱼皮文化"。他们捕鱼、食鱼，用鱼皮盖房、造舟、制衣，因此，在历史上被称为"鱼皮民族"。② 这种鱼皮文化是与其渔猎为生的生产生活方式紧密结合的，如果他们离开了江岸，鱼皮文化就会失去承载的载体。

因此，当项目影响涉及少数民族族居地，而且该少数民族还在长期的生产中形成了独特的有利于自然资源保护的农耕或者渔猎文化的时候，

---

① 张琳. 黑龙江流域土著居民赫哲族鱼皮服饰文化［J］. 边疆经济与文化，2009（6）.
② 宇恒. 非物质文化遗产可持续发展的实践探索［J］. 艺术研究，2010（1）.

环境和社会风险管理专家要特别谨慎地分析是否需要使用土著居民绩效标准。

其次，对于少数民族传统知识的保护，根据项目具体情况使用土著居民绩效标准就更为重要。少数民族传统知识是该民族在长期的历史过程中集体智慧所创造的知识和技术，我国少数民族众多，有着极为丰富且价值巨大的传统知识。对少数民族传统知识加以恰当的开发和利用，可以促进我国民族地区经济社会发展。但在开发和利用少数民族传统知识的同时，必须对其知识产权权益给予适当的保护，否则，我国少数民族传统知识就会像我国中药传统知识一样，为外国制药企业免费使用并赚取巨额商业利润，而创造该知识的当地少数民族却不能公平地分享利益。例如，在我国少数民族传统知识中，医药传统知识是其中最具有价值的部分之一。我国大部分少数民族都拥有其民族独特的医药传统知识，这些民族医药传统知识对特定的疾病通常有着奇特的疗效。例如我国贵州从江县瑶族传统浴药，这种浴药已在该县瑶族村寨世代相沿使用，是当地瑶族人民数代人群体创造的成果。该浴药在治疗妇科炎症、妇女产后康复、风湿关节炎、皮肤瘙痒等病症方面有很好的功效。如果项目涉及对该浴药的商业开发，那么就需要适用土著居民绩效标准来评定和管理环境和社会风险。另外，某些少数民族传统医药在当地民众中具有神圣性，与该民族的图腾、信仰联系在一起，对于这样的文化资源的商业开发，就更要谨慎，必须使用土著居民绩效标准来评估和管理风险。例如，有些苗族医药，如医治毒蛇咬伤的药，只能由受伤人自己去采，懂此药的苗医不能去采，否则会遭到毒蛇的报复。这种苗族传统医药，在苗族传统医药文化中，具有某种信仰的意义。① 如果项目涉及对这种具有信仰意义的传统医药的商业开发，就必须按照土著居民绩效标准规定的信息披露、磋商和知情参与的办法，要获得可置信的"广泛社区支持"的证据，否则商业银行不应该轻易批准贷款，因为可能潜伏着较大的风险。而商业银行对这种贷款审批的谨慎，不仅仅规避了商业银行的风险，

---

① 严永和. 论我国少数民族传统知识产权保护战略与制度框架 [J]. 民族研究，2006（2）.

从国家的角度来说，也是有利于少数民族传统知识的保护的。

9.4 执行土著居民绩效标准时可采用的文献

在执行土著居民绩效标准时，文献研究是很重要的。因为要判断一个少数民族社区承载的文化是否与当地自然资源已经形成了密不可分的关系，而且这种长期与当地自然资源融为一体的生产和生活方式，是否对当地自然资源保护和生态多样性保护具有特别的意义，另外，其民族知识是否属于无形文化遗产，要对这些问题进行判断，除了要在当地进行实地考察和访谈外，还必须要查阅和研究相关的文献，如民族志、档案等。关于对少数民族传统文化和传统知识保护的问题，在我国也已经引起了广泛的重视和关注。很多专家和学者撰写了大量论文来呼吁对少数民族传统文化和传统知识的重视。通过阅读这些出版的论文和书籍，我们可以对中国少数民族在这方面的概况有一个初步了解，有利于帮助我们评估和管理该绩效标准。

杨庭硕以一些极具代表性的事例说明了少数民族耕作文化对当地生态保护的重要作用。他认为2003年湖南省永顺县发生的严重山体滑坡，事件发生的根源是改变了长期生活在这里的土家族生产生活方式造成的。永顺县发生山体滑坡的地段，是新生代强烈地质活动形成的重力侵蚀敏感地带，风化后的砂石和页岩与石灰岩碎片混合成松散的泥石层顺坡堆积。当地土家族对付类似特殊地带的传统做法包括：①将这样的松散泥石层用做刀耕火种的烧畲地，或用作牧场，以便降低地表植被的自重，防止重力侵蚀强度加大，同时避免植被的根系将泥石流的表面连在一起，导致大面积的山体滑坡；②对山谷底部的河流绝不壅塞，而是就地取材用鹅卵石构筑低矮的半坝，引导流水绕过泥石层下缘，既避免流水切割泥石层，又巧妙地利用了流水的回流作用，将洪水季节携带的泥沙淤积在泥石层的下缘，以此提高泥石层的稳度；③在泥石层的上方绝对禁止建立村庄及其他比较重的固定建筑，以免加大泥石层的重量，诱发山体滑坡；④对那些已经松散的泥石区段，则不加维护，任其有限的自然滑落，甚至用人力促成其滑落，既做到了有控制地减轻山体自重，又避免了泥石的突然滑落而造成的灾难性后果。杨庭硕认为，土家族的这四项贯穿于其生产生活方式的措施，是对付当地环境下山体滑坡的最佳模式，是土家族知识独特价值的集中体现。但是，半个世纪以来发展经济却背离了土家族传统文化知识中的生态维护原则，忘记了土家族世代积累的生态智慧，才遭到了山体滑坡这种大自然的无情报复。①

罗康隆在侗族社区长达 15 年的人类学田野调查中，认为侗族传统生活和生产方式，对保护当地的生态安全及其重要。侗族在半山区地带生活，通过改变河道、挖掘鱼塘、用筑坝的方式建构浅水沼泽等，在半山区的狭窄河谷盆地中再造了淮河网坝区的次生生态环境。这种人工建构的高山水域环境，一方面增加了山区生态系统多样化的水平，使本来仅分布于江河中下游的生物群落可以移到高山森林生态系统中，从而有效地增加了山区生物物种的多样化水平，衍生出具有侗族特色的生态适应方式和举措。这种侗族生态区域，即使遇到洪水的袭击或者严重旱灾，都能安然无恙。但是如果遇到外力胁迫改变这种生态模式，就会损害这种和谐生态。这种和谐生态格局据可考的历史文献记载，至少已经稳定延续了上千年，其间从来没有发生过震荡性的生态灾变。罗康隆认为，这种和谐生态格局之所以能够长期稳态延续，主要得力于侗族文化对自然资源产权的特殊界定和稳定管理手段。侗族村寨原则上都是家族村社，他们对村寨所处的整个流域拥有高度稳定的所有权和使用权。而每个家族，都有监控每个乡民遵守社区内部有利于生态安全的习惯法的职能。侗族谚语称："老树护寨，老人管寨。"各家族的寨老在村寨中有极高的地位。正是这种习惯法在管理上的高效性，才使得对生态系统的管护高效而到位。②

王浩华则在《梯田文化论》中说明了少数民族耕作文化与其生活的地域的自然资源的不可分割性。他认为哈尼梯田只适宜于哈尼族生活的

① 杨庭硕. 论地方性知识的生态价值 [J]. 吉首大学学报（社会科学版），2004（7）.

② 罗康隆. 侗族传统生计方式与生态安全的文化阐释 [J]. 思想战线，2009（2）.

云南哀牢山地区，因为这种高山梯田水稻种植办法，只适用于面向海洋的高海拔迎风坡地段，离开了这些地区，就根本无法构建类似的高山梯田。[①] 哈尼族营造梯田多选择在海拔 800 米至 1 300 米之间气温较高，湿度较大，适宜于水稻生长的缓坡地带。而且高山密林孕育的盘山而下的水溪，贯穿于高山梯田这一独特的农业生态系统中。哀牢山区这种独特的梯田稻作农业的水利工程，是由哀牢山区山高谷深的地理、气候环境所决定的，哈尼梯田的奇妙之处，就在于与亚热带哀牢山区的自然生态系统密切吻合，变自然生态为农耕生态。[②] 哈尼梯田是哈尼族文化的中心，他们还基于哈尼梯田的劳作创造了具有实用价值的农事历法，直接为梯田农耕服务。他们的各种传统节日属于其历法的有机组成部分，与农事活动和宗教活动有着密切的联系，成为哀牢山区哈尼族梯田文化生态循环的重要特征。

李技文专门对我国少数民族的传统文化研究进行了述评。[③] 格玛江初对白马雪山自然保护区的藏民族传统文化进行了研究，认为该地区藏族的图腾崇拜及自然崇拜都以植物和动物为直接的崇拜对象，客观上对保护该地区物种多样性、生态系统多样性和遗传基因多样性起到了积极作用。[④] 杨立新、赵燕强、裴盛基从纳西族的东巴文化和造纸植物、传统生态信仰、圣山信仰、对神树和神兽的崇拜和保护等方面探讨了纳西族传统文化与生物多样性的关系。[⑤] 薛达元主编的《民族地区传统文化与生物多样性保护》一书，基于对我国部分少数民族传统文化的实地调查和案例研究，揭示了少数民族传统文化在生物多样性保护和生物资源可持续利用方面的特别价值，并在大量实地调查成果的

[①] 王浩华. 梯田文化论 [M]. 昆明：云南教育出版社，1999.

[②] 毛佑全. 哈尼族梯田文化论 [J]. 农业考古，1991（3）.

[③] 李技文. 近十年来我国少数民族传统知识研究述评 [J]. 贵州师范大学学报（社会科学版），2010（1）.

[④] 格玛江初. 藏民族传统文化对白马雪山自然保护区生物多样性的影响 [J]. 林业调查规划，2004（4）.

[⑤] 杨立新，赵燕强，裴盛基. 纳西族东巴文化与生物多样性保护 [J]. 林业调查规划，2008（2）.

基础上，系统地分析了民族传统知识和文化对生物多样性保护的积极意义。① 他还主编了《民族地区保护与持续利用生物多样性的传统技术》，着重论述了我国部分少数民族在保护生物多样性和持续利用生物资源方面的传统生产方式、实用技术及生活方式，并指出由于外来文化的冲击，许多少数民族地区的传统耕作技术和生活方式正在消失，需要尽快采取保护措施。②

很多学者对我国少数民族传统知识进行了介绍和研究。龙鳞从医学人类学视野对云南民族医药进行了剖析，③ 胡萍、蔡清万对土家族医药文献情况做了概述性的研究，④ 朱翠萍以黔东武陵山区苗族医药知识为例，搜集、整理了苗医药诊断方法、疾病命名特点，并对苗族医药的治疗措施进行了较为系统的研究。⑤ 薛达元主编的《民族地区医药传统知识传载与惠益分享》，基于对我国部分少数民族的传统医药知识调查和案例研究，特别是针对贵州黔东南地区的侗药和苗药、四川凉山地区的彝药、西藏日喀什等地区的藏药以及内蒙古地区的蒙药等五类民族医药的实地调查和典型案例分析，系统地总结了我国民族医药珍贵的传统知识。⑥ 徐家力、汤跃和杨振宁对贵州松桃苗族医药知识进行了调查研究。⑦ 杨昌文则对贵州民族医药的用药特色、诊治方法及疗效进行了调查分析和总结，并建议把其中疗效神奇的药物开发出来。⑧

很多学者还呼吁对少数民族传统知识进行保护。杜小卫在《贵州苗医药传统知识的专利保护》一文中认为，我国应该从苗医药等传统医药

---

① 薛达元.民族地区传统文化与生物多样性保护［M］.北京：中国环境科学出版社，2009.

② 薛达元.民族地区保护与持续利用生物多样性的传统技术［M］.北京：中国环境科学出版社，2009.

③ 龙鳞.医学人类学视野中的云南民族医药［J］.云南民族大学学报（哲学社会科学版），2008（4）.

④ 胡萍，蔡清万.武陵地区土家族医药文献初探［J］.湖北民族学院学报（哲学社会科学版），2009（1）.

⑤ 朱翠萍.黔东武陵山区苗族医药特点及治疗方法研究［J］.中国民族民间医药，2005（6）.

⑥ 薛达元.民族地区医药传统知识传承与惠益分享［M］.北京：中国环境科学出版社，2009.

⑦ 徐家力，汤跃，杨振宁，松桃苗族医药，国际行动援助办公室编.保护创新的源泉——中国西南地区传统知识保护现状调研与社区行动案例集［M］.北京：知识产权出版社，2007.

⑧ 杨昌文.贵州民族调查与民族医药研究［J］.贵州民族研究，2002（3）.

的特点出发，确立传统资源产权制度，并重新审视和修订专利法，建立苗医药传统知识数据库，加强对苗医药传统知识产权的保护。① 杨敏在对贵州少数民族医药知识产权保护探讨的基础上，提出深化少数民族医药领域知识产权的战略，将对少数民族传统医药的保护纳入知识产权国际保护的范畴，加大国内立法保护的力度。② 张会屏根据我国少数民族医药的特点，提出应适当完善补充我国的专利保护制度。③ 李发耀研究了贵州省黎平县侗族香禾糯这种珍贵的遗传资源濒危的现状，保存和发展香禾糯种群不仅仅是侗族地区的一种遗传资源保护，更是该地区传统知识的保护。抢救保护香禾糯种群及其相关传统知识，应该通过商标、地理标志等知识产权的介入，建构以社区为基础的参与式知识产权保护机制。④ 薛达元就我国民族地区丰富多彩传统知识正在迅速丧失的现状，提出借助国际压力维护国家对遗传资源及相关传统知识的主权，建立获取与惠益分享的国家法律法规框架，保护遗传资源及相关传统知识。⑤ 赵立群等在研究云南迪庆藏医药的保护问题时，提出了社区层面的保护策略，认为社区是藏族医药传承和利用的基本单位，社区层面的保护要关注建立完善的乡村医疗制度，保护散在民间采药乡土专家和本土化的藏医，保护藏区的生药资源，规范采集行为，杜绝药商到社区乱采滥挖，建立社区资源保护自助组织，专管社区资源的利用，以群众代表身份同外来窃取社区资源者谈判，以保护社区资源权利。⑥

① 杜小卫. 贵州苗医药传统知识的专利保护 [J]. 贵州师范大学学报，2009 (6).

② 杨敏. 关于贵州少数民族传统医药知识产权保护的法律思考 [J]. 贵州民族研究，2006 (5).

③ 张会屏. 我国民族医药专利保护的现状与对策 [J]. 学术论坛，2008 (7).

④ 李发耀. 多维视野下的传统知识保护机制实证研究 [M]. 北京：知识产权出版社，2008.

⑤ 薛达元. 中国民族地区遗传资源及传统知识的保护与惠益分享 [J]. 资源科学，2009 (6).

⑥ 赵立群，韩韦文，何胚坤，迪庆藏医药，国际行动援助中国办公室编. 保护创新的源泉——中国西南地区传统知识保护现状调研社区行动案例集 [M]. 北京：知识产权出版社，2007.

第3篇

商业银行环境风险管理在中国的实践
——绿色信贷

第10章 绿色信贷的理论基础及内涵

10.1 中国推行绿色信贷的必要性

绿色信贷是商业银行环境风险管理在中国的实践。2012 年，银监会发布《绿色信贷指引》，指出银行业金融机构应防范环境和社会风险管理，建立环境和社会风险管理体系，要求银行业金融机构加大对绿色经济、低碳经济、循环经济的支持，明确绿色信贷的支持方向和重点领域，实行有差别、动态的授信政策，实施风险敞口管理制度。对环境和社会表现不合规的客户，应当不予授信，对已授信项目，应当设置环境和社会风险评估关卡，对出现重大风险隐患的，可以中止直至终止信贷资金拨付。

2016 年，中国人民银行等七部委发布的《关于构建绿色金融体系的指导意见》中，针对"绿色信贷"明确指出："将环境和社会风险作为重要的影响因素，并在资产配置和内部定价中予以充分考虑"，银监会则指导银行业协会制定绿色银行评价制度，通过银行绿色评价机制引导金融机构积极开展绿色金融业务，做好环境风险管理。

在中国商业银行推行环境风险管理具有重要意义。

1. 促进我国经济社会可持续发展

首先，从宏观方面说，政府要求商业银行进行环境风险管理可以有效促进我国经济社会可持续发展。

20 世纪 90 年代以来，随着我国经济的快速发展，环境污染、资源枯竭、生态失衡等问题日趋严重。习近平同志在党的十九大中指出要加快生态文明体制改革，建设美丽中国。十九大报告指出，推进绿色发展需要加快建立绿色生产和消费的法律制度和政策导向，建立健全绿色低碳循环发展的经济体系。构建市场导向的绿色技术创新体系，发展绿色金融，壮大节能环保产业、清洁生产产业、清洁能源产业。推进能源生产和消费革命，构建清洁低碳、安全高效的能源体系。推进资源全面节约和循环利用，实施国家节水行动，降低能耗、物耗，实现生产系统和生活系统循环链接。倡导简约适度、绿色低碳的生活方式，反对奢侈浪费和不合理消费，开展创建节约型机关、绿色家庭、绿色学校、绿色社区和绿色出行等行动。

在 2012 年初，为贯彻落实宏观调控政策，以及监管政策与产业政策相结合的要求，推动银行业金融机构以绿色信贷为抓手，银监会制定了《绿色信贷指引》。2012 年银监会印发了《银行业金融机构绩效考评监管指引》，在于 2015 年新修订的指引第二章考评指标中，明确说明了社会责任类指标用于评价银行业金融机构提供金融服务、支持节能减排和环境保护，其中包括绿色信贷。2013 年银监会制定了绿色信贷统计制度。随后在 2014 年和 2015 年，原银监会又先后发布了《绿色信贷实施情况关键评价指标》、《中国银行业绿色银行评价实施方案（试行）》，同时银监会每年组织国内主要银行开展绿色信贷自评价。

2018 年 2 月，银监会集中披露了 2013 年 6 月末至 2017 年 6 月末国内 21 家主要银行绿色信贷的整体情况。披露的信息包括：节能环保项目和服务贷款余额、资产质量以及贷款支持部分所形成的环境效益等。绿色信贷统计制度统计的环境效益指标包括：标准煤节约量、二氧化碳减排量、化学需氧量、氨氮、二氧化硫、氮氧化物、节水共 7 项指标。节能环保、新能源、新能源汽车 3 大战略性新兴产业生产制造端贷款主要披露贷款余额信息。为便于公众理解，此次除披露相关数据信息外，还随披露信息发布了《绿色信贷统计信息披露说明》，以便公众更加清楚地了解绿色信贷统计制度的主要内容、运行机制、环境效益测算规则等。

从此次集中披露的绿色信贷统计信息来看，国内 21 家主要银行机构绿色信贷呈持续健康发展态势，主要有以下特点：一是绿色信贷规模保持稳步增长。从 2013 年末的 5.20 万亿元增长至 2017 年 6 月末的 8.22 万亿元。其中，绿色交通、可再生能源及清洁能源、工业节能节水环保项目贷款余额较大并且增幅居前。二是绿色信贷的环境效益较为显著。以节能减碳环境效益为例，根据绿色信贷统计制度确定的环境效益测算规则（具体规则详见信息披露说明），截至 2017 年 6 月末，节能环保项目和服务贷款预计每年可节约标准煤 2.15 亿吨，减排二氧化碳 4.91 亿吨。相当于北京 7 万辆出租车停驶 336 年，或相当于三峡水电站发电 8.4 年形成的二氧化碳减排当量。三是信贷质量整体良好，不良率处于较低水平。例如，2017 年 6 月末，国内主要银行节能环保项目和服务不良贷款余额241.7 亿元，不良率为 0.37%，比各项贷款不良率低 1.32%。

绿色信贷可以通过资金形成、资金导向和资金催化三大机制的作用，促进我国产业结构优化。金融作用于产业结构的过程可简要描述为：金融→影响储蓄、投资→影响资金的流量结构→影响生产要素分配结构→影响资金存量结构→影响产业结构。即金融活动主要作用于资金分配，通过优化资源配置，影响产业结构调整。经济金融化程度越高，这一传递过程就越明显。金融运作主要通过间接融资为主的信贷市场和直接融资为主的证券市场两种渠道对产业结构调整产生影响。就中国目前典型的银行主导型金融结构而言，企业资金主要来自银行贷款，而且间接融资的比重近年有增加的趋势。因此在较长时期内，我国产业结构升级调整的资金支持方式更多地还必须依靠商业银行的贷款行为来完成。

在我国当前信贷主导型的金融模式之下，金融主要通过信贷市场作用于产业结构调整。绿色信贷作为金融业全新的理念和实现绿色经济的基础，对于基于可持续发展为导向的产业结构提升起着至关重要的作用，绿色信贷主要通过如下机制作用于产业升级：

①资金形成机制。产业的发展需要持续的资金投入，资金数量的多少，是影响企业规模和产业发展的重要因素，因而占据企业融资来源60% 的银行贷款对产业发展有举足轻重的关键影响。绿色信贷政策通过对环保产业的支持和对污染产业的限制，往往能够在短期内实现大规模

的资金集中,加速优势产业的形成和发展,促进产业结构的优化升级。

②资金导向机制。绿色信贷政策的资金导向功能主要体现在对资金导向的倡导机制与矫正机制。一方面,银行通过对信贷投放总量和方向的把控,迫使污染产业结构发生松动、淘汰、改组与发展,为结构调整创造先决条件。同时,通过"有保有压,区别对待"的利率机制,调整资金的运用成本引导产业结构的优化。另一方面,由于产业外部性的存在,如环保产业,单凭市场往往无法提供足够的投资激励。因而政府通过对金融机构企业社会责任的倡导,以政策性绿色贷款的方式向私人金融机构不愿或无力提供资金以及投入资金不足的重点绿色产业进行投资和贷款,实现对市场机制的矫正。

③信用催化机制。绿色信贷的信用催化机制实质是通过货币量的扩大,即信用创造,加速资本形成,促进生产中资源的节约和使用效率的提高,从而把潜在的资源现实化,推动产业结构调整与经济总量增长。在信用催化机制作用下,资金投向不限于已存在明显效益的产业或项目,往往以资金的增值返还为出发点,选择具有超前性以及有广泛的前向、后向和旁侧扩散效应的产业项目进行投资,催化绿色产业、主导产业及其合理的产业结构体系的构建与调整更迭。

此外,从银行与产业结构的互动性看,绿色信贷能够促进产业结构的优化升级,反过来产业结构的良性发展程度也影响着商业银行的发展。在良性的产业结构下,银行对产业的支持可以降低摩擦成本和风险系数,达到资源的有效配置。而资源有效配置又促进产业在更高层次上优化,形成螺旋式上升态势。

2. 提升中国商业银行的国际竞争力

20世纪90年代早期,联合国环境规划署金融计划项目就发表了银行业《金融业环境暨可持续发展宣言》,强调要把环境因素纳入标准的风险评估流程的必要性。其主要目标就是要求银行业在经营管理活动中必须考虑环境因素。而世界银行集团的国际金融公司倡导的赤道原则更是为项目融资中环境和社会风险评估提供了一个框架,包括不同类型项目的风险分类,还列示了与环境评估流程、监控和后续指导相关的议题。

随着项目融资的日趋成熟和发展，近年来，无论是银团贷款（Syndicated Loan）还是 BOT，国际上都是以项目融资方式来筹集资金，项目融资已经逐渐成为融资市场的主流。而项目融资有限追索权特性使风险管理成为贷款银行成功开展项目融资的关键。赤道原则是贷款银行项目融资风险管理的必要和重要组成部分，如果不执行赤道原则，将会对贷款银行产生以下危害：一是因为环境和社会风险的发生而使项目融资失败，从而给贷款银行带来巨大的经济或声誉损失；二是贷款银行将无法获得国际同行的认同，从而使其无法参与国际大型项目融资业务。由于大型项目融资额度巨大，贷款银行经常组团对一个巨大项目共同融资。任何一家贷款银行风险管理失误所带来的后果都要波及银团的其他成员，所以一家贷款银行如果没有建立并实施赤道原则以规避环境和社会风险，国际上其他贷款银行就不可能吸纳其参与大型的国际项目融资。因此，将赤道原则纳入贷款风险管理系统，就成为贷款银行开展项目融资的前提条件。中国的贷款银行也只有遵守此项规则，才能赢得国际同行的认可，参与开展项目融资业务。

3. 刺激节能减排环保产业发展

节能减排的环保产业，其产业特点是：多以项目方式运作，其公司由于初建，往往没有可供商业银行参考的业绩，很多情况下甚至没有财务报表，但是一般具有很稳定的未来项目收益。例如国际上在开展以项目融资方式对新能源进行融资时，会明确新能源产品的销售通常采取预售的形式，一般要求具有 20 年以上的稳定的用户需求。新能源产品不是作为一般商品经营，而是作为项目经营，项目融资中重要的担保合同明确"无论提货与否均需付款协议"或者"无论使用与否均需付款协议"。根据这些合同，新能源产品的使用者在项目实施周期内需要按照合同定期购买新能源产品，以保证项目未来稳定的现金流。

注重对企业过去财务状况分析的传统公司融资模式，会觉得这种初期没有任何资产的融资是高风险融资；而注重对项目未来收益分析的项目融资模式，由于分析的重点是项目未来的收益，而很多节能减排项目都具有项目未来收益稳定的特性。所以，这种注重项目未来收益分析的项目融资模式，由于其项目未来收益的稳定性，就可以降低其融资风险程度，从而使银行可以大胆地根据其项目未来收益的经济强度，来给予与项目需求符合的巨额投资。

项目融资发展的关键是风险管理。银行只有建立较为完善的风险管理体系，才能较好地管理项目融资存在的较高风险，并获得其高额的利润收入。环境风险是项目融资的主要风险之一，建立环境风险管理体系是发展项目融资的关键环节。

为了刺激中国节能减排环保产业的发展，解决资金短缺的瓶颈问题，必须要引进和开发新的融资方式，这就需要相关银行建立环境风险管理体系以适应新的融资模式。

4. 保护银行信贷资金的安全

很多银行认为，只要我们要求拟贷款项目都需要通过国家环保部的环境影响评价，就可以避免所有的环境风险，既实用又便宜，为什么还需要花费资金建立根植于银行内部的环境风险管理系统呢？

首先，我们要认识到，商业银行的环境风险管理是区别于国家的环境影响评价的。国家的环境影响评价，其出发点是要防止项目对环境产生危害，其评价标准是国家现有的环境法律、法规和政策。商业银行环境风险管理的根本出发点，是要防止银行的信贷资金受到损失，所以，其评价范围应该比国家环境影响评价更广。

毫无疑问，如果一个拟贷款项目不能通过国家环保部的环境影响评价审核，肯定对银行是具有高的环境风险的。因为，如果批准了这样的项目，很可能该项目随时会被环保部喊停，从而危害银行的信贷安全。但一个拟贷款项目即使通过了国家的环境影响评价审核，也不能认为就不再有环境风险。其原因如下：

第一，一个大型贷款项目的执行年限大部分是长期的，比如项目融资的贷款，大部分贷款年限超过 10 年，有的甚至到 30 年。在如此长的贷款年限中，只要发生很大的环境风险，就可能影响到企业的还贷能力，从而危及银行的信贷安全。而在长达 10 年的时间里，国家的各种环境法律法规和标准是可能改变的，其趋势是越来越严厉。面对新的环境标准，为了**合规**，很多二期或者三期项目需要改变技术设计或者对现有生产流程进行改造，这将耗费大量资金，从而影响项目的经济强度。

商业银行环境风险管理要求环境评估师不仅要分析现有的法律法规和标准，还要对将来的标准进行预测，在项目建设之初就考虑未来环境法律法规标准对项目的影响。比如，目前中国在建设项目评估中还没有规定对 CO_2 的排放标准，但是，作为银行的环境分析人员，在审核相关项目时，要考虑 CO_2 的排放量问题。如果拟贷款项目列入国家碳排放总量控制体系，则其碳排放总量将要受国家总量控制指标的制约，不足部分需要通过市场购买的方式获得。如果该项目碳排放量很大，则可能影响项目的经济强度。

第二，商业银行环境风险管理除了关注拟贷款项目是否会对环境造成影响，同时还需要关注周边的环境问题是否会影响拟贷款项目的经济强度，从而危及银行的信贷资产安全。例如，如果拟贷款项目是需水较多的项目，那么银行的环境风险分析人员要对周边地区的环境进行考察，关注该地区的行业发展规划及该地区总的供水量，分析在贷款期限的项目执行中，是否会发生水资源短缺问题。

第三，商业银行环境风险管理是基于对银行信贷资产安危的考虑，所以其执行年限，要贯穿整个项目的始终，一直到贷款企业偿还完所有借款为止。这种追踪的贷款后监督必须要银行自己的风险管理人员执行。

10.2 绿色信贷政策的理论基础

1. 可持续发展理论

发展是人类永恒的主题，但对发展问题的系统研究和反思是从近代传统社会均衡的裂变特别是工业革命之后开始的，其重要成果就是建立了基于机械力学思想，以工业化、城市化和经济增长为基本内容的古典发展观。随着社会经济结构、人与自然关系及生活形式的变迁，古典发展观的局限开始显现出来。从社会与经济综合的角度来看，这种以经济为唯一衡量标准的狭隘的发展模式产生了很多恶果，如环境污染、生态失衡等。尤其令人担忧的是，资源制约和生态环境的不断恶化，引发了经济、政治和社会等各种错综复杂的矛盾。面对日益严峻的全球性问题，人们理性地提出了可持续发展的理论构思。

可持续发展作为一个明确的概念，是在 1980 年由国际自然资源保护联合会、联合国环境规划署和世界自然基金会共同出版的文件《世界自然保护策略：为了可持续发展的生存资源保护》中第一次出现的。1987 年世界环境与发展委员会的报告《我们共同的未来》明确指出，环境问题只有在经济和社会持续发展之中才能得到真正的解决。该报告首次给出了可持续发展的定义：可持续发展是既满足当代人的需要，又不对后代人满足其需要的能力构成危害的发展。

可持续发展是一种有别于旧发展观的新的发展理念，它强调经济、社会、资源和环境保护等多方面的协调发展，其目的是既要发展经济，又要保护好人类赖以生存的生态环境和自然资源，使子孙后代能够永续发展并安居乐业。可持续发展理论的提出，克服了以往发展观的片面性，实现了发展理论从经济向社会、从单一性向多样性、从独立性向协调性、从主体单一化向主体多元化的转变。可持续发展是在人类理智地认识自然界、社会和人的关系，以新的价值观和伦理观重新审视现有的生存状态及方式的基础上，提出的人与人、自然、社会之间协调发展的战略思想，是对发展问题作出的理性回答，是现代发展理论的核心。

在《经济、自然资源、不足和发展》中，作者 Edward B. Barbier 把可持续发展定义为"在保持自然资源的质量和其所提供服务的前提下，使经济发展的净利益增加到最大限度"。当然，定义中的经济发展已不是传统的以牺牲资源和环境为代价的经济发展，而是"不降低环境质量和不破坏世界自然资源基础的经济发展"。可持续发展理论有两方面的基本内涵，即发展与可持续性。没有发展，就无从谈及可持续性；而没有可持续性，发展最终将会自动停止。可持续性是可持续发展的基本原则和约束条件，有两层基本含义：首先，应考虑经济社会发展的限制条件，即自然资源的可使用量、生态环境可承载能力等方面的有限性；其次，在人类社会发展过程中，不仅要满足当代人的利益，同时要重视后代人的利益，要为后代人的发展留有余地，实现代际利益均衡。

在可持续发展理论的研究中，存在两种不同的研究范式：强可持续性与弱可持续性。强可持续性与弱可持续性的区别是由戴维·皮尔斯等人作出的。全球环境社会经济研究中心的戴维·皮尔斯及巴比、马尔肯特亚、特纳等主张强可持续性，持同样观点的还有保罗·伊金斯、迈克尔·雅各布、克莱夫·斯帕希、赫尔曼·戴利和罗伯特·科斯坦萨。弱可持续性的范式常被称为"索洛—哈特威克可持续性"，这种范式被认为是建立在罗伯特·索洛的著作和约翰·哈特威克的论述基础之上。弱可持续性的本质假定自然资本可以替代，与此形成鲜明对比的是，强可持续性的本质假定自然资本不可替代。英国可持续发展研究专家埃里克·诺伊迈耶把弱可持续性称为可替代范式，把强可持续性称为不可替代范式。

弱可持续性理论建立在新古典经济学的思想基础上，是资源最优化的分析范式。在不考虑其他资本形式的情况下，弱可持续性要求保持非负的累计净储蓄（投资）总量至少等于保持人造资本和自然资本的合计总价值。这一观点意味着假定自然资本可以替代，即自然资本对经济增长的约束力不强，人造资本和自然资本完全可以相互替代。在此假定条件下，自然资本可安全地减少，只要人类社会能提供足够的人造资本进行替代就行。强可持续性假定自然资本对经济增长的约束力很强，人造资本和自然资本之间不能完全相互替代，即把自然资本看作是基本的、不能和其他形式的资本相互替代的东西。如戴利（Daly）认为，历史上，人造资本很有限，而自然资本则极其丰富。由于人口和经济增长，现在进入富有的世界经济时代。在这一时代，角色倒转了，自然资源扮演约束性因素的角色。在他看来，人造资本和自然资本基本上是互补性的，只有部分是替代性的。

可持续发展理论在 20 世纪 80 年代由西方学者首先提出的，到 90 年代初成为全球范围的共识，中国也在这一时期引进和接受了可持续发展的概念。1996 年国家计委、国家科委《关于进一步推动实施〈中国 21 世纪议程〉的意见》中将可持续发展定义为：可持续发展是指既要考虑当前发展的需要，又要考虑未来发展的需要，不以牺牲后代人的利益为代价来满足当代人利益的发展，可持续发展就是人口、经济、社会、资源和环境的协调发展，既要达到发展经济的目的，又要保护人类赖以生存的自然资源和环境，使我们的子孙后代能够永续发展和安居乐业。习近平总书记指出，经济发展不应是对资源和生态环境的竭泽而渔，生态环境保护也不应是舍弃经济发展的缘木求鱼，而是要坚持在发展中保护、在保护中发展，实现经济社会发展与人口、资源、环境相协调，不断提高资源利用水平，加快构建绿色生产体系，大力增强全社会节约意识、环保意识、生态意识。保护生态环境就是保护生产力，改善生态环境就是发展生产力。良好生态环境是最公平的公共产品，是最普惠的民生福祉。

2. 可持续金融理论

从国际相关文献看，"可持续金融"（Sustainable Finance）主要指从环保角度重新调整金融机构的经营理念、管理政策和业务流程，从而实现金融机构可持续发展和环境保护的双赢，进而实现整个经济的可持续发展，即认为金融机构与可持续发展密切相关。以银行业为例，它对环境的影响主要表现在通过信贷和投资支持污染企业或对环境有重大破坏的项目而引起间接污染，引发严重的环境问题。同时，环境问题也可以影响银行经营，一些引发严重环境问题或存在潜在环境风险的投资项目一旦遭到政策限制，就会给银行经营带来负面影响，甚至产生金融风险。

可持续金融是金融领域的创新，是传统金融意识和现代环保意识的融合。它依靠金融手段和金融创新影响企业的投资取向，进而影响经济取向。它从金融和环境的关系入手，重新审视金融，将生态观念引入金融，改变过去高能耗、低产出，重数量、轻质量的金融增长方式，以形成有利于节约资源、降低消耗、增加效益、改善环境的金融增长模式。

目前，很多国际组织、政府部门、学术机构和金融机构已经或正在对可持续金融理论做深入研究。这些研究主要考虑以下四个问题：识别环境风险和机遇、资产定价和审核、环境风险管理、金融工具创新。联合国环境规划署金融自律组织（UNEP FI）于 1997 年推出的修订后的

《金融机构关于环境可持续发展的声明》，充分体现了可持续金融的理念。该声明得到了国际金融机构的积极响应和大力支持，在联合国环境规划署的指导下，金融自律组织定期召开会议，从实践和理论方面探讨可持续金融发展战略。

综合国际上的研究和实践，可持续金融理念的主要内容包括：一是通过督促金融机构注重环境问题来规避由环境危机带来的金融风险；二是运用金融手段来达到保护环境的目的，从而实现金融机构可持续发展和环境保护的双赢，推动整个经济的可持续发展。成功发展可持续金融理念的关键是金融机构能够自发地在业务经营中注重社会、环境价值并纳入公司治理目标。这就要促使金融机构认识到：实施可持续金融战略，确认环境风险以及市场机遇，不仅有利于整个社会、经济的可持续发展，更是实现自身可持续发展的必然需求。

笔者认为由于中国的资本市场和保险市场尚未充分发展，中国金融机构的主体是商业银行，而中国商业银行制度最大的特征就是以国有大型商业银行为主体，这是与西方国家商业银行体系最突出的差异。[1] 因此，在中国全面发展可持续金融理念，必须以国有商业银行为主要载体。由于历史的原因和中国转轨经济的特点，我国国有商业银行改革总体上是一种政府主导型改革，制度变迁的时间安排及进程在很大程度上取决于中央政府的判断和决定，且具有相对稳定性。在这种制度环境下，对于环境融资，我们引用著名的软预算约束（DM 模型）来分析。该模型假定经济活动中存在三种项目可供商业银行选择：一是短期收回投资但回报率不是最高的快项目（次优项目），二是长期方可收回投资但回报率最高的慢项目（最优项目），三是长期也无法收回投资或回报率极低的慢项目（劣项目）。对于金融资源配置权力较为分散和预算约束较硬的私人银行制度而言，私人银行最先选择的是次优项目，而不是最优项目。在一个金融资源配置权力相对集中、预算约束较软的政府主导型银行制度中，最先被商业银行选中的极有可能是最优项目，而次优项目则不一定会得

---

[1]　蓝虹. 环境保护、可持续金融与政府支持［J］. 中国金融，2007（22）.

到融资。

银行对这些慢项目的信贷支持具有很强的正外部性，从长期看，这些项目对经济增长与社会福利的增进具有不可替代的作用。发展可持续金融理念，正是期望商业银行对社会和环境责任进行更多的关注，特别是对人口资源关系日益紧张的中国社会更具重要意义。因此，引导国有商业银行选择既考虑环境和社会因素也考虑利益回报的最优项目正是发展可持续金融理念的核心。

3. 环境金融理论

环境金融与可持续金融的区别在于：可持续金融强调发展可持续与金融可持续的相关性，而环境金融强调环境可持续性与金融可持续的相关性。可持续金融强调社会、环境与经济的协同分析，而环境金融的研究更集中于环境要素。因此，我们可以说，环境金融理论是可持续金融理论的一个分支。

从金融学的角度来定义，环境金融是指金融机构应对环境风险的具体措施和基于环境保护的金融业务。从环境保护角度来看，环境金融是融通环境保护所需资金的所有金融工具和金融手段。

Jose Salazar（1998）认为，环境金融是金融业根据环境产业的需求而进行的金融创新。《美国传统辞典》（2000）认为：环境金融是环境经济的一部分，它主要研究如何使用多样化的金融工具来保护环境、保护生物多样性。Sonia Labatt 等认为，环境金融是提高环境质量、转移环境风险的融资行为或过程。

环境金融的提出始于 20 世纪 90 年代中期。在此之前，国外学者对环境产业的融资问题很少涉及，只是沿用传统的公共产品理论，即环境产业提供的产品属于公共产品，总体上需要财政融资，但对于一些准公共产品，可以由民间资本投资。进入 20 世纪 90 年代，金融已成为现代经济的核心，在国民经济中的地位举足轻重。与此同时，环境的恶化迫使社会各个方面都面临越来越严峻的挑战，金融业也不例外。在这种情况下，国外逐步把环境问题引入金融研究之中。Jose Salazar（1998）对环境金融的功能进行了研究，认为应当寻求保护环境的金融创新。Eric

Cowan 通过对环境金融的界定，探讨了发展环境经济融通所需资金的途径。著名的金融专家 Marcel Jeucken 于 2001 年出版《金融可持续发展与银行业》，分析了金融业和可持续发展的关系，强调了银行在环境问题上的重要作用。Sonia Labatt 于 2002 年出版《环境金融》，探讨了金融创新与环境的关系、金融服务业如何进行环境风险评价以及提供金融产品。

环境因素已经在战略发展以及商业融资服务领域发挥着越来越重要的作用。金融领域为了优化其内部环境业绩开始把环境风险纳入考虑范围中，这主要有两个原因：首先，银行通过减少对能源、水以及材料的利用来减少成本；其次，银行想通过向客户展示他们能为"绿色"买单而提升其形象。另外，环境风险管理程序被引入信贷管理。环境风险会造成银行信贷业务在一定程度上的损失。与此同时，银行业奖励积极承担环保责任的企业，他们设立了专门的绿色信贷产品和抵押品或社会责任基金，用以投资环境友好型或可持续型企业。

如今，在一些发达国家，环境金融不仅仅正在完善其理论体系，而且正在成为一个新的学科。在一些著名高校，如伦敦政治经济学院，已经开始了环境金融的硕士和博士学位教育。作为一个新兴的学科，它的研究对象是环境与金融结合的理论及实务。环境金融学的理论体系具有以下特点：第一，以环境不可再生或环境容量非常有限为假设前提。其他金融学是以环境可以再生或环境容量无穷大为假设前提的，其研究对象一般不涉及环境问题。而环境金融学是以环境不可再生或环境容量非常有限为假设前提的，以环境问题为研究对象。第二，需要在借鉴其他学科已有成果的基础上发展自身独有的理论体系。比如，环境金融学理论体系的形成是基于经济学、环境自然科学、金融学的有关理论，并引进其他学科比如财政（税收）学、企业管理学、政治经济学和产业经济学等的有关理论。

4. 企业社会责任理论

企业社会责任（Corporate Social Responsibility，CSR）是指企业在创造利润、对股东承担责任的同时，还要承担对消费者、员工、社区和环境的责任。要求企业必须摒弃把利润作为唯一目标的传统理念，强调对人的价值的关注，强调对消费者、社会、环境的贡献。世界银行将企业社会责任定义为：企业与关键利益相关者的关系、价值观、遵纪守法以及尊重人、社区和环境等有关政策和实践的集合。

美国学者 Small 在 1895 年指出，除了政府等公共部门，私人企业也要取得社会公众的信任，这成为企业社会责任观念的萌芽。1924 年，Sheldon 在其著作《管理的哲学》中明确提出了企业社会责任的概念，并首次把企业社会责任与企业经营者满足产业内外需要的各种责任联系起来，认为企业社会责任包括道德因素，企业经营应有利于增进社区服务和利益，而社区利益作为一项衡量尺度，应远高于企业盈利。Carroll 认为最早可查考的论述企业社会责任的文献是 1938 年 Barnard 的《管理者的职能》、1939 年 Clark 的《商业的社会控制》和 1940 年 Kreps 的《商业社会质量的衡量》。①

对企业社会责任的正式研究是从 Bowen1953 年出版《商人的社会责任》开始的，②他以标准化的方式提出企业社会责任是一种商业责任，是为了达到一定的政治目的而作出的决策，或一系列被描述为依据一定的目的和社会价值而付出的行为。之后，有学者把这一概念进一步拓展到了企业的制度领域，③使这一理论得以关键性地发展。因为它隐含了企业有承担每一个社会承诺的成本的责任，企业社会责任被扩展到了合法性的法律层面。然而对于经理人导向的企业而言，这样的成本归因难以实现。因为经理人并没有承担社会行为的成本，只是扮演着主要代理人的角色。因此，弗里德曼从根本上否定了企业应该承担相应的企业社会责任。④

到了 20 世纪 70 年代的美国，企业社会承诺（责任）和企业利益之间的相互关系已经具有了划时代的意义。主流经济学的观点认为，企业

① Carroll A. B. and A. K. Bocholt. Business and Society, Ethics and Stakeholder Management [M]. Cincinnati Ohioan：South – Western Publishing Co, 2000.

② Bowen, H. R.. Social Responsibilities of the Businessman [N]. New York：Harper, 1953.

③ Davis, K.. Understanding the Social Responsibility Puzzle：What Does the Businessman Owe to Society [J]. Business Horizons, 1967, 10 (4)：45 – 50.

④ Friedman, M.. Capitalism and Freedom [M]. Chicago：University of Chicago Press, 1962.

的社会责任行为最终成就了企业的市场回报,① 因此,企业的社会责任被认为是一种有效的管理策略。② 当短期的捐赠行为不能为企业带来最有效的深远的社会效益时,企业的社会责任自然就成了一个长期有效的命题。因此,企业社会责任实践是企业为将来所做的投资,并与可持续发展等理念成为国际上的主流思潮。

商业银行企业社会责任是在企业社会责任理论基础上派生出的概念。银行业作为特殊的公众企业,由于其在资源配置上的独特作用,要求其承担更多的社会责任,即把对经济、社会和环境的和谐统一的追求纳入自身的发展目标中。作为一个经营货币的特殊金融企业,商业银行既是现代经济的核心和枢纽,又是社会资源再分配的重要杠杆,其特殊的行业特征和历史使命,决定了它对金融道德和金融伦理的要求更高,这是金融企业社会责任的重要组成部分。

作为美国最早履行赤道原则的银行之一,花旗银行一直践行保护环境、促进可持续发展行动,企业社会责任指标均在逐年不断提高,企业社会责任理念在花旗银行已经很成熟。花旗中国也始终坚持中国银监会2012 年 1 月发布的《绿色信贷指引》,自 2013 年 6 月起,花旗中国每年撰写绿色信贷年度报告,并提交给风险管理委员会进行审核。

国内对商业银行企业社会责任理论展开了系统的研究,并形成了立足于中国特色的商业银行企业社会责任理论体系。崔亚鸽、袁晋芳认为从功能上看,银行除具有一般的企业责任外,还要兼顾下列特殊社会责任:一是保护银行存款人的资金安全;二是公平配置社会资金;三是保证国家经济政策、产业政策的顺利实施。③ 受阿奇·卡罗尔(Archie Carroll)四层次理论影响,曹涌涛、王建萍认为,商业银行社会责任按性质划分包括经济责任、法律责任、道德责任和慈善责任。经济责任不仅要求银行追求股东利益最大化,而且要求其同时提供社会所需要的产品或

---

① Margolis, J. and Walsh, J.. People and Profits? [Z]. The Search for a Link between a Company's Social and Financial Performance, 2001.

② Baron, D.. Business and Its Environment [Z]. Upper Saddle River, NJ: Prentice Hall, 2003.

③ 崔亚鸽,袁晋芳. 金融企业的社会责任及社会责任会计 [J]. 金融会计, 2005 (9): 11 – 12.

服务。法律责任要求银行必须按法律规定承担相应责任，在法律框架内履行其经济责任。道德责任和慈善责任是社会尚未明确形成法律条文但被社会所期望的责任。[①] 龚将军进一步指出这四个部分责任的相互关系：经济责任和法律责任构成商业银行的基础责任，是社会对商业银行的"硬约束"；道德责任和慈善责任构成商业银行的高层次责任，是社会对商业银行的"软约束"。[②]

2009 年 1 月中国银行业协会发布了《中国银行业金融机构企业社会责任指引》，该指引所称企业社会责任是指银行业金融机构对其股东、员工、消费者、商业伙伴、政府和社区等利益相关者以及为促进社会与环境可持续发展所应承担的经济、法律、道德与慈善责任。银行业金融机构的企业社会责任至少应包括：①经济责任。在遵守法律条件下，营造公平、安全、稳定的行业竞争秩序，以优质的专业经营，持续为国家、股东、员工、客户和社会公众创造经济价值。②社会责任。以符合社会道德和公益要求的经营理念为指导，积极维护消费者、员工和社区大众的社会公共利益；提倡慈善责任，积极投身社会公益活动，构建和谐社会，促进社会发展。③环境责任。支持国家产业政策和环保政策，节约资源，保护和改善自然生态环境，支持社会可持续发展。

5. 银行业环境风险管理理论

随着银行业的全面对外资开放，我国商业银行面临的竞争日趋激烈，面临的金融风险也与日俱增。只有采取行之有效的风险管理机制，进一步完善商业银行的风险控制体系，才能加快解决国内银行风险管理中存在的问题，从而提升国有银行的竞争力，与国际化接轨。

风险是产生损失的可能性或不确定性。金融风险则是指金融机构在从事金融运作中，因某些因素发生意外的变动，而蒙受损失的可能性。风险是与商业银行相伴生的产物，风险管理是银行最具决定意义的管理实践之一，也是衡量银行核心竞争力和市场价值的最重要考量因素之一。

---

① 曹涌涛，王建萍．论商业银行的社会责任［J］．金融论坛，2008（7）：53－58.

② 龚将军．我国商业银行企业社会责任研究［D］．四川：西南财经大学硕士学位论文，2007.

银行风险管理就其内涵是通过风险分析、风险预测、风险控制等方法，预测、回避、排除或者转移经营中的风险，从而减少或避免经济损失，保证经营资金乃至金融体系的安全。2004 年 6 月，《巴塞尔新资本协议》的出台标志着现代商业银行的风险管理出现了一个显著的变化，就是由以前单纯的信贷风险管理模式演变为信用风险、市场风险、操作风险、社会风险并举，信贷资产与非信贷资产并举，组织流程再造与技术手段创新并举的全面风险管理模式。

长久以来，环境问题一直被认为是企业面临的风险，并没有引起商业银行足够的重视，因为在惯性思维中，环境问题与商业银行没有相关性。通常商业银行在决定任何一项贷款时，也很少将环境因素纳入其考虑的范围，一些严重污染企业反倒由于其成本低而具有更好的经济效益成为了一些银行的优质客户。但从 20 世纪 70 年代以来，环境问题对银行信贷业务的影响开始凸显，很多商业银行都因此遭受重大损失。显然，作为与企业经营活动密切联系的商业银行为了保证信贷投资活动的效益和资金安全，对投资企业和投资项目的环境问题和环境风险的重视是必然的战略选择。

商业银行的环境风险是指人们环保意识的提高以及相关法律的出台，使企业生产经营活动受到更多的制约，企业经营前景不确定性风险增加，从而给作为企业资金供给者的商业银行带来的风险。① 这些风险主要包括：①直接风险。直接风险是指商业银行作为抵押物的受益方或债权人，从而产生代替企业承担环境责任的风险。商业银行在为企业提供贷款时，多要求借款人提供房屋、土地或设备作抵押。如果银行作为抵押的受益方一旦决定对抵押品采取措施并最终取得所有权，就要作为抵押物的所有人对所抵押的场地或设施所造成的污染和后果承担责任。②间接风险。间接风险是指企业的环境负债可能影响其偿付贷款能力而造成商业银行的风险。由于政府环境管制日益严格，企业履行法律法规所规定的环保义务引起成本和支出增加，从而可能影响借款人的现金流继而影响其偿

① 苏雯. 商业银行环境风险分析与对策研究［J］. 铜陵学院学报，2010（1）.

贷能力。如果贷款企业不遵守环保政策，就会面临罚款、支付治理成本、暂时或永久停业，严重的会导致企业破产，直接威胁到商业银行的信贷资产安全。③名誉风险。名誉风险是指商业银行因与环境污染型企业相关联而遭遇名誉损失风险。银行作为信用中介，声誉和形象是其最重要的"资产"，随着政府、监管部门、非政府组织和媒体对银行信贷政策关注程度的日渐提高，银行在贷款项目环境风险审查上有失谨慎而导致的环境及社会影响将对银行的声誉造成极大的负面影响。

目前我国法律并没有就银行信贷要求环境审查义务。尽管我国《环境保护法》第六条规定了一切单位和个人都有保护环境的义务，因此，对于我国商业银行来说，环境风险主要是来自贷款企业，由于各种涉及环境问题的国际、国内法律法规和环境标准的大量出台并且日趋严格，使企业的生产经营活动受到更多制约，经营前景的不确定性风险增加，从而使环境风险成为信贷活动中风险评估和风险管理的重要对象。特别是1997年的新《刑法》增加了"破坏环境资源保护罪"一节共9条，对排污、废物进口、破坏环境资源保护做了刑事处罚规定，从而确立了我国环境污染民事责任、行政责任、刑事责任相结合的完整法律责任体系。

此外，随着工业的快速发展，我国已进入环境污染事故高发期，每年发生的各类环境污染与破坏事故造成的直接经济损失高达数十亿元人民币。其中往往一个环境污染或者破坏事件就能造成上亿元的经济损失，比如松花江水质污染案，中国石油天然气股份有限公司将面临俄方数百万美元的赔偿要求，并面临巨额民事赔偿和行政处罚，相关责任人甚至面临刑事处罚的危险。这些案例说明企业如果不重视环境管理，发生环境事故后将会遭受较大的经济损失，从而提高了银行信贷进行环境风险评估的重要性。

目前，在商业银行环境风险管理方面，国际上已经形成了一整套较为完整的理论体系，而且这一理论仍在实践中不断发展和完善，其中最为著名的是关于商业银行项目融资的环境风险管理体系——赤道原则。

10.3　绿色信贷的内涵

1. 信贷

"信贷"即信用贷款，是指以借款人的信誉发放的贷款，借款人不需要提供担保。其特征就是债务人无须提供抵押品或第三方担保仅凭自己的信誉就能取得贷款，并以借款人信用程度作为还款保证。这种信用贷款是我国银行长期以来的主要放款方式。由于这种贷款方式风险较大，一般要对借款人的经济效益、经营管理水平、发展前景等情况进行详细的考察，以降低风险。

信贷的原则包括：第一，安全性原则，指银行在经营信贷业务的过程中尽量避免信贷资金遭受风险和损失。第二，流动性原则，指商业银行在经营信贷业务时能预定按期限收回贷款资金或者在不发生损失的情况下将信贷迅速转化为现金的原则。第三，收益性原则，指通过合理的运用资金，提高信贷资金的使用效益，谋取利润最大化，力求银行自身的经济效益和社会效益的统一。

2. 基于政策层面的绿色信贷内涵

绿色信贷有两个层面的含义。第一，作为国家政策层面的绿色信贷，指的是国家如何通过政策激励引导商业银行在信贷审核的过程中更多地将资金流向环境友好型的行业和项目；第二，作为银行自身为应对环境风险和把握环境机遇进行的绿色信贷业务管理，包括在信贷业务流程中加入环境风险分析及在银行信贷业务发展战略制定中进行基于环境机遇的分析。

基于政策层面的绿色信贷，是指国家通过调控银行信贷行为来达到环境保护目标的一项环境经济政策，即通过政策规划和引导，要求银行对不符合环保条件的企业和项目拒绝提供信贷支持，并要采取相应的措施收回已经发放的贷款，从源头上切断"两高一剩"企业无序发展和盲目扩张的经济命脉，有效切断严重违法企业的资金链条。这一意义上的绿色信贷政策是属于国家宏观调控政策的范畴。其基本政策手段可以包括：强化银行的环境法律责任，央行、银监会、环保部对积极实施绿色信贷的银行进行行政表彰和资源支持，推出限制贷款行业或者淘汰技术和设施的名录，制定有利于环保产业的税收或者补贴政策，等等。

　　基于政策层面的绿色信贷是属于国家宏观调控制度之一。中国在绿色信贷政策的建设方面，经历了一个渐进式的制度变迁过程。1993 年 6 月国家环保局、财政部、国家计委、中国人民银行发布了《关于加强国际金融组织贷款建设项目环境影响评价管理工作的通知》，在其中规定了公众参与环境影响评价制度的内容。1995 年 2 月初中国人民银行发布了《关于贯彻信贷政策与加强环境保护工作有关问题的通知》，要求各金融部门在发放信贷时落实好国家环境保护政策，在新形势下加强环保工作。1996 年 3 月，中国政府颁布了《中华人民共和国国民经济和社会发展"九五"计划与 2010 年远景目标纲要》，确立可持续发展为我国的基本国策。2007 年 6 月，中国人民银行发布了《关于改进和加强节能环保领域金融服务工作的指导意见》，强调进一步促进经济结构调整和增长方式转变，推动经济又好又快的发展。2007 年 7 月，国家环保总局会同中国人民银行、中国银监会联合发布了《关于落实环保政策法规防范信贷风险的意见》，以加强环保和信贷管理工作的协调配合，强化环境监督管理。2007 年 11 月，中国银监会制定了《节能减排授信工作指导意见》，以期商业银行把调整和优化信贷结构与国家经济结构紧密结合，从而有效防范信贷风险。其主要内容包括：要求银行对不符合产业政策和环境违法的企业和项目进行信贷控制，商业银行要将企业环保守法情况作为审批贷款的必备条件之一；各级环保部门要依法查处未批先建或越级审批、环保设施未与主体工程同时建成、未经环保验收即擅自投产的违法项目，要及时公开查处情况，即要向商业银行通报企业的环境信息；而商业银行要依据环保通报情况，严格贷款审批、发放和监督管理，对未通过环评审批或环保设施验收的新建项目，商业银行不得新增任何形式的授信支持。2008 年 10 月，为应对由华尔街危机引发的国际金融危机，中国出台了 4 万亿元投资计划扩大国内需求，其中有 2 100 亿元面向生态工程和节能减排项目。

绿色信贷政策在中国的实施取得了很高的绩效，国内金融系统积极响应。2007 年，江苏省江阴市否决了污染超标企业申请贷款超过 10 亿元，并收回了已发放的银行贷款超过 2 亿元；山西省否决了对山西新绛县双人药业有限公司、山西晋韵钢铁有限公司、襄汾县星源集团焦化有限公司、山西丰喜肥业股份有限公司 4 家企业的贷款，合计 6 170 万元；浙江省湖州市对重点污染企业进行审查，共涉及银行贷款 15.7 亿元，由贷款银行督促其限期整改，否则收回贷款，其中 35 家企业因环保不达标退出贷款合计 2.14 亿元。

2012 年 2 月，银监会印发《绿色信贷指引》（银监发〔2012〕4 号）。该指引从组织及流程管理、政策和制度制定、内控管理与信息披露等方面对银行业金融机构节能减排、环境保护、防范环境与社会风险提出了具体要求，督促银行业金融机构从战略高度推进绿色信贷工作，加大对绿色经济、低碳经济、循环经济的支持力度，提高服务水平，更好地服务实体经济，积极支持生态文明建设。

2012 年 6 月，银监会印发《银行业金融机构绩效考评监管指引》（银监发〔2012〕34 号），要求银行业金融机构在绩效考评中设置社会责任类指标，对银行业金融机构提供金融服务、支持节能减排和环境保护等方面的业务进行考评，并要求银行业金融机构在社会责任报告中对绿色信贷相关情况予以披露。

2013 年，银监会根据指引等绿色信贷政策要求，完善绿色信贷考核评价体系，制定了《绿色信贷实施情况关键评价指标》，将考核评价结果作为银行业金融机构准入、工作人员履职评价和业务发展的重要依据，探索将绿色信贷实施成效纳入机构监管评级的具体办法，为开展绿色银行评级奠定基础。

2014 年央行下发的信贷政策工作意见提出要继续加强信贷政策与产业政策的协调配合，大力发展绿色信贷。

从银行层面来看，2012 年，交通银行董事会审议批准了《绿色信贷政策》，将实施绿色信贷确立为交通银行长期的发展战略，并制定《绿色信贷实施办法》；工商银行在行业信贷政策中共归纳提炼了 90 条绿色信贷标准和 125 条国家产业政策标准，并将其全部纳入行业（绿色）信贷政策，作为全行必须严格执行的信贷标准；国家开发银行的评审管理手册中，针对"两高一剩"行业的信贷准入、退出政策和评审条件等做出明确规定，并出台了一系列节能环保行业政策；建设银行制定了《落实银监会绿色信贷指引工作方案》，确定绿色信贷发展战略，并在信贷政策与结构调整政策中，将节能环保产业和战略性新兴产业列为优先支持行业；中国银行制定了《节能减排信贷指引》，提出要充分考虑资源节约和环境保护因素，区别对待、有保有压，合理配置信贷资源；招商银行明确提出"投新型、推绿色"的核心原则，制定了《关于推进实施绿色信贷规划》和《对公贷款绿色信贷分类管理办法》等制度办法；深圳农村商业银行制定了《绿色信贷实施细则》，确定了绿色信贷发展战略；平安银行印发《绿色信贷指引（1.0 版）》（2012 年），实行有差别的授信政策。

3. 基于银行层面的绿色信贷管理

基于银行层面的绿色信贷是指商业银行和政策性银行等金融机构依据国家的环境经济政策和产业政策，对研发、生产治污设施，从事生态保护与建设，开发、利用新能源，从事循环经济生产、绿色制造和生态农业的企业或机构提供贷款扶持并实施优惠性的低利率，而对污染生产和污染企业的新建项目投资贷款和流动资金进行贷款额度限制并实施惩罚性高利率的政策手段，目的是引导资金和贷款流入促进国家环保事业的企业和机构，并从破坏、污染环境的企业和项目中适当抽离，从而实现资金的"绿色配置"。

为了实现这一目的，银行在信贷审核中要将环境风险纳入其信贷审核标准和程序，并在其信贷战略分析中纳入环境机遇分析。

基于政策层面的绿色信贷和基于银行层面的绿色信贷是互相影响，互相促进的。如果没有国家相关的绿色信贷政策，银行就没有动力建立绿色信贷管理体系；而国家绿色信贷政策的绩效体现，也要依赖于银行建立有效的绿色信贷管理体系才能得以实现。当然，随着环境问题的国际化和资本市场的国际化，银行的信贷行为往往既受到本国绿色信贷政策的影响，也受到国际上其他与其业务相关的国家的绿色信贷政策的影响。

　　银行是一个逐利的机构，正如前面介绍的，信贷需要遵守三大原则。第一，安全性原则，指银行在经营信贷业务的过程中尽量避免信贷资金遭受风险和损失。第二，流动性原则，指商业银行在经营现贷业务时能按预定期限收回贷款资金或者在不发生损失的情况下将信贷迅速转化为现金的原则。第三，收益性原则，指通过合理的运用资金，提高信贷资金的使用效益，谋取利润最大化，力求银行自身的经济效益和社会效益的统一。绿色信贷作为一种新型的银行信贷，也需要遵守银行信贷最基本的三大原则。这就是基于政策层面的绿色信贷和基于银行层面的绿色信贷最大的不同之处。作为国家宏观调控政策之一的绿色信贷政策，其出发点是希望通过调控银行的信贷行为来达到既定的环境保护目标，国家通过宏观政策实现的环境目标是其制定政策的依据；而基于银行层面的绿色信贷管理，必须在满足银行的安全性、流动性、效益性原则基础上考虑环境风险和机遇。如果银行的绿色信贷管理不能够满足这三大原则，这样的绿色信贷管理就只可能是短期做给政府看的宣传，而不可能成为根植于银行内部的长期业务管理模式，因为银行不是政府，是一个特殊的企业，盈利是其生存的需要。要在激烈竞争的资本市场占有一席之地，必须要比同行具有更为有效的盈利能力和手段。所以，涉及银行层面的绿色信贷管理，必须是对银行的长期经营利益具有促进作用的。

　　了解商业银行盈利的必要性和绿色信贷管理激励银行长期利润增长的必要性，会使我们更加理解目前国际国内的各种绿色信贷管理体系，并识别出最有效的管理体系进行推广。

　　在基于银行层面的绿色信贷管理中，最为著名的就是赤道原则。赤道原则是用于确定、评估和管理贷款银行项目融资中环境和社会风险的国际行业标准。赤道原则产生和发展的内在动力是贷款银行在项目融资中对环境和社会风险管理的需求，并以此降低其所承担的环境和社会风险。随着公民社会的兴起和项目融资的发展，环境和社会风险问题对贷款银行的经济和声誉损失影响日益严重，从而备受广泛关注。2002 年 10月，国际金融公司和荷兰银行在伦敦组织召开了由 9 家大型商业银行参加的会议，讨论项目融资中的环境和社会风险问题。会上，各银行提供了以往项目融资中涉及环境和社会风险的案例进行研究和讨论，这些案例说明了环境和社会风险问题如何导致贷款银行的经济和声誉损失。随后，花旗银行建议制定一套风险规避办法来解决这些环境和社会风险对贷款银行的不利影响，并在协商一致的基础上成立了一个工作组，起草一个贷款银行项目融资环境与社会风险管理框架，以供所有的贷款银行参考。此后，经过广泛沟通交流，最终花旗银行、荷兰银行、西德意志州立银行和巴克莱银行赞同在世界银行和国际金融公司的环境和社会保障系统的基础上，创建一套贷款银行项目融资环境和社会风险管理指南，即赤道原则。赤道原则建立后，也就逐渐成为贷款银行管理项目融资环境和社会风险的国际标准。赤道原则协会在 2019 年 6 月下旬公开发布了赤道原则第四版（EP4）第二版的草稿，第四版强调赤道原则金融机构对环境与社会相关风险的责任，并与联合国可持续发展目标（SDGs）和《巴黎协定》相联系，高度重视气候变化，气候变化成为此次修订的一大亮点。

4. 中国与其他国家绿色信贷内涵的比较

很多国际国内从事绿色信贷的学者和专家往往把中国的绿色信贷政策与赤道原则进行比较，从而得出国际国内在绿色信贷领域的不同。其实，作为国家宏观调控政策之一的绿色信贷政策和作为商业银行项目融资的国际行业准则的赤道原则，虽然二者之间具有密切联系，但却不具有可比性。作为国家宏观调控政策之一的绿色信贷政策，必然需要基于本国国情，需要从宏观管理着手，其调控目标是为了实现国家宏观经济背景下的环境标准。绿色信贷政策具有宏观性、全局性，它对商业银行的调控，是着眼于整个宏观的环境、经济、社会环境，具有强制执行的性质。而赤道原则是商业银行进行项目融资业务的国际行业标准，是一整套评估技术和实施程序，其目的是为了帮助商业银行规避环境风险以维护商业银行的利益。当然，它也是商业银行履行企业社会责任的自律准则。作为国家政策层面的绿色信贷政策与作为商业银行国际行业标准的赤道原则，由于其出发点不同、执行层次不同，所以，不具有可比性。

中国应该寻找适合本国特色的绿色信贷政策，同时应该引进赤道原则作为中国推行绿色信贷政策的有力技术工具，毕竟作为国际行业标准，它的适应性是没有国界的。但赤道原则只是国际行业标准，它不是一个国家层面的宏观政策。

很多专家在进行国内国际比较时，往往认为其他国家的绿色信贷是商业银行自愿的，而中国的绿色信贷则带有更多的国家强制成分。其实，这还是没有分清绿色信贷的两个层次。从国际经验来看，美国、加拿大、英国、日本这些发达国家的绿色信贷体系的推动，都存在国家政策和商业银行管理两个层次。如果我们把绿色信贷政策的建立作为一个制度演进的过程来分析，中国还属于比较缓和的诱致性制度变迁过程，而其他发达国家反而属于比较强烈的强制性制度变迁过程。

我们在学习这些发达国家领先银行完善的环境风险管理系统和环境机遇捕获系统时，需要反问的是：是什么给这些商业银行带来了环境风险和机遇？答案是清晰的，是这些国家针对商业银行直接环境责任和间接环境责任的严格的环境法律法规带给了商业银行风险。这些会极大地影响到商业银行利益的环境法律法规系统，就构成了这些国家的强制性绿色信贷政策体系。中国的绿色信贷政策是劝导和诱致商业银行采取绿色信贷方式，建立绿色信贷管理体系；而那些发达国家是直接通过环境立法，威慑到商业银行的利益，如果商业银行不进行绿色信贷，其盈利就要损失。为了避免损失，也为了捕获由这些严格环境立法带来的基于风险而生成的机遇，他们不得不建立绿色信贷管理体系，否则，他们就会因为环境因素导致的盈利损失而使他们失去市场竞争力。可以说，国家的绿色信贷政策是商业银行环境风险的来源，也是商业银行环境机遇的来源，如果没有严格系统的绿色信贷政策，商业银行实施绿色信贷就无法达到增加经营利润、强化市场竞争力的目的。

在绿色信贷强制性制度变迁方面，美国是个很好的案例。20 世纪 70年代以来，美国国会通过了 26 部涉及水环境、大气污染、废物管理、污染场地清除等有关环境保护的法律，每部法律都对污染者或公共机构应采取的行动提出了严格的法律要求。在完善的环境法之下，美国又制定了多部促进绿色信贷发展的法律法规，重点规范政府、企业和银行的行为并调节三方之间的关系。特别是1980年美国国会通过了《全面环境响应、补偿和负债法》（又称为《超级基金法》），根据该法案，商业银行必须对客户造成的环境污染负责，并支付修复成本。《超级基金法》对商业银行环境责任的追究，使美国很多商业银行遭受了巨大的经济损失。在现实的经济损失面前，商业银行迅速理解了环境与其经营业绩的相关性，并积极作出应对措施，在商业银行内部建立了专门的环境部门，帮助信贷部门进行贷款项目审核，也帮助商业银行高层管理人员在进行经营战略部署时纳入环境因素的考量。

在绿色信贷推行方面也具有诱致性制度变迁特征的国家是德国。20世纪70年代初的环境污染灾难促使德国制定了一系列环境保护立法，特别是关于循环经济的立法更为严格和完善。

表 10-1   德国循环经济相关法律法规

立法时间	法律法规名称
1972	《废弃物处置法》（1986年修改为《废弃物限制处理法》）
1974	《控制大气排放法》
1976	《控制水污染排放法》
1978	《电子产品的拿回制度》
1983	《控制燃烧污染法》
1984	《废弃物管理法》
1991	《避免和回收包装品条例》《包装品条例》
1991	《包装废弃物处理法》（2000年和2001年进行了修订）
1992	《废旧车辆限制条例》
1996	实施《循环经济与废物管理法》
1998	《包装法令》《生物废弃物条例》
1999	《垃圾法》《联邦水土保持与旧废弃物法令》
2000	《可再生能源促进法》
2001	《社区垃圾合乎环保放置及垃圾处理法令》《废旧电池条例》《废车限制条例》
2002	持续推动《生态税改革法》《森林繁殖材料法》《废弃木材处置条例》
2004	《可再生能源修订法》

续表

立法时间	法律法规名称
2005	《电子电器法》《电子电器法之费用条例》
2005	《垃圾运送法修正案》《解散与清理垃圾回收支援基金会法》
2006	《包装条例》第四修正案
2006	《废车条例第一修正案》
2006	《欧盟垃圾处理条例》
2006	《简化垃圾监控法》
2011	《资源节约型的欧洲——2020 欧洲战略的一项指导方针》
2011	《德国资源效率计划》
2012	《循环经济法》（2012 版）
2013	《关于环境中塑料废弃物的欧洲战略的绿皮书》
2014	《包装及包装废弃物指令》修订（2008/98/EC 号指令）
2018	《包装及包装废弃物指令》修订（2018/852 号指令）

　　这些完善的环境法律法规，既给商业银行带来了风险，也给商业银行带来了潜在的盈利机遇。基于这些立法，德国政府通过支持国家政策性银行——德国复兴信贷银行，运用商业银行和资本市场来实施对环境项目的金融补贴，最大效率地发挥政府补贴的作用。作为政策性银行的德国复兴信贷银行，在其中充当了三个方面的角色：一是联邦政府环保目标的执行者；二是经济界伙伴；三是实现可持续发展项目的融资者，服务对象包括政府部门、企业、个人等。德国实施绿色信贷的主要经验有：第一，商业银行业主动参与绿色信贷，为发展赢得先机。第二，国家对绿色信贷项目予以贴息贷款，由此产生显著的杠杆效应。德国绿色信贷政策的一个最显著特征就是对节能、环保项目予以一定额度的贷款贴息，对于环保节能绩效好的项目，国家支持商业银行给予持续 10 年、贷款利率小于 1% 的优惠信贷政策，利率差额由政府予以贴息补贴。实际证明，政府利用贴息的形式支持节能环保项目可以利用较少的资金调动起一大批节能环保项目的建设和实施，杠杆效应非常显著。第三，环保部门的审批是企业项目获得贴息补贴的关键。在德国绿色信贷政策实施过程中，环保部门发挥着重要的审核作用，以此确保贴息政策能够准确地支持节能环保项目。

第 11 章　绿色信贷在中国的实践

11.1　中国绿色信贷的发展历程

1. 中国绿色信贷政策

绿色信贷作为重要的环境经济政策,其发展历程与环境经济学的发展有着密切的联系。1973 年我国召开了第一次全国环境保护工作会议,1978 年制定了《环境经济学和环境保护技术经济八年发展规划》(1978—1985 年)。20 世纪 80 年代我国对环境保护的研究开始以现代经济学为基础,引入微观经济学、福利经济学、宏观经济学和制度经济学等,建立我国环境保护经济手段的理论框架。我国绿色信贷制度的起源则是在这一时期的金融与经济社会发展研究的基础上不断演化而来。

1994 年,我国政府颁布《中华人民共和国国民经济和社会发展"九五"计划与 2010 年远景目标纲要》,确立了将可持续发展战略作为我国的基本国策。最早与绿色信贷相关的金融背景是环保投资中外部资金的引入,设立并运用 BOT 方式,引导外资和民间资本投资城市供水设施、污水处理设施等。1995 年,中国人民银行和国家环保局分别发布了《中国人民银行关于贯彻信贷政策与加强环境保护工作有关问题的通知》和《国家环境保护局关于运用信贷政策促进环境保护工作的通知》,要求不同层次的金融管理部门在信贷工作中注重对自然资源和环境的保护,并要求各个金融机构在发放信贷时应考虑对潜在借款方的环境评估结果。如果拟借款企业未能满足评估要求,这些企业就无法从银行取得贷款。

对于其他那些未满足特定要求的企业，银行可以暂停对其发放项目贷款，并扣留其营运资金。对于那些不符合国家产业政策要求的企业，银行可以不向其发放新的贷款，并且催收未偿还款项。与之相反，国家鼓励银行向那些有利于环境保护或者改善环境的行业提供贷款支持。其后中国银监会公布的《商业银行风险管理指引》中也将"符合国家环保标准"列入贷款条件。

中国经济增长中环境资源的制约不断显现和强化也推动了绿色信贷政策的发展。1997 年亚洲金融危机凸显了我国经济增长模式的环境制约，其后在经济逐步企稳、再次步入上升周期的过程中，高投资、高污染、高能耗的经济增长模式得到强化，出现了煤电油运的紧张状况，大气污染、水污染、能源原材料匮乏、生产资料价格飞涨等一系列矛盾问题，加剧了经济增长与环境恶化的矛盾，我国政府逐渐认识到环境问题防治在经济发展中的重要作用，逐步加大了行业结构调整和节能减排的力度，各项旨在改善环境、减少污染压力的政策连续出台。

因为环境危机对经济增长的影响严重，政府更加重视将环境政策纳入宏观经济整体规划中考虑，所以，要求运用更多的经济、财政等手段治理环境问题。在此背景下，国家环保局联合证监会公布了《上市公司环境审计公告》（2001）、《上市公司或股票再融资进一步环境审计公告》（2003）以及《上市公司环境信息披露的建议》（2003），具有环境不良行为的公司被禁止进入资本市场，如 2004 年北京市政府将 28 家企业列入黑名单，对其中不能满足污染控制底线的公司禁止股市融资三年。这些先期的制度试点，为我国绿色信贷政策的建立提供了良好的基础和经验。

2004 年，国家发改委、中国人民银行、中国银监会联合发布了《关于进一步加强产业政策和信贷政策协调配合控制信贷风险有关问题的通知》（发改产业〔2004〕746 号）。2005 年，中国人民银行与原国家环境保护总局建立了环境执法信息纳入征信管理系统的合作机制。

2006 年以来，原国家环境保护总局和中国银监会、中国人民银行等部门联合开展了进一步完善绿色信贷政策的磋商和调研，并于 2007 年先后出台了一系列进一步完善绿色信贷的政策文件，主要包括中国人民银行发布的《关于改进和加强节能环保领域金融服务工作的指导意见》（银发〔2007〕215号），原国家环境保护总局、中国银监会和中国人民银行联合发布的《关于落实环保政策法规防范信贷风险的意见》（环发〔2007〕108号），中国银监会发布的《关于防范和控制高耗能高污染行业贷款风险的通知》（银监办发〔2007〕161号）和《节能减排授信工作指导意见》。2008年，环境保护部与中国银监会签订了信息共享协议，实现了环保部门与金融部门的信息共享。同时，环境保护部与中国人民银行合作，将企业的环境绩效信息纳入中国人民银行征信系统，并同中国人民银行联合下发《关于规范向中国人民银行征信系统提供企业环境违法信息工作的通知》，截至目前，有将近4万条环保信息纳入了中国人民银行征信管理系统，许多环境违法企业被银行限制或收回贷款。[①]

2009年3月中国人民银行、中国银监会联合发布了《关于进一步加强信贷结构调整促进国民经济平稳较快发展的指导意见》（银发〔2009〕92号），要求加大对产业转移的融资支持，支持过剩产业有序转移，在坚持"区别对待、有保有压"的方针，积极鼓励和引导银行业金融机构对重点项目、重点产业和重点区域加大信贷支持的同时，要全面加强信贷结构监测分析和评估，对辖区内信贷资金投放的结构、节奏和进度的动态信息要及时把握，心中有数。对于不符合国家产业政策导向、市场准入标准、达不到国家环评标准和排放标准的项目，要严格限制任何形式的新增授信支持，并依法加强监督检查，切实防止低水平重复建设。

2009年5月环境保护部、中国人民银行联合印发了《关于全面落实信贷政策进一步完善信息共享工作的通知》（环办〔2009〕77号），针对目前绿色信贷信息交流不完善的问题，要求扩大环保信息报送范围，规范环保信息报送方式、时限，确立了环保信息动态管理机制，强化信息更新等。之后环境保护部印发了《关于贯彻落实抑制部分行业产能过剩和重复建设引导产业健康发展的通知》，中国人民银行、中国银监会、中

---

① 环境保护部环境经济政策研究中心编制.中国绿色信贷发展报告〔R〕.2010.

国证监会等联合印发《关于进一步做好金融服务支持重点产业调整振兴和抑制部分行业产能过剩的指导意见》等，为绿色信贷政策的进一步落实提供了良好的政策环境。

2012 年 2 月，中国银监会发布了《关于印发绿色信贷指引的通知》（银监发〔2012〕4 号），以推动银行业金融机构以绿色信贷为抓手，积极调整信贷结构，有效防范环境与社会风险，更好地服务实体经济，促进经济发展方式转变和经济结构调整，银监会制定并印发了《绿色信贷指引》，明确绿色信贷的支持方向和重点领域，对国家重点调控的限制类以及有重大环境和社会风险的行业制定专门的授信指引，实行有差别、动态的授信政策，实施风险敞口管理制度。

2013 年，银监会印发《关于报送绿色信贷统计表的通知》（银监办发〔2013〕185 号）以及《关于报送绿色信贷统计表的通知》（银监统通〔2014〕60 号），并建立了绿色信贷统计制度，要求国内银行业金融机构每半年开展一次统计工作。于 2014 年 6 月印发《绿色信贷实施情况关键评价指标的通知》，要求根据银监会制定的绿色信贷实施情况关键评价指标，各银行、银监局展开绿色信贷实施情况自评价工作。通过统计报表、关键评价指标、自评价报告，监管部门可以较为全面地跟踪监测银行业金融机构实施绿色信贷的进展情况和效果，为开展绿色银行评价打下了较好的基础。

2017 年，人民银行在开展第三季度宏观审慎评估（MPA）时，将绿色金融作为一项评估指标，纳入"信贷政策执行情况"项下进行评估。央行还制定了《银行业存款类金融机构绿色信贷业绩评价方案（试行）》，绿色信贷业绩评价定量指标包括绿色贷款余额占比、绿色贷款余额份额占比、绿色贷款增量占比、绿色贷款余额同比增速以及绿色贷款不良率 5 项，评价结果纳入银行业存款类金融机构宏观审慎（MPA）考核。在行业不断发展的前提下，将其纳入 MPA 考核，直观体现了央行的政策支持力度。

2. 中国各银行绿色信贷实践

中国的银行按照绿色信贷指导意见和监管当局出台的具体相关政策，

结合自身业务经营的特点，纷纷构建内部绿色信贷制度。

工商银行于 2007 年 9 月率先出台《关于推进"绿色信贷"建设的意见》，提出建立信贷"环保一票否决制"，对不符合环保政策的项目不发放贷款，对列入"区域限批"、"流域限批"地区的企业和项目，在解除限制之前暂停信贷支持。工行内部信贷管理系统还对法人客户进行了"环保信息标示"，初步形成了客户环保风险数据库。中国工商银行制定了绿色信贷项目分类标准，在该行业务操作系统（CM2002）中启用了"绿色信贷项目标识"，完成了对全行贷款项目的分类工作。[①] 对所有企业按环保要求分类，分成环境友好、环境合格、环境关注、环境潜在风险，对不同类别实施不同的信贷政策。如对环境友好的企业，给予重点支持，可降低利率，给予信用贷款，即不需要担保。而对环保关注的企业，利率要上浮。可能有潜在风险的企业，其贷款则要求严格的担保、抵押，确保银行安全。同时针对项目贷款，建立了绿色信贷项目分类标准，将所有的项目贷款分为八类，以支持环保重点工程、节能重点工程等项目。2014 年工商银行在信贷管理系统中增设"节能环保项目与服务"统计标识（含节能环保项目与服务分类、项目节能减排成效等 8 个分项指标）。先后制定下发了《关于信贷支持先进制造业重点领域的意见》、《节能领域信贷指导意见》等文件，引导全行积极培育节能减排、循环经济等绿色新兴信贷市场。在借鉴赤道原则和 IFC 绩效标准与指南的基础上印发《绿色信贷分类管理办法》，按照贷款对环境的影响程度，将全行境内公司贷款客户和项目分为四级、十二类，并将其嵌入行内资产管理系统，实现了对客户环境与社会风险的科学量化管理。[②] 从而形成整个绿色信贷体系。

例如，某公司 40 万吨/年聚氯乙烯及配套项目，总投资 23.36 亿元，向工商银行申请贷款 12.44 亿元。尽管该项目具有一定的规模优势，借款人股东实力较强，行业背景较好且具有一定的经济实力，但该项目采

① 中国工商银行. 2009 企业社会责任报告. p. 44.
② 资料来源：中国工商银行. 2018 企业社会责任报告。

用电石法生产 PVC，能耗高、污染大、产品质量低，同时项目选址位于我国一条主要河流上游沿岸，生产过程中产生的危险废弃物处理不当会造成严重的环境污染，环评审批存在分拆、越权审批等问题，不符合工商银行"绿色信贷"要求，按照环保政策"一票否决制"，工商银行否决了该笔项目贷款。

中国建设银行已经在其风险管理流程中加入了环境风险管理内容，并实行环保"一票否决制"，将信贷项目的环境风险作为风险评估、授信决策和贷款监控的一项重要内容，要求贷款企业的环境管理标准至少要符合国家环保要求，对不符合环保要求的企业、项目贷款实行"环保一票否决制"。该行还根据国家政策导向，对部分信贷业务审批权限进行调整，采取差别化的行业授权管理，严格铁合金、电石等高耗能高污染行业的审批权限，以严格控制相关行业贷款投放。截至 2009 年末，制定了基本涵盖钢铁、水泥等高耗能、高污染和产能过剩行业的 53 个审批指引，有效加强了绿色信贷审批力度。

2014 年，中国建设银行突出加大对绿色环保、节能减排项目的信贷支持力度，严控高耗能、高污染、产能过剩行业的信贷投放。将生态保护、环境治理、污水处理等环保产业，传统产业转型升级以及绿色环保等领域，作为信贷投放重点，对具备商业可持续性、市场前景良好、符合循环经济和绿色经济要求的客户和项目给予支持。加大对绿色信贷相关行业的审批研究，制定了涵盖钢铁、水泥等高耗能、高污染和产能过剩行业的审批指引，印发了垃圾焚烧发电、现代煤化工、自来水的生产和供应、污水处理及其再生利用、光伏产业、光伏发电、新能源汽车零部件、水利项目、现代农业机械、新农村贷款等与环保相关行业的审批指引，为绿色信贷提供决策支持。

中国建设银行还制定了《中国建设银行绿色信贷发展战略》，围绕"推进绿色领域业务发展、防范环境和社会风险、提升社会责任自身表现"三大任务，制定了未来绿色信贷短期和中长期发展目标，2018 年中国建设银行成为首家担任银行业协会绿色信贷专业委员会主任单位的商业银行。截至 2018 年 6 月末，全行绿色贷款余额 10 308 亿元，有力支持工业节能减排、综合环境治理、清洁能源利用等绿色项目，抑制污染性项目开工生产，创造了良好的经济效益和社会效益。国家开发银行先后出台了《污染减排贷款工作方案》、《关于落实节能减排目标项目贷款评审的指导意见》等5项具体措施，严格控制向高耗能、高污染行业贷款，另外还建立了"节能减排"专项贷款，重点支持水污染治理工程、燃煤电厂二氧化硫治理工程等。该行实行环境影响评价一票否决，积极将环境保护全面融入信贷业务流程，从客户准入评审、贷前环境评审和贷后环境监控三个方面确保融资支持的所有建设项目都符合环境保护的要求。客户准入评审是指在客户信用评审中要审核企业环境违法信息，包括企业必须遵守的环保法规及环保达标文件、企业获得的与环保及卫生法规相关的批准或豁免说明等。贷前环境评审是指在对拟贷款项目进行审核时，要求对没有通过环境影响评价审批的项目，一律不审批和发放贷款，另外，要将资源环境代价统筹纳入企业经营成本。贷后环境监测是指在项目的贷后管理中，要征询当地环保部门意见，对项目的实施情况进行检查，以确保项目的建设、生产、运营达到环境保护要求。

中国进出口银行是国家政策性银行，其环境风险管理体系包括事前项目评审、事中项目检查、事后项目评价。事前项目评审是指将项目的环境影响评估作为项目评审的基本条件和要素之一，要求拟贷款项目必须进行环境影响的可行性分析，并得到项目所在国的环境管理部门的认可和批准，对不利于环境保护或者没有得到当地环境管理部门认可和批准的项目，一律不予提供支持。事中项目检查是指对项目执行进行定期检查，检查内容包括所执行的项目对环境造成的影响，对那些在执行过程中对环境开始产生不可接受负面影响的项目，中国进出口银行要求执行单位及时采取补救或者预防措施，否则，将停止提供支持。事后项目评价是指在项目中止或者执行完毕后，中国进出口银行会对项目执行情况、完成情况及其影响进行后评估。环境评价是后评估的重要内容。根据后评估的情况，中国进出口银行会对类似项目的事前和事中环境要求作出修正，必要时全面修正有关的要求和政策。同时该行已经制定了《中国进出口银行项目环境与社会评价指导意见》，规定"在贷款审查时，除考虑拟贷款项目的经济效益外，还要考虑社会效益和环保要求"，"境内项目应贯彻落实国家节能减排和产业结构调整政策，控制和压缩高污染、高能耗和生产力过剩行业的信贷投入，退出对落后产能和工艺等淘汰类项目的授信支持。""境内建设项目除对贷款人进行环保和能耗审核外，还要对建设项目的环境影响进行审查，审查主要依据国家环保主管部门的环境影响评价审批意见。对未通过国家环保主管部门环保审批的项目，中国进出口银行不提供授信支持。""境外项目应符合项目所在国法律法规的要求，并取得相应的环境审批许可。如项目所在国环境保护机制不健全、缺乏相应的环境和社会影响评价政策的标准，应参照我国标准或国际惯例执行。"

3. 中国绿色信贷执行机制

根据中国各银行的绿色信贷实践，可以发现中国绿色信贷已经形成了相对完善的执行机制，主要包括贷前环境评审和贷后环境监测。贷前环境审批具有中国特色的是"环保一票否决制"和"绿色审批快速通道"。贷后环境监测包括动态跟踪监测和信息沟通机制。

"环保一票否决制"具体包括以下三个方面的内容：一是所有项目贷款都必须符合国家产业政策和市场准入标准，必须已通过用地预审、必须取得有审批权的环保部门出具的环评合格报告，必须符合区域整体规划和污染排放指标要求，未经环评或未经有权部门环评审批，或环评未获通过的项目一律不予贷款。二是所有贷款申请批准前，审批部门必须查询贷款申请人的环保状况，凡发现有环保违法或被环保部门实施处罚的，贷款或融资申请一律不予批准。三是在企业评级授信过程中，将企业的环保信息作为授信审查的必要条件之一，对有环保违法信息的企业其信用等级必须下调，并一律不得增加授信，并且要根据实际情况及时压缩授信。

"绿色审批快速通道"是指绿色环保、清洁能源、循环经济的环境项目，以及严格执行环保审批程序、能够节能降耗的环境友好型项目，优先审批发放贷款，必要时启动联合评价程序，提高审查审批工作时效。党的十七大提出要深入贯彻落实科学发展观，坚持全面协调可持续发展。这对环境保护建设提出了很高的要求。为此，国务院相继出台了《关于落实科学发展观加强环境保护的决定》、《关于节能减排综合性工作方案的通知》，要求对绿色信贷项目的审批要通过"快速通道"，缩短审批的时间，提高审批的工作效率。

动态跟踪监测机制是指将环保风险管理纳入日常贷后管理工作中，并逐步理顺预警管理流程，明确了从环保信息收集、分析、核实、预警，跟踪监督预警企业的环保治理进度、整顿验收情况各个环节，进行全过程评价和风险监控。商业银行充分发挥信息技术在绿色信贷中的作用，在日常的信贷管理中通过及时查询人民银行的征信系统，及时更新企业的环保信息，在银行资产管理的计算机系统中标注"企业环保信息"，建立了客户环保信息数据库，对国家环保总局实施"区域限批"及叫停项目和公布的"绿色信贷"黑名单企业，国家发改委、安监总局联合下发的环保违规煤矿等进行了系统监测。同时，为进一步加大对企业环保信贷的跟踪监测力度，通过建立定期访察制度，积极防范环境违法突发事件带来的信贷风险。

动态跟踪监测机制主要有三个方面的内容：一是与各级环保部门建立经常性的信息交换制度。与省、市各级环保局建立日常信息沟通机制，确定专门部门日常联系省环保局，及时了解环保新政策、环保执法新情况以及企业环保守法新动态等。二是明确专职人员负责环保信息收集工作，积极拓宽信息渠道，对取得的环保信息制定专门流程进行分析、核实，对可能带来的信贷风险发出预警，形成多层次、全方位的预警信息管理机制，提示有关分支机构及时采取措施控制信贷风险。三是建立定期访察制度。确保及时发现企业在环保方面存在的问题，防范环境违法突发事件带来的信贷风险。

商业银行还建立健全环保合规信息沟通协调机制，加强与环保部门的合作。同时密切关注新闻媒体报道，形成多层次、全方位的预警信息管理机制。目前，国家环保总局已经与银监会签订两部门的信息交流与共享协议，首次建立国家环保部门与宏观经济部门的信息共享机制，构建包括银行等金融机构、企业及政府部门的一体化信息机制，互通信息、相互**监督**，做到真正的信息共享。政府环保部门将企业的环境违法信息及时、准确地公布，为银行审查企业信贷申请提供参考、为企业和银行是否可以享受税收优惠提供依据，防止骗税的现象出现；银行提供使用环境信息的反馈情况，政府部门由此可以了解绿色信贷的执行效果。

11.2 中国绿色信贷发展面临的问题

11.2.1 对银行业与环境保护四阶段理论的错误理解

Marcel Jeucken（2001）在《金融可持续发展与银行业》中将银行对待环境保护的态度分为四个阶段：抗拒阶段（Defensive）、规避阶段（Preventive）、积极阶段（Offensive）和可持续发展阶段（Sustainable）。在第一阶段，银行对环境问题的关注只能增加成本而没有任何收益，因而采取抗拒态度，发展中国家银行大多处于这一阶段；在第二阶段，银行环境影响的外部性逐步得以内部化，因而必须关注环境问题带来的负面影响以降低运营风险，这时候规避环境风险的策略最受欢迎，发达国家的银行多处于这一阶段；在第三阶段，银行已经从环境保护的行为中发现商机，因而会采取一些积极的手段开展环境友好型业务，少数发达国家银行已经步入了这个阶段；在第四阶段，银行的一切商业活动都与社会可持续发展相一致，整个经济系统已经发展到一个非常理想的境界，可持续发展指日可待。

由于这个四阶段理论，一些学者和官员认为，中国还属于发展中国家，因此银行对环境保护的态度处于第一阶段是正常的，因为在这一阶段银行对环境问题的关注只能增加其成本而没有任何收益，因而会采取相对抵制的态度，并认为这是由中国与发达国家不同的发展阶段决定的，所以，商业银行环境风险管理应该等待中国经济发展到更高水平再进行。对目前中国的银行在推行商业银行环境风险管理中存在的问题，更多强调的是中国的经济发展阶段。

这是一个极大的谬论和误解。这个谬论和误解的起源来自环境经济学发展中环境资源基础性内涵的不断变迁。

在环境经济学产生的最初阶段，对稀缺环境资源的定义，是将其定义为舒适性资源。1967年，克鲁蒂拉（John V. Krutilla）在其经典论著《自然资源保护再认识》中提出"未被破坏的自然环境可以为当代和后代提供舒适的生活"，"拥有独特吸引力的自然环境可以用于一定的娱乐活动和科研活动"，阐述了自然资源可以满足人们的舒适性需求。舒适性资源的概念提出已经有近40年的时间了，这期间，舒适性资源的概念、内涵有了很大的扩展，环境经济学也在其基础之上不断发展。

舒适的主要含义，是在满足物质需要的前提下，提供尽量丰富的精神享受。在仅仅满足基本生存条件的情况下，人类是不会感到舒适的。因此，舒适性资源指的是能够为人类提供舒适性服务功能的资源。1975年，克鲁蒂拉与费舍尔（Anthony C. Fisher）写了《自然环境经济学——商品性资源和舒适性资源价值研究》（*Economics of Natural Environments*：*Studies in the Valuation of Commodity and Amenity Resources*），书中把商品性资源和舒适性资源并列，认为商品资源是满足生存需求的，而舒适性资源是满足人类的舒适性需求的。克鲁蒂拉并没有给舒适性资源下一个非常明确的定义，只是在相关论述中提出了这类资源可以满足人们的娱乐、教育、科研等舒适性的需求。

克鲁蒂拉的相关研究带动了学术界对舒适性资源的关注和大量研究，后来的学者在研究中多从水体、森林、湿地、草原等自然资源能够满足人们的休闲、娱乐等方面的需求进行研究。这时，大家一般认为"舒适性资源是指能够为人类提供舒适性服务，满足人类的精神需求的自然环境资源，主要指各类景观资源、公共土地、国家公园、自然保护区等"。此定义是在Krutilla关于舒适性资源论述的基础上发展而来的，指出了舒适性资源的核心要素是能为人类提供舒适性服务，满足人类的精神需求。但由于Krutilla在提出舒适性资源问题时主要是论述了舒适性资源满足人们休闲、娱乐的需要，同时重点研究了诸如景观资源、公共土地、国家公园、自然保护区等的舒适性价值，因此，后来的研究也偏向把舒适性资源界定为满足人们的精神需求的景观资源、公共土地、国家公园、自然保护区等主要的资源类型，主要包括可以提供休闲娱乐活动的自然环境、具有独特性的和吸引力的自然景观环境两个方面。

随着舒适性资源研究的发展，在很多相关研究中将基础设施、历史文化遗迹和文体设施等都作为城镇和社区的舒适性资源，认为其存在同样会满足人们休闲、娱乐、求知、科研等的需要，从而在评价一个地区的舒适性程度时也将其作为舒适性资源的重要组成部分。因此，舒适性资源不再仅限于自然资源，而是扩展到包含能满足人们舒适性需求的自然资源和社会资源两个部分。

随着环境污染的加剧，舒适性资源概念内涵有了进一步发展。环境污染的加剧带来了水环境质量、空气质量、声环境质量等方面的下降，原本洁净的水体、清洁的空气和安静的生活环境在某些区域内开始成为稀缺的资源。在这些区域内人们生活的舒适性因为这些资源的破坏而下降，因此，在对区域的舒适性状况研究中又把水环境质量、空气质量、声环境质量等要素作为重要的部分。

至此，舒适性资源已经不再是简单的景观资源、公共土地、国家公园、自然保护区以及各种历史遗迹，而演变成为"影响一个区域生活和工作质量的各种影响要素的集合"，是整个区域环境为人们提供舒适性服务功能的要素综合体。

正是这种将经济资源作为生存性资源，将环境资源认定为舒适性资源的错误认识，才导致了人们在环境问题上的很多由此产生的进一步误解，比如对著名的环境库兹涅茨曲线的解释和认识。

1990 年美国经济学家格鲁斯曼（Gene Grossman）和克鲁格（Alan Krueger）在对 66 个国家的不同地区内 14 种空气污染和水污染物质 12 年（空气污染物：1979—1990 年；水污染：1977—1988 年）的变动情况进行研究后发现，污染程度随人均收入提高而先增长后下降，其峰值大约位于中等收入阶段，即大多数污染物质的变动趋势与人均国民收入水平的变动趋势呈倒 U 形关系。于是，他们在 1995 年发表的名为 "Economic Growth and the Environment" 的文章中提出了这个假说，被称为"环境库兹涅茨曲线（EKC）"假说。

随后，不少学者利用各自不同的数据来源和不同角度对 EKC 进行了新的探讨和验证，并推出 EKC 的转折点的具体数值。通过论证，他们认为这是一个"环境污染与经济增长"的必然规律，并提出了环境库兹涅茨曲线的政策含义：一个国家工业化起飞阶段，必然会出现一定程度的环境恶化，当经济增长到一定程度后，具备了加大环境投入的条件，环境改善随之出现，一国政府可以对环境采取无为而治的态度。因此，提出作为发展中国家的中国的唯一办法是通过加速经济增长，尽快抵达环境库兹涅茨曲线中的右半边才是解决环境问题的最佳选择。也就是说，他们认为发达国家曾经走过的"先污染、后治理"的发展模式是我国不可避免的发展路径。

这些学者对环境库兹涅茨曲线的理解是，对于正处于脱贫阶段或者说是经济起飞阶段的国家，人均收入水平较低，所以关注的焦点是如何摆脱贫困和获得快速的经济增长，而对于环境质量提高所提供的环境舒适性的需求很低。可以说，此时环境服务对他们来说是奢侈品。随着国民收入的提高，经济结构发生了变化，人们的消费结构也随之产生变化。人们对环境质量提高所供给的环境舒适性的需求增加了，于是开始关注对环境的保护问题，环境恶化的现象逐步减缓乃至消失。

这种对环境库兹涅茨曲线的认识是曲解和错误的，环境库兹涅茨曲线并不说明收入水平和某些环境问题之间存在必然的关系，环境库兹涅茨曲线及其转折点的估计值仅仅是建立在若干跨国数据和时间序列数据上的经验数据的描述而不能以此用于预测。而且，环境质量的改善并不会自动发生，它有赖于全社会环保意识的提高，有赖于严格地限制污染的环境政策的实施，还需要技术进步的支持。特别是，一个国家环境政策的选定可能带来大大优于（或劣于）处于同样收入水平国家的环境条件。

最重要的是，环境库兹涅茨曲线是根据发达国家在经历由工业发展而带来环境污染的早期阶段数据提出的，在那个阶段，环境污染还比较轻，并不会对人体健康产生严重危害，主要是影响人们生活的舒适度，所以那个时候的环境服务还可以称之为舒适性资源。而人们对舒适性资源的需求，确实是放在生存性资源之后的。在经济增长的早期，人们更看重如何更好地生存，而对舒适性的环境服务需求不足，但随着收入的增长，人们对舒适性资源的需求增加，就会要求更高质量的环境。

中国现阶段与环境库兹涅茨曲线总结所依据数据来源年代最大的不同是，现在在中国，环境质量提高所供给的，已经不是舒适性资源，而是典型的生存性资源，因此，我们不能无所作为地放任环境恶化，而只是等待随着经济增长这个环境好转的拐点自然到来。

目前，不管是中国还是其他国家，工业发展所带来的环境污染已经不再只是影响人们生活的舒适性，而是危及人们的生存。就拿美国来说，在他们对《有毒大气废物控制法案》的成本收益分析中指出，该法案对有毒废气的控制，并不是仅仅能提高人们生活的舒适度，比如，增加可见度、提高景观美感等，更重要的是，它可以挽救大量生命，使大量人群免于因有毒废气污染所导致的过早死亡。根据他们的估算，该法案将减少有毒大气污染物的排放，包括发电厂产生的汞，其协同效应包括由于 $PM_{2.5}$ 颗粒相关物质减少所导致的每年早死人数的减少，大概在 6 800 ～ 17 000 人。当我们在评估这样的环境污染管理法规法案时，其对环境质量的提升就不再仅仅是供给环境舒适性资源了，而是每年挽救 6 800 ～ 17 000 人的生命。不对有毒废气进行管制，就会每年有 6 800 ～ 17 000 人因为污染导致的疾病过早死亡，对有毒废气进行管制，这些人的生命就可以得到拯救。这是沉重而现实的生存问题，我们的环境质量，无论是大气还是水质，都要比美国差，所面临的环境问题更是生存问题。我们可以在经济不太发达时不对环境舒适性提出过高要求，但不可以坐视这么多的人因为严重的环境污染而丧失生命却无所作为，只是等待着那个拐点的出现。

另外，这个倒 U 形的环境库兹涅茨曲线是来自发达国家的发展经历，而中国有自己显著不同的国情。中国最典型的国情就是人口多资源少，高密度的人口使我们更容易受到环境污染的伤害，同时，环境承载阈值的存在，也使我们现在的情况显著地区别于 20 世纪 70 ～ 80 年代的发达国家。

在 20 世纪 70 ~ 80 年代，环境质量还只是舒适性资源，环境容量的稀缺性并没有危及经济增长，所以在对环境库兹涅茨曲线的解释和理解中，只考察了经济增长对环境的影响。它实际上把经济增长视为外生变量，假设环境状况的恶化不足以阻碍经济活动，不会阻止经济增长，而且环境恶化的不可逆转性也不会影响未来的收入。换言之，经济发展是可持续的。但事实是存在着环境的"承载阈值"，因为环境的自净能力是有限的。当污染超过环境的自净能力，也就是超过环境的"承载阈值"时，人类的经济活动就受到环境的限制，甚至遭到环境的报复，经济增长无法持续，人们的经济收入反而会下降。

根据物质不灭定律和能量守恒定律，超过环境容量的污染会积累在环境中，一旦超过了"承载阈值"，将失去解决任何环境问题的可能性。也就是说，并非任何程度环境污染都存在着被改善的可能性。目前人们尚不能确切地知道这个阈值的界限，而从污染物质进入环境到显示严重后果之间又有较长的滞后期。

环境"承载阈值"随着污染和破坏的不断扩大而降低。人类经济活动可利用的自然资源有的不可再生，由于人类经济系统从自然生态系统输入大量的物质，并向自然生态系统输出大量物质，而人类经济系统输入输出的物质不管是在数量上还是在品种上都有很大的差别，加上物种的转化，使得有利用价值的资源急剧减少，导致物质的交换不平衡。这种不平衡使自然生态系统的系统和环境离异，系统结构的破坏使系统自调节能力降低，进而降低了"承载阈值"。

环境库兹涅茨曲线提出的依据是部分发达国家的发展现象，是在环境被污染初期提出的，而发展中国家是否有可能在经济发展还未达到曲线的拐点之前，就首先触及环境阈值而引发整个生态环境支持系统的崩溃？这已成为大家共同关注和担心的问题。

从以上分析我们可以知道，银行与环境保护四阶段理论是建立在发达国家"先污染、后治理"的传统经济增长模式基础之上的。如果把环境资源作为舒适性资源，这种模式有其经济发展的合理性和历史发展的必然性。当我们的环境质量已经下降到人类健康可以承受的边界，甚至已经超出人类健康的承受能力时，环境质量的提高就不再是供给舒适性资源，而是供给最基础最根本的生存性资源。虽然我们只有收入达到一定水平，才有享受环境舒适性的需求。但我们只有活着，才能享受经济物品给我们带来的物质愉悦。当环境质量下降带给人们的是癌症、是胎儿畸形、是过早死亡率的提高等可怕的疾病时，没有了生命的载体，我们创造的物质文明还有什么用处呢？

所以，在环境质量提高所提供的还只是舒适性资源的情况下，我们可以走先污染后治理的路，因为在人们的需求序列中，只有经济物品的供给达到一定的水平，人们才会需求环境舒适性。但在环境质量提高所提供的是比经济物品更基础的生存性资源的情况下，我们要积极地治理环境，要把危及健康的环境生存资源甚至摆在比经济物质的供给更重要的位置。

我们不能根据银行与环境保护四阶段理论，作为我们绿色信贷执行存在问题的理由。银行不是慈善机构，而是市场营利机构，盈利是它们赢得市场生存竞争的必然需求，所以政府不能仅仅通过引导而寄希望于银行自觉地觉悟，觉得随着经济增长了，银行自然就觉悟了，绿色信贷自然就会完美执行了。即使是发达国家，绿色信贷的推行，银行的推动力都必然地来自对其业务盈利状况的影响，或者使其面临收入下降的风险，或者使其获得利润上升的收益，总之，无论是"胡萝卜"还是"大棒"，政府的政策都必须对其业务利润有较大的影响，才能真正地对银行形成可持续的执行绿色信贷的激励机制。

因此，中国的绿色信贷能推行到什么程度，最重要的是要靠政府对环保的决心和重视程度，要靠政府政策法规的威力，无论这种威力是来自惩罚还是奖励。

中国的环保监管部门，手里既没有具有震撼力的"大棒"，也没有极具诱惑力的"胡萝卜"，所以，既无法像美国环保署那样，可以手中握着《超级基金法》这个极具震撼力的"大棒"，雷厉风行地推行强制性的绿色信贷制度变革，所有违规银行都将面临严重的经营利润的损失；也不能像德国环保部门那样，拥有对绿色信贷项目政府长期巨额贴息补贴的审批权,这个极具诱惑力的"胡萝卜",给了德国环保部门推行绿色信贷极大的权威性。

中国的绿色信贷存在的最大问题,就是中国的环境监管部门权威性不强,中国也还没有培育出具有环境监管能力的社会团体,比如强势的环保 NGO。另外,中国的环保部门应该更积极地将环境问题与各部门沟通,使各部门理解环境危机的严重性。

在中国,绿色信贷变成了一种银行响应政府号召的行动,银行自身的经营利润并没有受到绿色信贷政策的很大影响,银行既没有感受到巨大的环境风险,也没有感受到巨大的环境利润。而绿色信贷是建立在商业银行环境风险管理与机遇管理的基础之上的。人们将中国的银行的这种感受,经常解读为银行与环境保护的四阶段论,认为是没有问题的,是符合中国经济发展阶段的反应。

可现在的中国商业银行,面临的是资本市场的国际化、环境问题的国际化;今天的中国政府面临的是生存性的环境问题,我们需要提高环境质量,不是为了生活得更舒适,而是为了减少因为污染而导致的癌症死亡、婴儿畸形、心肺疾病等,是为了能健康地活下去。这样的国情和时势,决定了我们的绿色信贷必须更加雷厉风行,更有深度和内涵。我们不能用四阶段理论麻痹自己,不能用先污染后治理来为我们的污染治理滞后找寻原谅的借口。当我们在不断地用这些曲解理论原谅自己时,环境的超载就不断地用各种癌症、婴儿畸形、过早死亡来报复我们。

11.2.2 环境金融内部的互动发展不足

我国目前绿色信贷的实践,是与环境保险、环境证券割裂开来,分头进行的。虽然我们在做绿色信贷的同时,也在做环境保险和环境证券,但是,不是以它们各自的相关性为基础,因此无法互相呼应,共同发展。

在国际上,商业银行环境风险管理与绿色保险、绿色证券是互动发展的,并构成环境风险管理的金融体系。金融机构就是风险管理机构,金融机构的利润来自金融风险。金融机构通过对金融风险的控制和管理,也获得资本市场的利润。当环境风险产生和日益严重时,商业银行环境风险逐渐成为商业银行金融风险管理的主要内容之一，商业银行同时通过环境风险管理来获得风险利润。

然而，各种环境风险的不确定性程度是不相同的，不同程度的环境风险应该采取不同的金融手段进行管理，并互相配合。对比较确定的环境风险，也就是可控系数比较高的环境风险，一般商业银行应该采取内部管理和控制的手段；对于不确定性较高的环境风险，一般通过环境保险进行转嫁；而不确定性程度在这之间的环境风险，则可以通过开发环境衍生产品进行风险配置。最典型的环境衍生产品，目前是气候衍生产品，比如能够影响项目经济强度的气温、气象，甚至可见度指数、粉尘指数等，都可以通过开发衍生产品来进行对冲。

11.2.3　激励机制不断完善

中国目前还没有深入形成绿色信贷、绿色保险、绿色证券互动发展的有机系统，但是中国的企业和中国的金融机构开始逐渐感受到环境风险，同时也产生了基于环境风险而产生的环境机遇，中国在政策层面上开始给予商业银行实施绿色信贷的有效激励机制。2016 年，人民银行等部门联合印发的《关于构建绿色金融体系的指导意见》，以及与此配套的绿色债券、绿色信贷、评估认证、信息披露等一系列具体政策，为绿色金融的规范发展提供了制度保障，我国也是全球第一个出台绿色金融顶层制度的国家。2018 年，人民银行制定了《银行业存款类金融机构绿色信贷业绩评价方案（试行）》，将绿色信贷评价结果纳入 MPA 考核，强化银行业绿色信贷业务的合规管理，提高了绿色信贷业务信息披露的准确性、完整性和真实性，促进绿色信贷市场健康有序发展。但是，这对于商业银行产生发展绿色信贷的内生动力来说还是不够的，还需要制定一些实质性的激励机制，如贷款贴息、风险补偿、收益税收减免、降低绿色信贷资产的风险权重、差异化的存款准备金率等措施来激励银行发展绿色信贷业务。

商业银行积极参与绿色信贷的动力，除了承担社会责任，主要来自对风险规避的需求和获得风险收益的愿望。从规避风险角度说，如果商业银行向污染企业贷款，就会导致商业银行承担间接和直接的环境责任。间接环境责任指的是如果接受银行贷款的企业因为污染问题被商业银行查处，就意味着该企业可能被施以经济重罚，甚至会被停产、关闭，那样，无论贷款业务是项目融资还是企业融资，银行的信贷资产都会面临损失的风险，即银行在间接地承受着环境责任。或者，如果贷款企业的污染极其严重，以致其倒闭，银行甚至需要承受直接的连带的法律清污和赔付责任。在这种可能面临的严重损失面前，银行会主动积极地设置环境风险管理人员，对各种拟贷款项目的环境风险进行分析，并将其纳入信贷审核环节。如果环保部门主动提供污染大户黑名单，银行会积极响应和支持，因为这些信息对银行规避环境风险很重要。

对银行而言，贯彻执行绿色信贷、促进企业技术进步、减少环境污染不仅是其社会责任，也符合银行的长远利益和整体利益。但是商业银行在实施绿色信贷中受到以下因素的制约：

①盈利性约束。当前，我国经济整体处于上升阶段，经济的快速发展直接拉动了对钢铁、水泥、电力、煤炭等相关产业的市场需求，"两高"行业景气度持续高位运行。在企业环境污染信息透明度相对较差、污染成本外在化程度较高的情况下，污染企业往往可以通过逃避治污成本的付出而扩大盈利空间，甚至在短期是暴利行业，其经营效益会在账面上呈现"虚盈"。部分"两高"行业已成为银行最重要的客户群体之一，银行通过对"两高"行业信贷扩张提升盈利水平的冲动强烈。

②市场份额约束。一是银行对企业执行绿色信贷政策，意味着银行有可能失去这部分重要的客户资源，银行将在执行绿色信贷政策与抢占市场份额上陷入进退两难的尴尬境地。二是绿色信贷的运营成本高，银行甄别企业客户是否有污染环境的信息需要付出额外的成本，在缺乏严厉的外部约束的情况下，银行本着压缩成本的原则，也往往不会认真执行绿色信贷，削弱了政策执行效果。

③不良风险约束。商业银行积极响应国家产业结构调整政策，逐步压缩对高耗能、高污染行业的贷款，在这一过程中，部分耗能较高、污染严重、技术基础薄弱的企业面临关、停、并、转的生存风险，形成商

业银行在此类企业的存量贷款风险，影响了商业银行的可持续发展。另外，绿色信贷政策不仅要求商业银行减少或停止对污染企业的信贷投放，还要求商业银行按照国家产业政策加快调整信贷结构，积极扩大对新技术、新能源、新材料以及循环经济的信贷投放力度。由于高新技术的不成熟，这些领域市场不确定性大，信贷风险较高，而且与之相配套的绿色信贷呆账核销、风险准备金计提以及与之相适应的风险补偿机制缺失，影响了商业银行推进绿色信贷政策的积极性和主动性。

④利益绑定约束。金融资源和金融服务向"双高"行业的集中，导致了这些项目对信贷资金的高度依赖，强化了金融锁定与行业锁定互相依存的格局。一旦商业银行停止或收紧对这些项目的信贷，有可能导致这些项目停工下马，给商业银行带来巨大的经济损失。迫于"掩盖"潜在信贷风险的考虑，部分金融机构将不得不继续为"双高"项目发放贷款。

另外，商业银行实施绿色信贷可能还要受到一些当地政府的阻力。一是高污染、高风险企业仍是地方政府税收和银行盈利的重要来源，大幅度削减"高碳"信贷规模势必遭遇相关利益者的抵制；二是地方政府制定产业发展规划时，与银行沟通不足，诸多政府主导项目无法满足银行授信准入要求，产业结构与信贷结构调整难以同步。

从某种角度上说，中国能在市场机制不健全的条件下实现经济高速增长，得益于地方政府的竞争。基于资源和市场等方面的考虑，地方政府相互竞争有其合理性。然而，高强度 GDP 增长的政绩考核机制助长了地方政府的投资冲动。一些省份的主导产业比较集中于钢铁、石化、能源等高耗能、高污染产业。例如，河北、广西、山西、福建、江西、青海及宁夏等地单位 GDP 排污量远远超过北京、天津、广东等地。据国家统计局初步核算，2018 年能源消费总量比上年增长 3.3%，十年来，能源消费总量持续上升，2018 年较 2009 年能源消费总量增长了 38%。

由于市场刚性的需求和高污染、高能耗行业的获利性，银行的信贷大部分流向这些地方政策保护和短期显性利润高的行业。倘若限制或收回这些企业的贷款对银行本身意味着放弃相当大的近期利益或遭受巨大的损失。一方面，如果不是整个银行业采取统一的政策或步骤，那么被限制贷款的企业很可能成为竞争对手的新客户，银行短期利益受损。另一方面，"两高一剩"前期投资大的行业，银行信贷存在被动续借问题，如若即刻停止对其贷款，可能会使其资金链断裂，前期贷款回收困难，银行损失会更大。

面对这些制约和重重困难，只有银行真正感受到环境风险和环境机遇，才会从自身利益的角度主动积极地实施环境风险管理，将绿色信贷真正深入业务和技术层面，而不仅仅是完成政策任务。但目前的现状是，连第一责任人的企业都无法真正感受到环境风险，又如何让第二责任人的银行感受到环境风险？

银行是环境污染的第二责任人，它对环境的影响是通过其贷款企业形成的，而其受到的环境风险也必然与其贷款企业有着密切的联系。如果我们不能让其贷款企业感受到环境风险，怎么可能让站在其背后的银行感受到环境风险？一直以来，企业在环保生产上"守法成本高、违法成本低"，环境违法处罚并不能触动污染企业的"环保神经"。如果环保处罚不能触动企业的经营危机，那么这种环保处罚又有哪个企业会在乎呢？只有环境风险可以让一些企业面临倒闭的危机，才可能让企业真正感受到环境风险。只有企业感受到环境风险，企业身后的银行才能感受到环境风险。

环境污染给经济带来了巨大的损失。根据《中国经济生态生产总值核算发展报告 2018》的数据显示，2015 年我国污染损失成本为 2 万亿元，生态系统破坏成本和污染损失成本总占比约为 2.1%。但是，污染事故赔偿的罚款力度却难以反映污染的社会成本，环境污染治理投资占 GDP 比重也从 2010 年的 1.84% 逐年下降至 2018 年的 1.15%[1]。

也许有的学者会认为，如果罚款涉及的面太广，会影响经济的发展、就业水平等，甚至会影响社会的安定。毫无疑问，我们在进行环境保护监管的时候，一定要考虑环境、经济和社会的协调发展，而这种考虑要

---

[1] 数据来源：《中国环境统计年鉴 2018》。

体现在环境达标标准的设置上。环境标准越高，我们可以获得更好的环境质量，同时我们需要付出更多的经济社会成本。所以当我们在设置环境标准时，就一定要对该环境标准进行综合的环境、社会、经济影响评估，评估其对社会经济的影响。我们不能为了面子工程而设置一个较高的环境标准，却因为有太多企业无法达到就放弃对其监管执行，结果是表面上有较高的环境标准，实际却因为放松监管而陷入无标准状态。如果要处罚，就一定要处罚到企业可能会没饭吃的程度，这样对企业才能有震撼作用。但环境标准的制定，一定要使企业达标的负担在合理的承受范围之内，一定要做到环境、经济、社会的协调发展。

当环境执法日益严格，当违法污染企业面临吃不上饭的生存危机，污染企业才会真切感受到环境风险，而站在其身后的银行也会间接或者直接地因为贷款企业面临的危机而真切地感受到环境风险的存在，从而主动加强环境风险的抵御和防范。经济政策与行政命令最大的区别就是，市场主体是通过市场因素感受到政策的压力，并主动地通过市场行为的调节来规避政策风险而获得政策收益。当企业和站在其身后的银行，甚至整个金融部门感受到环境风险的压力之后，就会主动寻求规避该风险的技术，那么整个金融系统为了规避环境风险并获利于环境风险，就会互相协商开发出一套适合中国国情的环境风险管理体系。

制度经济学有一句名言："制度高于技术。"当我们抱怨绿色信贷相关技术缺乏时，应该看到背后的制度因素。只有商业银行能真实感受到环境风险和环境利润，商业银行环境风险管理才能真正进入业务操作，而不是作秀的舆论行为。因此，激励机制的建立是关键。

11.2.4　需要加强环境财政与绿色信贷的配合

绿色信贷激励制度的建立，除了环境法律法规的惩罚机制外，环境财政的配合是激励的重要内容之一。

一、环境财政与绿色信贷配合的重要性

环境经济政策是按照市场经济的要求，运用经济手段调节或影响市场主体的行为，以实现经济建设与环境保护的协调发展。而作为环境经济政策之一的绿色信贷，也必须是通过影响商业银行的经营利润来引导商业银行向环境友好型的项目和企业投资，而不是通过行政命令。商业银行的特性决定了真正的绿色信贷必须是要满足市场盈利的，其利润甚至应该是超出市场平均利润率。一个银行如果其执行绿色信贷政策，反而会给其经营业绩带来负面影响，这种绿色信贷政策的执行必然是不会持久的，因为商业银行如果不追逐市场利润，就会被市场击败，无法生存。所以，绿色信贷政策必须满足商业银行对利润的最基本追求。

在这种情况下，环境财政与绿色信贷的配合就很重要。国家需要通过环境财政的支持，使绿色信贷项目能够起码获得平均的市场利润，或者获得超过市场的平均利润，商业银行才能通过商业银行环境机遇管理获得经营业绩。如果商业银行对环境友好型企业或者项目贷款无法增进其经营利润，就不能视之为环境机遇。当然，一个有见识的银行家要懂得识别和发现长期潜在的经营利润。但前提肯定是，利润确实会增进。

明确商业银行不是政府、不是 NGO、不是慈善机构，而是市场营利机构，我们才能知道应该怎么去制定绿色信贷政策以促进其深入发展，那就是通过政策刺激影响其市场盈利。而环境财政与绿色信贷的配合，可以给商业银行以正向的刺激去主动实施绿色信贷。

环境财政是国家财政的重要组成部分之一，因此绿色信贷与环境财政的配合，必须符合国家总体的宏观经济政策要求。例如，对新能源项目的融资激励，除了要求银行应该对该类项目在贷款审核的时候予以政策倾斜，还应该通过环境财政与绿色信贷的结合，切实地降低银行对新能源项目贷款的风险，并给予其更大的利润刺激，这样新能源项目才能成为商业银行的业务机遇，而不是被迫完成政策任务的负担，或者只是为了博取绿色银行声誉的作秀行为。

如果我们希望通过绿色信贷政策使银行在贷款方面向特定产业和企业倾斜，可以配套使用的环境财政手段包括绿色税收、绿色税收优惠政策、绿色财政补贴、绿色采购等。

在国际上，很多国家通过财政补贴和优惠来支持绿色信贷。我国也应该尽快建立与绿色信贷相配套的财税制度。

二、财政补贴制度

银行提供绿色贷款，提高贷款审批标准，一定程度上会减少银行的利润，从而抑制银行参与绿色信贷的积极性，财政补贴就是对银行减少的利润给予适当的补贴。

（1）财政贴息。银行等金融机构按照低于市场利率的优惠利率为企业提供绿色信贷，国家财政可对按照市场利率计算的利息额与实际贷款收到的利息额之间的差额给予补贴，保证银行等金融机构的正常盈利水平，调动其积极性。

（2）风险补贴。银行等金融机构提供的绿色信贷存在一定的风险，银行在贷款资金无法收回时，国家财政应对银行无法收回的资金按照一定的比例进行补贴。由银行、企业和国家一起承担绿色信贷的风险，一定程度上降低了企业与银行的负担，有助于推动绿色信贷的顺利进行。对于风险补贴的比例设置，应考虑贷款的用途、利率水平的高低、企业从事的行业等。

三、绿色采购制度

相对于传统的能源生产，如煤电，新能源因为技术还处于创新和完善期，其生产成本一般要高于传统能源。如果绿色信贷政策只是强迫要求商业银行冒着可能损害其信贷资产的危险向具有高风险而回报又不确定的项目贷款，商业银行只能小额贷款以完成政策任务，但不可能有兴趣将其作为环境机遇进行技术开发和战略部署。新能源产业作为一个资本密集型和技术新兴的产业划分结构，使得新能源在当今社会具有投入高、风险高、回报高的具体特征，尤其是光伏与风电等新能源领域对于资金的需求量极大。随着市场的前进，新能源产业融资逐步走向多元化。目前，在我国新能源领域整体结构的资金来源形式主要有银行信贷、债券、股票、投资、融资租赁等。在市场经济下，集团一般有直接融资和间接融资两个渠道。我国新能源以及周边环境尚不完善，投资的获利方式相较于发达国家手段较为单调，综合目前国内先行跨入领域的企业模式，一般均为先行上市，随后市场较为程序时，通过二级市场转让股权的运作方式，从中收取利益。目前，由于新能源项目种类与数量较少，致使投资额度相对较少，由于我国相对发展时间较短，多数企业还未能达到上市的条件。绿色信贷与新能源产业的结合度不够，产品不够丰富，没有形成完善的绿色信贷融资模式，两者之间存在着错配的问题。

传统的企业融资方式，银行主要是通过考察企业本身的资信能力为基础安排融资，是从公司的经营历史和现状以及公司信誉中获得资金回收的安全感。但是，很多环保项目属于新兴产业，都处于初创阶段，信用等级不高，这就导致了这些企业无法通过传统融资方式来融通到足够资金。即使商业银行因为要执行绿色信贷政策而被迫给这些项目融通一点资金，也是小额的，只能建立规模较小的企业，无法进行集约化生产。小型企业是没有能力组织研发自主创新核心技术的，也无法取得因技术创新和规模经济导致的产品成本下降。企业分散、规模小、重复建设导致的技术被动、生产成本高等因素制约了这些环保产业的发展，使其在市场竞争中缺乏核心竞争力。这就使绿色信贷无法取得很好的绩效。

国际上解决环保产业融资难的方法是开发出新型的融资方式——项目融资。项目融资是一种新兴的融资方式，是指以特定项目本身的资产、预期收益或者权益作为抵押，无追索权或者有限追索权的长期融资方式。各个参与者之间通过预先达成的协议相互联系起来，基于参与者之间的协议预定，项目风险得到良好的规避和分担。在国际上，项目融资作为管理风险、分配风险的新型融资方式，为新能源等环保产业的集约化生产融通到巨额资金，促进了环保产业的规模化发展和核心技术的创新。

但项目融资只是一种新型绿色信贷融资技术，并不改变商业银行逐利的本性。项目融资要求拟贷款项目未来必须具有良好的稳定的收益，这就需要环境财政进行配合。

其中绿色采购与绿色信贷政策的配合尤为重要。我国于 2002 年发布《政府采购法》，第九条明确规定了政府采购要保护环境的目标："政府采购应当优先采购高科技和环境保护产品，促进环保企业的发展，保证经济的可持续发展。" 2004 年财政部和发展改革委发布了《节能产品政府采购实施意见》，明确要求政府采购应当优先采购节能产品，成为我国第一个政府采购促进节能与环保的具体政策规定。2005 年发布的《关于落实科学发展观加强环境保护的决定》以及《关于加快发展循环经济的若干意见》也明确要求实行政府绿色采购。2006 年 11 月，环保总局和财政部联合发布了《环境标志产品政府采购实施意见》和首批《环境标志产品政府采购清单》，对政府绿色采购的范围、绿色采购产品清单、工作程序以及具体管理办法和时间表都提出了明确要求，为中国在实践中大力推行政府绿色采购提供了重要的制度和政策保障，对于引导绿色生产和消费，推进环境友好型社会建设具有非常积极的意义，标志着我国政府绿色采购制度的正式实施。

2010 年 4 月 8 日，中央国家机关政府采购中心发布关于征集《绿色采购指导目录》典型案例的通知，推进我国绿色采购制度向纵深发展，进一步引导企业建立和完善绿色采购、绿色生产、绿色销售等绿色管理体系，使企业真正做到发展低碳经济；2014 年 12 月 22 日，商务部、环境保护部、工业和信息化部联合发布《企业绿色采购指南（试行）》，推进资源节约型和环境友好型社会建设，引导和促进企业积极履行环境保护责任，建立绿色供应链，实现绿色、低碳和循环发展；2019 年 2 月 13 日，财政部、发展改革委、生态环境部、市场监管总局联合发布《关于调整优化节能产品、环境标志产品政府采购执行机制的通知》（以下简称《通知》），以落实"放管服"改革要求，完善政府绿色采购政策，简化节能（节水）产品、环境标志产品政府采购执行机制，优化供应商参与政府采购活动的市场环境；2019 年 2 月 14 日，发改委等七部委联合发布《绿色产业指导目录（2019 年版）》，《目录》充分考虑国民经济各个领域的绿色化升级，既包括制造业、建筑业等第二产业，也包括农业和服务业等第一产业、第三产业；既包括产业链前端的绿色装备制造、产品设计和制造，也包括产业链末端的绿色产品采购和使用，力求涵盖完整、全面。

对一些生产环境友好型产品的企业，政府如果在其项目筹备阶段就与其签订绿色采购合同，例如低汞的节能灯，在合同中严格规定对产品的质量和环保要求，并承诺在企业建成投产后，如果其产品达到该质量和环保要求，政府将按照合同采购相当数量的该绿色产品。这个政府绿色采购的合同就可以作为该环保企业向银行申请项目融资的重要文件。因为项目融资银行审核的重点并不是企业现有资产，而是项目未来收益。这个绿色采购合同就向银行保证了产品在未来一定的销售量和销售前景，从而为银行实施绿色信贷降低了风险，也支持了环保企业。

11.2.5 配套的法律制度薄弱

在绿色信贷法律关系之中，环保部门与银监会作为上级主管部门，各司其职、相互配合，分别对企业和银行进行直接监管，前者还可以对银行进行较弱程度的交叉监管。在二者双重监管之下，商业银行对企业进行以环境影响和风险控制为内容的审查。在上述框架之中，对银行业绿色信贷业务的绿色监管成为其区别于一般性信贷的主要标志之一。若绿色信贷监管得力，则商业银行对于绿色信贷政策的执行得以贯彻落实。所以建立绿色信贷监管成为绿色信贷政策执行的重中之重。

我国绿色信贷制度源起于政府行政政策的推出，1995 年《关于贯彻信贷政策与加强环境保护工作有关问题的通知》正式发布，但在银行向企业授信时对于环境保护工作的有关问题并未引起足够的重视。2007 年绿色信贷制度在《关于落实环境保护政策法规防范信贷风险的意见》中首次提到，这被视为对银行行政命令式的经济政策。随即，全国各地环境保护部门与所在地金融监管机构相继出台了有关绿色信贷的实施方案以及具体细则。

2009 年 6 月 6 日，环保部印发《关于全面落实绿色信贷政策进一步完善信息共享工作的通知》，促进环境保护部门与金融部门建立信息共享制度，使金融部门及时掌握企业及企业法定代表人在环境保护方面的社会信用情况，发挥行业信用体系的作用，增强绿色信贷政策的可操作性，通过建立绿色信贷信息交流和沟通机制，提高环境管理水平，防范信贷风险，以严格信贷管理支持环境保护，加大对企业环境违法行为的经济制约和监督力度，改变企业"环境守法成本高、违法成本低"的状况。2009 年 12 月 12 日，环保部印发《关于进一步做好金融服务支持重点产业调整振兴和抑制部分行业产能过剩的指导意见》，提出严格执行国家宏

观调控政策，着力调整和优化信贷结构；加快推进金融产品和服务方式
创新，努力改进和加强对重点产业和新兴产业的金融服务；充分发挥资
本市场的融资功能，多方面拓宽重点产业调整和振兴的融资渠道；推进
企业兼并重组，支持重点产业实施"走出去"战略；加强信贷结构和信
贷风险预警监测，有效抑制产能过剩和防范金融风险。2010 年 4 月 16
日，国家发展改革委、中国人民银行、银监会和证监会联合发布了《关
于支持循环经济发展的投融资政策措施意见的通知》（以下简称通知）。
通知是《循环经济促进法》实施以来国家出台的促进循环经济发展的第
一个宏观政策指导文件，提出了规划、投资、产业、价格、信贷、债权
融资产品、股权投资基金、创业投资、上市融资、利用国外资金等方面
支持循环经济发展的具体措施。2012 年 2 月 24 日，银监会发布《关于印
发绿色信贷指引的通知》，制定了《绿色信贷指引》，推动银行业金融机
构以绿色信贷为抓手，积极调整信贷结构，有效防范环境与社会风险，
更好地服务实体经济，促进经济发展方式转变和经济结构调整。2014 年
6 月 27 日，银监会发布关于印发《绿色信贷实施情况关键评价指标》的
通知，落实《绿色信贷指引》（银监发〔2012〕4 号）等监管规定，推动
银行业金融机构开展绿色信贷工作。2015 年 1 月 13 日，银监会发布《能
效信贷指引》，促进银行业金融机构能效信贷持续健康发展，积极支持产
业结构调整和企业技术改造升级。2016 年 8 月 18 日，中国人民银行、银
监会联合发布《关于加大对新消费领域金融支持的指导意见》，提出创新
金融支持和服务方式，促进大力发展消费金融，更好地满足新消费重点
领域的金融需求，发挥新消费引领作用，加快培育形成经济发展新供给
新动力，倡导绿色消费，提出金融行业要支持绿色产业和绿色消费。

　　政策作为特定政治意图、完成一定任务所作出的政治性决策，不具
备明确的规范形式，其内容更多地具有方向性、原则性和纲领性，其制
定基本的程序要求宽松，效力稳定性远远小于法律，因而，其国家强制
力远远小于法律。为使相关制度得以良好确立，将政策上升为法律对推
动绿色信贷的深化十分重要。

　　在国际上，美国的《超级基金法》首次规范了商业银行贷款的环境

责任；英国的贷款担保计划特别规定对于环境友好型中小企业可以政府信贷担保向金融机构借贷一定数额的款项；美国联邦政府的《能源税收法》规定，对于购买太阳能和风能能源设备的一定金额，可在所得税税收中抵扣；在信贷标准方面，英国的《污染预防法》特别规定近万种工艺流程的环保标准，加拿大的《环境保护法》将实施清洁生产的统一标准。

构建绿色信贷法律制度应该包含以下方面：

（1）信贷审查制度。信贷审查制度为绿色信贷制度的核心，应建立科学严格的审核贷款程序机制，对符合条件的申贷企业应当在程序上保障其信贷的合理性，降低信贷风险。将环保前置程序通过性审查作为银行对于企业贷前审查的重要环节，使环境和社会影响评价制度贯穿银行贷前审查以及贷后监管始终。为强化银行对于申贷企业的经营能力以及财产状况的判断，降低银行的信贷风险，在银监会以及环保部门的相关法律文件之中，对于相关程序均应有所规定。

（2）信贷监管制度。确立环境风险和社会影响评估制度在银行审慎经营规则中的首要地位是建立绿色信贷法律制度应有之义。在我国，银保监会作为商业银行的行政监管机构，负责对全国银行业金融机构及其业务活动进行监督管理。在绿色信贷制度中，银监会的职能具体体现在对商业银行存贷款结算经营业务、风险控制的监管。依据《关于落实环境保护政策法规防范信贷风险的意见》的规定，环保部门应将违反"三同时"制度和排污管理信息及时通报商业银行，商业银行应根据环境信息严格执行授信制度。银保监会可依据《商业银行业监管法》第三十七条对于商业银行违反绿色信贷授信制度的行为采取相应措施。

（3）贷后跟踪机制和责任追究机制。建立持续跟踪监测机制，将环保风险管理纳入日常贷后管理工作中，并逐步理顺预警管理流程，从环保信息的收集、分析、核实、预警各个环节进行全过程评价和风险监控，对高耗能、高污染行业里的退出类客户实施系统锁定，加大退出力度。针对绿色信贷管理过程，严格调查、审查、决策岗位，分权限进行控制管理。形成互相制约的贷款管理制度，严格落实贷款责任问责制，各岗位在职责范围内承担相应责任。

11.2.6　银行层面存在需要完善的重要技术问题

首先，对借款人环境风险的评价过分依赖于环保部门的环境评价，商业银行内部尚未建立环境风险的评价标准和流程。

国内商业银行内部仅仅是对客户或项目进行简单的分类管理，尚未建立环境风险管理的有效制度、流程和标准，对环境风险的管理主要依赖环保部门的环境评价。而环保部门对于环境评价报告因存在以下局限性而不能完全满足商业银行环境风险管理的需要。

（1）偏重技术评估。环保部门的环境评价主要从技术层面对污染物排放与控制、放射性物质、生产安全等进行评估，偏重技术层面的评价。而银行对环境风险管理主要侧重于因环境和生产安全对企业经营和财务表现的影响。

（2）偏重前期评估。环保部门环评报告是事前评价，而企业的环境和安全生产状况是动态的，并且企业的贷款行为一般也不是一次性的，贷款资金发放和收回是一个连续的过程。环保部门前期评估不能满足银行对借款人环境风险持续关注的需要。

（3）偏重事后处罚。环保部门一般是在企业发生环保违法行为并造成恶劣影响后才对污染企业进行处罚并将处罚名单反馈商业银行。而这时商业银行再采取措施为时已晚。同时，环保部门反馈的企业名单只是严重污染企业的一部分而非全部，更多企业处于存在污染行为但不至于被环保部门列入其"黑名单"的"中间状态"或"灰色地带"，对这些企业进行贷款决策时就不能仅仅依靠环保部门的反馈信息。

国内商业银行首先要从内部管理环节入手，着手研究和建立符合自身需求的环境风险管理指标体系。在此过程中，既要积极借鉴国际上已有的先进经验和做法，但同时也要结合中国国情，立足于商业银行本身实际。

其次，缺乏商业银行环境风险管理的人才。

商业银行环境风险管理是一个新的、专业性很强的领域，从业人员除需具备基本的财务、金融知识外，还需具备环境科学方面的知识。目前国内商业银行尚无此方面的人才储备，并且缺乏对现有人员的环境风险管理知识培训，导致信贷工作人员对环保技术和工艺、环保法律法规和政策了解不够，对如何进行环境风险管理的技术掌握不足，严重制约了绿色信贷的进一步深入发展。

商业银行应当有计划地加强这方面的人才培养和储备，同时，在业务发展初期，还可考虑外聘评估机构对指标信息进行勘察和收集，再由银行风险管理人员根据外聘专业机构收集的信息，分析环境风险可能对商业银行信贷安全带来的影响等。

再次，缺乏转移环境风险的金融创新产品。

从国外经验看，除商业银行内部建立环境风险管理制度流程和标准外，欧美发达国家商业银行还广泛采用保险、衍生品等金融创新产品转移自身承担的环境风险。而目前国内商业银行缺乏利用金融创新产品转移环境风险的意识和观念，国内市场此类金融创新产品也不多。

最后，信用评级层面上对环境因素考量不够。

商业银行通过对借款人和项目的有关资料进行审查，根据经验等对项目贷款进行定性分析和定量分析，并按照各行的规定进行汇总得出总分，每一个得分均能够通过各行内部的评级表进行信用定级，从而进行信贷决策。

现有的项目贷款评估模型虽然略有差别，但主要都是从项目可行性、经济性和发展性、借款人资信、市场环境等方面进行评价。这一评价模型需要大量的基础信息输入，根据评价模型的要求进行加工并输入模型进行评价，最终得出的结果代表着信用评级结果。

绿色信贷这一理念的产生，对现有项目贷款的评级模型提出了挑战。一是虽然现有项目贷款评级模型能够实现环保一票否决制，将已经发生环境违法事件的借款人拒之于银行门外，但对于尚未暴露环境风险的借款人的风险无法充分评价，甚至很多情况下束手无策；二是环境危险型企业、环境合格型企业和环境友好型企业在现有项目信贷评估模型下进行评级，其评级结果可能毫无差别；三是由于评级结果无法涵盖环境风险，绿色信贷的决策也将无法体现利率差别。

造成上述难题的主要原因在于目前项目贷款评级模型中环境风险审查评价指标匮乏，模型设计不合理。商业银行现有的项目贷款评级模型中，一般将项目工艺评价指标设为二级指标，环保指标作为三级指标。同时，由于其为定性指标，造成以环境风险合规评价取代了环境风险定量评价，评级模型的输出结果无法体现出差别。

应该在现有的项目贷款评级模型基础上，增加环境风险评价指标作为一级指标。绿色信贷评级模型的一级指标应该包括环境风险、偿债能力、经营绩效、盈利能力四个评价指标，并对环境风险的二级指标进行设置，可以从"噪音、固废、液废、废气"排放四个方面，设置噪音控制指标、固体废物排放指标、液体废物排放指标、废气控制指标四个二级指标。国家环境监管部门根据各个行业的不同，分别制定了非常严格的环境污染防控标准，均为数量化的硬性指标约束。所以，绿色信贷评价模型中所有的指标均可以定量化。

11.2.7 农村中小金融机构环境风险管理面临的挑战

从世界各国的实践看，商业银行环境风险管理主要集中于大型商业银行，因为大型商业银行环境风险管理更具规模效应。

从微观经济学角度分析，如果商业银行实施环境风险管理的预期收益超过相关的成本，商业银行就会有积极性实施环境风险管理。对于大型商业银行来说，实施商业银行环境风险管理，预期的收益包括更好的声誉、更宽泛的市场准入、更多的营业获利机会、更强的股价潜力或者增加招聘或留住高素质员工的可能性等。这实际上是增强了商业银行利益相关者对银行的关注度，提高了银行的市场评价，这些利益相关者包括股东、员工、客户、政府等。而不实施环境风险管理的危害，对于大型商业银行来说，也体现得很具体，例如，消费者抵制、媒体报道的环境丑闻、非政府组织的压力、员工的抵制、负面宣传与诉讼。在国际资本市场上，遇到此类事件的商业银行的股票市值所受的影响是非常巨大的，会显著影响其经营绩效。另外，从声誉影响来说，展现银行是否很好地履行了社会环境责任，无论是正面还是负面，对曝光率较高的大型银行来说影响也更大一些。很多投资者把银行的环境违规行为看作是一项金融负债，认为是对银行经营业绩存在威胁的一个重要因素。这就使大型商业银行有动力实施商业银行环境风险管理。

从金融监管的角度看，对大型商业银行进行监管也比中小金融机构更有条件。监管的主体包括政府、社会公民团体如 NGO、新闻媒体、股东等。大型商业银行在资本市场所占的份额大、数量相对较少，所以政府对这些商业银行的边际监管成本相对较低。对于 NGO 来说，他们往往更关注大型商业银行，因为大项目都是由大型商业银行来贷款，对大项目加以监控，NGO 会觉得更有成效感。新闻媒体也更加乐于追踪大型商业银行大项目的新闻。至于股东，只有上市银行才有，而上市银行一般都是大型商业银行。

然而，从中国国情出发，搞好中小金融机构的环境风险监管，才是遏制中国环境污染的关键。中小金融机构基本分布在农村，服务于农村、农业、农民。对中国环境状况影响极大的污染小企业，其贷款资金基本来自中小金融机构。因此，如何加强中小金融机构的环境风险监管，无论是对国家的环境保护，还是对维护中小金融机构的健康发展，都极其重要。

中国农村中小金融机构自 2010 年起开始全面推进风险管理机制建设工作，已取得了积极进展。但从当前农村中小金融机构改革发展、案件防控及经营管理等方面来看，风险管理仍显滞后。农村中小金融机构在相当长时间内面临的主要矛盾是快速的业务发展与不健全的风险管理机制之间的矛盾。风险管理机制建设在一定程度上成为影响农村中小金融机构健康可持续发展的决定因素。环境风险管理，更是中小金融机构改革急需关注的重点。

农村中小金融机构环境风险管理严重缺位的原因主要是：

法人治理不完善。主要表现在：一是所有者"虚位"。大部分农村信用社股权分散、结构不合理，"内部人控制"现象十分严重。二是"三会一层"制衡失效。社员代表大会作用未有效发挥，农村信用社理事长介入具体经营管理，理事会和高管层职责定位不清。监事会职能虚置，大多受制于理事会，独立性不够，履行监督的能力不足。三是外部人越位。在现行行业管理体制下，省农村信用社联合社（以下简称省联社）从加强对农村信用社经营权、控制权的利益考虑，将本属于法人机构的农村信用社当作分支机构进行管理，农村信用社各个方面的经营自主权未得到保障和有效行使。

组织架构不合理。主要表现在：一是风险管理部门职责不完善。虽设置了专门的风险管理部门，但目前的职责仅停留在信用风险控制上，主要集中于资产风险分类、资产保全处置等方面，不涉及对环境风险的管理，对于分散在各个部门的风险管理职责也起不到督导和统筹作用。二是业务部门职责划分不清。一些机构业务部门既负责业务管理及风险控制，又直接参与业务经营，往往导致重经营、轻管理。基层营业机构管理人员、操作人员和业务人员互相兼职的情况仍较普遍。三是在操作中风险管理部门和业务部门相互协调、配合及制衡不够，责任分工、权限及报告路径不清晰，未形成完整的风险管理体系。

内控机制不健全。主要表现在：一是流程控制存在缺陷。无论是业务经营还是风险管理总体呈粗放状态。二是制度体系不完善。制度建设总体滞后于业务发展，制度的时效性和操作性不够，健全有效的内控制度体系尚未形成。三是制度执行不力。"人情代替制度、习惯代替制度、信任代替制度、领导安排代替制度"的情况比较普遍，有章不循、违规操作时有发生，对相关风险环节的事前防范、事中控制、事后监督不够。四是内部监督不到位。稽核人员配备不足，稽核人员素质不高，稽核部门的独立性、权威性不够，内部检查流于形式。

为了加快农村信用社向现代金融企业的转换步伐，建立风险管理长效机制，2009 年 12 月，银监会印发了《农村中小金融机构风险管理机制建设指引》（银监发〔2009〕107 号文件，以下简称《指引》），要求农村中小金融机构在 3～5 年内按照"梳理——规划——建设——提高"的路径，分类制定风险建设的中长期战略规划，逐步完善风险管理机制，提升核心竞争力。《指引》从机制建设的角度提出了农村中小金融机构建立全面风险管理体系的整体要求，旨在推动农村中小金融机构树立全面风险管理理念，建立全面风险管理框架，完善全面风险管理机制。

巴塞尔新资本协议提出了一套全面风险管理的框架、机制、技术和方法。在风险管理框架方面，巴塞尔委员会于 2009 年 1 月出台的《新资本协议框架完善建议》明确提出："有效的风险管理体系应包含以下关键因素：董事会和高级管理层的积极监督；恰当的风险政策、程序和限额；对风险的全面和及时识别、计量、缓释、控制、监测和报告；在业务层面和全行内部管理层面建构合适的风险管理信息系统和全面的内部控制。"巴塞尔新资本协议是所有金融机构都可以参考和借鉴的风险管理目标模式，这一框架主要适用于大中型商业银行，考虑到农村中小金融机构目前的风险管理水平，《指引》主要在风险管理的框架方面借鉴了巴塞尔委员会提出的有关要求，参考 COSO 风险管理框架的要求，同时结合农村中小金融机构经营活动的特点，提出了其风险管理的主要内容，但对风险计量方面的技术未明确要求。

《指引》在遵循商业银行风险管理一般性原则和要求的基础上，充分考虑到农村中小金融机构层级少、规模小、业务单一的特点，主要针对当前阶段农村中小金融机构的风险管理水平，以机制建设为着力点，提出了具体要求：一是在风险管理组织架构方面，明确采取风险集中管理模式，第 12 条规定总部单独设置风险管理部门，在支行（信用社）一级采取风险管理人员委派制。二是在风险管理机制方面紧密结合农村中小金融机构的业务特点，如第 25 条规定，开办新业务，要由业务、风险、合规部门进行会商或会签；第 26 条规定，逐步开发和完善针对中小企业、农户的评级打分卡；第 27 条规定创新风险缓释方式，扩大抵押担保范围。三是就考核问责单独设置一章，强化农村中小金融机构风险管理责任制，其中第 38 条明确规定，将风险管理与内部控制考核纳入经营管理综合考核之中。四是在风险管理文化方面，提出了系统性的建设要求，第 40 条、第 41 条对高级管理层提出了明确要求，第 43 条提出强化案件警示的作用。五是在监督评价方面，第 46 条提出要发挥行业和管理部门的作用。

　　商业银行环境风险管理是商业银行风险管理的重要组成部分，它必须根植于商业银行内部的风险管理流程与体系之中。中国农村中小金融机构本身风险管理体系十分薄弱，是其环境风险管理缺失的重要制度根源。《指引》着力于建构和规范农村中小金融机构风险管理体系，为中小金融机构环境风险管理构建了基础性的制度体系。但是，《指引》中并没有强调对环境风险的监管，中国环保部也没有借此《指引》的出台和实施，与银监会合作，出台关于中小金融机构如何完善环境风险管理的政策和条例，这是亟须跟进的区域，也是完善绿色信贷政策最为重要的部分。

　　从中小金融机构自身的风险管理与规避看，环境风险是其面临的主要风险。中国环保部历次发布的关闭污染小企业等环境风暴，受到环境风险冲击的，不是大型商业银行，而是农村中小金融机构。污染小企业基本是乡镇企业，分布在农村，主要资金来源是农村中小金融机构的贷款。所以，如何指导农村中小金融机构识别环境污染的贷款项目，如何引导其资金流向环境友好型项目，是绿色信贷政策亟须深化研究的问题。

　　中国的农村中小金融机构如今正处于体制改革和经营转型时期，中央政府更为关注的是农村中小金融机构的生存和可持续发展，因为农村需要中小金融机构。但是，近年来，农村的污染源所带来的环境污染已经超过了城市污染，要进一步遏制环境污染，特别是水污染，必须要抓紧农村污染源的治理和整顿。但是，农村中小金融机构，如农村信用社，在贷款发放中并没有环境审核这一环节。这些污染小企业数量众多，分布较广，环保部门的监管也很难深入下去，如果农村信用社在发放贷款中不对这些小企业的环境风险进行分析，从国家的角度来说，将会成为污染控制的死角；从农村信用社的角度来说，一旦大批贷款小企业被政府列为关停的对象，必然面临巨大的信贷风险，严重影响其可持续发展。

　　因此，无论从国家环境保护的角度，还是从促进农村中小金融机构健康发展的角度，在农村中小金融机构中加强环境风险管理，都是极其重要的。

附录 1

赤道原则

一套在融资过程中用以确定、评估和管理项目所涉及的
环境和社会风险的金融行业基准

2013 年 6 月

www. equator-principles. com

序言

大型基础设施和工业项目会对人和环境产生负面影响。作为融资人和顾问，我们与客户合作，以结构化方式持续为客户识别、评估和管理环境和社会所产生的风险及影响。这种合作促进了社会和环境的可持续发展，并能带来更好的金融、社会和环境成果。

作为赤道原则金融机构（EPFI），我们采纳赤道原则以确保所融资和提供咨询服务的项目按照对社会负责的方式发展，并体现健全的环境管理实践。我们认识到气候变化、生物多样性和人权问题的重要性，并相信受项目影响的生态系统、社区和气候应尽量免受不利影响。如果这些影响无可避免，也应减轻、降低影响及/或对影响进行恰当的补偿。

我们相信，采纳和遵守赤道原则会有助客户促进与当地受影响社区的关系，对我们、客户和当地利益相关者也有重大裨益。因此，我们深明作为融资人，应把握机会促进负责任的环境管理和对社会负责的发展，包括根据赤道原则开展尽职调查①来履行我们尊重人权的职责。

赤道原则旨在提供一套通用的基准和框架。我们致力于在与为项目

---

① 请参考《企业和人权：实施联合国"保护、尊重和补救"框架指导原则》。

226

提供融资活动相关的内部社会和环境政策、程序和标准中实施赤道原则。假如客户不会或无法遵守赤道原则，我们将拒绝为项目提供项目融资或提供用于项目的公司贷款。由于过桥贷款和项目融资咨询服务系在项目初期提供给客户的产品和服务，因此我们要求客户明确表明他们遵守赤道原则的意向。

EPFI 基于实施经验不时重检赤道原则，以便能够反映正在进行的学习情况和新出现的良好实践。

范围

赤道原则适用于全球各行各业。

在支持一个新融资项目时，赤道原则适用于下述四种金融产品：

1. 项目资金总成本达到或超过 1 000 万美元的项目融资咨询服务。

2. 项目资金总成本达到或超过 1 000 万美元的项目融资。

3. 符合下述四项标准的用于项目的公司贷款①（包括出口融资中的买方信贷形式）：

（1）大部分贷款与客户拥有实际经营控制权（直接或间接）的单一项目有关。

（2）贷款总额为至少 1 亿美元。

（3）EPFI 单独贷款承诺（银团贷款或顺销前）为至少 5 000 万美元。

（4）贷款期限为至少 2 年。

4. 过桥贷款，贷款期限少于两年，且计划借由预期符合上述相应标准的项目融资或一种用于项目的公司贷款进行再融资。虽然目前不计划就过往项目追溯应用赤道原则，但当现有项目涉及扩充或提升现有设备，而有关改动在规模或范围上或会对环境及社会造成重大风险和影响，又或对现有影响的性质或程度带来重大转变，则 EPFI 会就有关项目所涉及

---

① 用于项目的公司贷款不包括出口融资中的卖方信贷形式（客户无实际经营控制权）。此外，用于项目的公司贷款不包括为基础项目提供资金的其他金融工具，例如用于维持公司运营的资产融资、并购融资、对冲基金、租赁、信用证、一般性公司贷款和一般营运资金支出贷款。

的融资应用赤道原则。

方法

项目融资和用于项目的公司贷款

EPFI 仅会为符合原则 1～10 条的项目提供项目融资和用于项目的公司贷款。

项目融资咨询服务和过桥贷款

EPFI 在提供项目融资咨询服务和过桥贷款时，会令客户明白赤道原则的内容、应用和在预期项目中采用赤道原则的益处。EPFI 会要求客户在其后物色长期性融资时，向 EPFI 表示有意遵守赤道原则的规定。EPFI 会指导并支持客户循序渐进地应用赤道原则。

对于 A 类或 B 类（原则 1 中所界定的）的过桥贷款，下列要求在相关情况下适用。在贷款期限内，项目处于可行性分析阶段并预计不会产生任何影响，EPFI 将确认客户会进行一次社会和环境评估（评估）操作。在贷款期限内，社会和环境评估文件（评估文件）已准备好，项目开发即将开始，EPFI 会适当与客户合作确定一名独立环境和社会顾问并开展一定量的工作，以着手进行独立审查（原则 7 中所界定的）。

信息共享

在遵守商业保密原则和适用的法律法规的前提下，被委托的 EPFI 将适当与其他被委托金融机构共享相关社会和环境信息，该共享将严格限于实现对赤道原则应用的一致性以内。该类信息共享不应涉及任何竞争情报等敏感信息。任何关于是否及在何种情况下提供金融服务的决定（"范围"中所界定的）将由每个 EPFI 分别给出并符合各自的风险管理政策。时间限制可能导致 EPFI 在所有其他金融机构被正式委托前，考虑通过交易寻求客户的授权来启动类似的信息共享。EPFI 期望客户提供类似的授权。

原则声明

原则 1：审查和分类

当项目提呈进行融资时，作为内部环境和社会审查和尽职调查工作的一部分，EPFI 将根据项目潜在社会和环境的影响和风险程度将项目分类。这种筛选基于国际金融公司（IFC）的环境和社会分类操作流程。

通过分类，EPFI 的环境和社会尽职调查工作与项目性质、程度和阶段相称，并与环境和社会风险和影响相称。

分类为：

A 类——项目对环境和社会有潜在重大不利并/或涉及多样的、不可逆的或前所未有的影响；

B 类——项目对环境和社会可能造成不利的程度有限和/或数量较少，而影响一般局限于特定地点，且大部分可逆并易于通过减缓措施加以解决；及

C 类——项目对社会和环境影响轻微或无不利风险和/或影响。

原则 2：环境和社会评估

对于每个被评定为 A 类和 B 类的项目，EPFI 会要求客户开展环境和社会评估，在令 EPFI 满意的前提下解决与提呈项目有关的环境和社会影响和风险（当中可能包括附件 II 所示的问题说明清单）。评估文件应提供与提呈项目性质和规模在某种意义上相关相称的可减少、减轻和补偿不利影响的措施。

无论评估文件由客户、顾问或外部专家任何一方制定，它都将充分、准确并客观地评价和说明环境和社会风险和影响。A 类项目及部分视情况而定的 B 类项目的评估文件应包括一份环境和社会影响评估（ESIA）。可能还需要进行一或多项专门研究。此外，在有限高风险的情况下，客户可相应地在评估文件中加入明确的人权尽职调查作为补充。对于其他项目，评估文件可局限或集中于某个问题的环境或社会评估（如审核），

或是针对环境选址、污染标准、设计规范或施工标准的直接应用。

对所有项目，在所有地区，范围 1 和范围 2 的年总二氧化碳排放量预计超过 100 000 公吨，将实行替代分析来评估替代品并减少温室气体（GHG）的排放。请参考附件 A 的替代分析要求。

原则 3：适用的环境和社会标准

评估过程在社会和环境问题方面，应首先符合东道国相关的法律、法规和许可。

EPFI 运营于不同市场：一些市场拥有健全的社会和环境治理、立法体系和机构功能来保护居民和自然环境；一些市场也在不断完善其技术和机构功能来治理社会和环境问题。

EPFI 将要求评估过程符合以下适用标准：

1. 假如项目位于非指定国家，则评估过程应符合当时适用的国际金融公司（IFC）社会和环境可持续性绩效标准（绩效标准），以及世界银行集团环境、健康和安全指南（EHS 指南）（附件 III）。

2. 假如项目位于指定国家，评估过程在社会和环境问题方面，应符合东道国相关的法律、法规和许可。东道国法律符合环境和/或社会评估（原则 2），管理体系和计划（原则 4），利益相关者的参与（原则 5）及投诉机制（原则 6）的要求。

评估过程将会证明并令 EPFI 信纳，项目整体上符合，或只在合理情况下偏离适用标准。适用的标准（如上文所述）代表 EPFI 所采用的最低标准。EPFI 可以根据他们独立判断适用额外要求。

原则 4：环境和社会管理系统以及赤道原则行动计划

对于每个获评定为 A 类和 B 类的项目，EPFI 会要求客户开发或维持一套环境和社会管理体系（ESMS）。

此外，客户须准备一份环境和社会管理计划（ESMP），藉以处理评估过程中发现的问题并整合为符合适用标准所需采取的行动。当适用标准不能令 EPFI 满意时，客户和 EPFI 将共同达成一份赤道原则行动计划

（AP）。赤道原则行动计划（AP）旨在概述根据适用标准，距离符合EPFI要求还存有的差距和所需的承诺。

原则5：利益相关者的参与

对于每个被评定为A类和B类的项目，EPFI会要求客户证明，其已经采用一种在结构和文化上均合适的方式，持续与受影响社区和其他利益相关方开展了有效的利益相关者参与行动。对于受影响社区有潜在重大不利影响的项目，客户将实行通报协商和参与流程。客户将磋商流程内容定制为：项目带来的风险和影响；项目的开发阶段；受影响社区的语言偏好；决策制定流程；及弱势和易受伤害群体的需要。磋商应是自由的，不受外部操纵、干扰、强迫和威胁。

为了促进利益相关者的参与，客户将以当地语言和文化上适当之方式，为受影响社区及其他利益相关者提供与项目的风险和影响相称的评估文件。

客户将会考虑利益相关者参与流程的结果，包括流程结束后协议/达成共识的任何行动，并制成文件。对于具有不利社会或环境风险和影响的项目，披露工作应在评估过程的早期阶段进行，在任何情况下，均应在项目开工之前进行，并应一直持续下去。

EPFI认为土著居民可能代表了受项目影响社区的弱势群体。受项目影响的土著居民将成为通报协商和参与流程的一部分，并需要符合相关国家法律中赋予土著居民的权利和给予的保护，包括国际法中履行东道国义务的法律。符合国际金融公司（IFC）绩效标准7详述的特定规定（原则3中所界定的），项目若对土著居民产生不利影响，则须得到他们自由、事先和知情的同意（FPIC）①。

---

① FPIC中没有普遍接受的定义。基于客户和受影响土著社区诚信的磋商，FPIC建立并扩大了通报协商和参与流程，确保了土著居民有意义地参与决策制定，并关注协议的达成。FPIC不需要一致同意，不赋予个人或小组否决权，也不需要客户同意不受他们控制的事项。关于为达成FPIC所需的流程元素，请参阅国际金融公司绩效标准7。

原则 6：投诉机制

对于每个被评定为 A 类和部分视情况而定的 B 类项目，EPFI 会要求客户设立一套投诉机制，作为社会和环境管理体系（ESMS）的一部分，此举可让客户收集并促进解决对项目的社会和环境绩效的关注和投诉。

投诉机制应按照项目风险和不利影响的比例设立，并将受影响社区作为其主要用户。投诉机制能够通过一种易懂并透明的磋商流程，及时解决被关注的问题，该机制在文化上适当、易于使用、无成本并不会对首先提出问题或关注的团体进行报复。该机制不应妨碍司法或行政救济的获取。客户会在利益相关者的参与流程期间将该机制告知受影响社区。

原则 7：独立审查

项目融资

对于每个被评定为 A 类和部分视情况而定的 B 类的项目，一名与客户无直接联系的独立环境和社会顾问将会对评估文件，包括环境和社会管理计划（ESMP）、社会和环境管理体系（ESMS）和利益相关者的参与流程文件，进行一次独立审查，此举旨在协助 EPFI 的尽职调查工作，并评估项目是否符合赤道原则。

该独立社会和环境顾问还将提出或认可一套合适的赤道原则行动计划（AP），该计划能使项目符合赤道原则，或当项目无法符合赤道原则时，给予指示。

用于项目的公司贷款

存在潜在高风险影响的项目需要由独立环境和社会顾问进行独立审查，这些影响包括但不仅限于下列各项：

- 对土著居民的不利影响；
- 对重要栖息地的影响；
- 对重要文化遗产的影响；

●大规模的重新安置所产生的影响。

其他 A 类及部分视情况而定的 B 类中，对于用于项目的公司贷款，EPFI 会决定进行独立审查是否合适或 EPFI 的内部审查是否充分。若存在由多边或双边金融机构或经济合作和发展组织官方出口信用保险机构开展了尽职调查的情况，EPFI 可以考虑将该尽职调查作为参考。

原则 8：承诺性条款

赤道原则的一项重要内容是要求在契约中加入有关合规的承诺性条款。

对于所有的项目，客户将在融资文件内加入承诺性条款，在所有重要方面遵守东道国一切相关的环境和社会法律、法规和许可。

A 类和 B 类项目的客户须在融资文件内加入以下承诺性条款：

（1）在项目兴建和运作期间，在所有重要方面均符合环境和社会管理计划（ESMP）及赤道原则行动计划（AP）（如适用）；及

（2）按与 EPFI 协议的格式定期提交由内部职员或第三方专家编制的报告（提供报告的频度与影响的严重程度成正比，又或按照法律所规定，但每年至少应提交一次），报告应 i）符合环境和社会管理计划（ESMP）及赤道原则行动计划（AP）（如适用），及 ii）提供有关当地、州和东道国环境和社会法律、法规和许可的合规陈述；及

（3）按照协议的退役计划在适用和适当情况下退役设备。

假如客户未能履行其环境和社会承诺性条款，EPFI 将与客户协作，采取补救措施，以尽可能使项目符合承诺性条款的要求。假如客户未能在议定的宽限期内重新遵守承诺性条款，则 EPFI 将保留在其认为适当的时候，行使补救措施的权利。

原则 9：独立监测和报告

项目融资

为使项目符合赤道原则并确保于融资正式生效日和贷款偿还期限内的持续性监测和报告，EPFI 将要求所有 A 类项目和部分视情况而定的 B

类项目委任一名独立社会和环境顾问，或要求客户聘请有资格且经验丰富的外部专家，核实将要提交给 EPFI 的监测信息。

用于项目的公司贷款

对于在原则 7 需要进行独立审查的项目，EPFI 将要求在融资正式生效日后委任一名独立社会和环境顾问，或要求客户聘请有资格且经验丰富的外部专家，核实将要提交给 EPFI 的监测信息。

原则 10：报告和透明度

客户报告要求

下列客户报告要求不包括原则 5 中的披露要求。

所有 A 类项目和部分视情况而定的 B 类项目：

• 客户将至少确保环境和社会影响评估的摘要可在线获取①。

• 对于每年二氧化碳排放量超过 100 000 公吨的项目，客户将于项目运作阶段就温室气体排放水平（范围 1 和范围 2 排放量的总和）向公众报告。请参考附件 A 温室气体排放报告的详细要求。

EPFI 报告要求

EPFI 将在适当考虑保密因素的前提下，至少每年向公众报告至融资正式生效日时交易的数量及其实施赤道原则的过程和经验，EPFI 将按照附件 B 中详述的最低报告要求进行报告。

免责声明

赤道原则是金融界中各机构各自发展其内部社会和环境政策、程序和惯例的基准和框架。赤道原则没有对任何法人、公众或个人设定任何权利或责任。金融机构是在没有依靠或求助于国际金融公司、世界银行集团、赤道原则协会或其他赤道原则金融机构的情况下，自愿和独立地采纳与实施赤道原则。假如适用的法律法规与赤道原则中提出的要求存在明显冲突，则优先遵守当地的法律法规。

---

① 客户无法上网的情况除外。

附件：执行要求

附件 A：气候变化：替代分析，温室气体排放的定量和报告

替代分析

替代分析要求对在技术和财务方面可行以及成本效益好的可替代方案进行评估，以便能减少项目在设计、建设和运营期间与项目相关的温室气体排放。

对于范围 1 中的排放，分析将包括考虑使用适用的代用燃料或能源。如果在监管许可流程中需要进行替代分析，该分析将遵循相关流程的方法和时间范围。对于处于高碳强度行业的项目，替代分析将包括与其他用于相同产业及国家或地区的可行技术的比较，所选技术可带来一定的能源效率。

高碳强度行业包括以下各项，在世界银行集团环境、健康与安全中有所概述：火力发电站、水泥和石灰制造业、综合性炼钢厂、贱金属冶炼和精炼及铸造场。

完成替代分析后，客户将通过相应的文件，为在技术和财务方面可行且经济有效的选项提供证明。此举不会修改或减少适用标准中的要求（例如国际金融机构绩效标准第 3 条）。

定量和报告

客户将按照国际公认的方法和良好实践对温室气体排放进行定量，例如温室气体核算体系。客户将对范围 1 和范围 2 中的排放进行定量。

EPFI 将要求客户每年公开报告温室气体排放等级

对于每年二氧化碳排放量超过 100 000 公吨的项目，客户将于项目运作阶段就温室气体排放等级（范围 1 和范围 2 排放量的总和）问题告知公众。EPFI 鼓励客户对每年排放二氧化碳超过 25 000 公吨的项目进行公开报告。可视为满足公众告知要求的手段有：监管要求下的报告或环境影响评价，或自愿报告机制，例如包括项目级别的排放量的碳信息披露项目。

某些情况下，可能不适合公开披露完整的替代分析或项目级别的排放量。

附件 B：最低报告要求

EPFI 将按照所有下述章节的要求，每年向公众公布。

数据和执行报告

进行数据和执行报告是 EPFI 的责任。它将发布于各 EPFI 的网站上的单独位置并易于用户访问。

EPFI 将于所有数据和执行报告中详细说明报告周期（例如开始日期和结束日期）。

项目融资咨询服务数据

EPFI 将于报告期间对受委托提供项目融资咨询服务的总次数作出报告。总次数将按行业和地区划分。

项目融资咨询服务的数据将与项目融资和用于项目的公司贷款区分，以单独的题目进行报告。项目融资咨询服务数据中可能不包括分类且与独立审查是否已经实行无关，因为项目开发往往处于初期阶段且并非所有信息均可获得。

项目融资和用于项目的公司贷款数据

EPFI 将公布报告期间达到融资正式生效日阶段的项目融资交易的总数量和用于项目的公司贷款的总数量。

各产品种类的总数将按分类（A、B 或 C）划分，然后按下列各项划分：

• 按行业划分（例如采矿业、基础建设业、石油和天然气业、发电业及其他行业）；

• 按地区划分（例如美洲、欧洲、中东、非洲和亚太地区）；

• 按国家划分（例如指定国家或非指定国家）；

• 独立审查是否已被实施。

项目融资交易数据和用于项目的公司贷款数据应分开表示。

过桥贷款数据

过桥贷款数据，由于其性质的原因，不作为具体报告要求的一部分。

执行报告

EPFI 将对赤道原则的执行情况进行报告，包括：

- 赤道原则审查专家的委任（例如职责和人员配备）；
- 赤道原则审查专家各自的任务，业务种类和交易审查流程中的高层管理人员；
- 将赤道原则纳入其信用和风险管理政策和流程。

在采纳赤道原则的第一年，EPFI 将详细说明所需的内部准备并提供员工培训。第一年后，如有必要，EPFI 可能需要提供员工持续培训的详情。

项目融资的项目名称报告

EPFI 将直接向赤道原则协会秘书处提交项目名称数据，旨在将这些信息发布于赤道原则协会网站上。

项目名称报告：

- 仅适用于至融资正式生效日阶段的项目融资交易；
- 须征得客户同意；
- 须符合当地适用法律法规；及
- 如报告属于某个认定的司法管辖区，则不受制于 EPFI 附加责任。

EPFI 将于任何视为适当但不迟于融资正式生效日的时候寻求客户的同意。

EPFI 将直接或通过网页链接提交下列项目名称数据：

- 项目名称（符合贷款协议和/或公开认可的）；
- 交易融资正式生效日所处的年份；
- 行业（例如采矿业、基础建设业、石油和天然气业、发电业及其他行业）；
- 东道国名称。

个别 EPFI 可能想要将项目名称数据作为他们报告的一部分，但他们没有义务这么做。

附录 2

赤道原则中项目的分类

作为项目预期社会和环境影响审查的一部分，EPFIs 会运用一套基于国际金融公司环境和社会筛查标准的社会和环境分类系统，来反映根据评估所得出的项目影响程度。这些类别包括：

A 类——项目对社会或环境可能造成严重的负面影响，并且这种影响是多样的、不可逆转的或前所未有的；

B 类——项目对社会或环境可能造成一定的负面影响，并且影响的数量较少，一般集中在一定区域，大部分是可逆的，并能够通过缓解措施容易得以改善；

C 类——项目对社会或环境影响轻微或无不利影响。

附录 3

建设项目环境影响评价分类管理名录^①

（2018 年修订）

第一条　为了实施建设项目环境影响评价分类管理，根据《中华人民共和国环境影响评价法》第十六条的规定，制定本名录。

第二条　根据建设项目特征和所在区域的环境敏感程度，综合考虑建设项目可能对环境产生的影响，对建设项目的环境影响评价实行分类管理。

建设单位应当按照本名录的规定，分别组织编制建设项目环境影响报告书、环境影响报告表或者填报环境影响登记表。

第三条　本名录所称环境敏感区是指依法设立的各级各类保护区域和对建设项目产生的环境影响特别敏感的区域，主要包括生态保护红线范围内或者其外的下列区域：

（一）自然保护区、风景名胜区、世界文化和自然遗产地、海洋特别保护区、饮用水水源保护区；

（二）基本农田保护区、基本草原、森林公园、地质公园、重要湿地、天然林、野生动物重要栖息地、重点保护野生植物生长繁殖地、重要水生生物的自然产卵场、索饵场、越冬场和洄游通道、天然渔场、水土流失重点防治区、沙化土地封禁保护区、封闭及半封闭海域；

（三）以居住、医疗卫生、文化教育、科研、行政办公等为主要功能的区域，以及文物保护单位。

第四条　建设单位应当严格按照本名录确定建设项目环境影响评价类别，不得擅自改变环境影响评价类别。

环境影响评价文件应当就建设项目对环境敏感区的影响作重点分析。

---

① 2017 年 6 月 29 日环境保护部令第 44 号公布根据 2018 年 4 月 28 日公布的《关于修改〈建设项目环境影响评价分类管理名录〉部分内容的决定》修正。

第五条 跨行业、复合型建设项目，其环境影响评价类别按其中单项等级最高的确定。

第六条 本名录未作规定的建设项目，其环境影响评价类别由省级生态环境主管部门根据建设项目的污染因子、生态影响因子特征及其所处环境的敏感性质和敏感程度提出建议，报生态环境部认定。

第七条 本名录由生态环境部负责解释，并适时修订公布。

第八条 本名录自 2017 年 9 月 1 日起施行。2015 年 4 月 9 日公布的原《建设项目环境影响评价分类管理名录》（环境保护部令第 33 号）同时废止。

项目类别		环评类别			本栏目环境敏感区含义
		报告书	报告表	登记表	
一、畜牧业					
1	畜禽养殖场、养殖小区	年出栏生猪5 000头（其他畜禽种类折合猪的养殖规模）及以上、涉及环境敏感区的		其他	第三条（一）中的全部区域；第三条（三）中的全部区域
二、农副食品加工业					
2	粮食及饲料加工	含发酵工艺的	年加工1万吨及以上的	其他	
3	植物油加工	/	除单纯分装和调和的	单纯分装或调和的	
4	制糖、糖制品加工	原糖生产	其他（单纯分装的除外）	单纯分装的	
5	屠宰	年屠宰生猪10万头、肉牛1万头、肉羊15万只、禽类1 000万只及以上	其他	/	
6	肉禽类加工	/	年加工2万吨及以上	其他	
7	水产品加工	/	鱼油提取及制品制造；年加工10万吨及以上的；涉及环境敏感区的	其他	第三条（一）中的全部区域；第三条（二）中的全部区域
8	淀粉、淀粉糖	含发酵工艺的	其他（单纯分装除外）	单纯分装的	
9	豆制品制造	/	除手工制作和单纯分装外的	手工制作或单纯分装的	
10	蛋品加工	/	/	全部	

续表

项目类别		环评类别			本栏目环境敏感区含义
		报告书	报告表	登记表	
三、食品制造业					
11	方便食品制造	/	除手工制作和单纯分装外的	手工制作或单纯分装的	
12	乳制品制造	/	除单纯分装外的	单纯分装的	
13	调味品、发酵制品制造	含发酵工艺的味精、柠檬酸、赖氨酸制造	其他（单纯分装的除外）	单纯分装的	
14	盐加工	/	全部	/	
15	饲料添加剂、食品添加剂制造	/	除单纯混合和分装外的	单纯混合或分装的	
16	营养食品、保健食品、冷冻饮品、食用冰制造及其他食品制造	/	除手工制作和单纯分装外的	手工制作或单纯分装的	
四、酒、饮料制造业					
17	酒精饮料及酒类制造	有发酵工艺的（以水果果汁或水果为原料年生产能力1 000 千升以下的除外）	其他（单纯勾兑的除外）	单纯勾兑的	
18	果菜汁类及其他软饮料制造	/	除单纯调制外的	单纯调制的	

续表

项目类别	环评类别			本栏目环境敏感区含义
	报告书	报告表	登记表	
五、烟草制品业				
19 卷烟	/	全部	/	
六、纺织业				
20 纺织品制造	有洗毛、染整、脱胶工段的；产生缫丝废水、精炼废水的	其他（编织物及其制品制造除外）	编织物及其制品制造	
七、纺织服装、服饰业				
21 服装制造	有湿法印花、染色、水洗工艺的	新建年加工100万件及以上	其他	
八、皮革、毛皮、羽毛及其制品和制鞋业				
22 皮革、毛皮、羽毛（绒）制品	制革、毛皮鞣制	其他	/	
23 制鞋业	/	使用有机溶剂的	其他	
九、木材加工和木、竹、藤、棕、草制品业				
24 锯材、木片加工、木制品制造	有电镀或喷漆工艺且年用油性漆量（含稀释剂）10吨及以上的	其他	/	
25 人造板制造	年产20万立方米及以上	其他	/	
26 竹、藤、棕、草制品制造	有喷漆工艺且年用油性漆量（含稀释剂）10吨及以上的	有化学处理工艺的；有喷漆工艺且年用油性漆量（含稀释剂）10吨以下的，或使用水性漆的	其他	

续表

项目类别		环评类别			本栏目环境敏感区含义
		报告书	报告表	登记表	
十、家具制造业					
27	家具制造	有电镀或喷漆工艺且年用油性漆量（含稀释剂）10 吨及以上的	其他	/	
十一、造纸和纸制品业					
28	纸浆、溶解浆、纤维浆等制造；造纸（含废纸造纸）	全部	/	/	
29	纸制品制造	/	有化学处理工艺的	其他	
十二、印刷和记录媒介复制业					
30	印刷厂；磁材料制品	/	全部	/	
十三、文教、工美、体育和娱乐用品制造业					
31	文教、体育、娱乐用品制造	/	全部	/	
32	工艺品制造	有电镀或喷漆工艺且年用油性漆量（含稀释剂）10 吨及以上的	有喷漆工艺且年用油性漆量（含稀释剂）10 吨以下的，或使用用水性漆的；有机加工的	其他	

续表

项目类别	环评类别			本栏目环境敏感区含义
	报告书	报告表	登记表	
十四、石油加工、炼焦业				
33	原油加工、天然气加工、油母页岩等提炼原油、煤制油、生物制油及其他石油制品			
	全部	/	/	
34	煤化工(含煤炭液化、气化)			
	全部	/	/	
35	炼焦、煤炭热解、电石			
	全部	/	/	
十五、化学原料和化学制品制造业				
36	基本化学原料制造；农药制造；涂料、染料、颜料、油墨及其类似产品制造；专用化学品制造；炸药、火工及焰火等产品制造；水处理剂等制造			
	除单纯混合和分装外的	单纯混合或分装的	/	
37	肥料制造			
	化学肥料(单纯混合和分装的除外)	其他	/	

续表

	项目类别	环评类别			本栏目环境敏感区含义
		报告书	报告表	登记表	
38	半导体材料	全部	/		
39	日用化学品制造	除单纯混合和分装外的	单纯混合或分装的	/	
十六、医药制造业					
40	化学药品制造；生物、生化制品制造	全部		/	
41	单纯药品分装、复配	/	全部	/	
42	中成药制造、中药饮片加工	有提炼工艺的	其他	/	
43	卫生材料及医药用品制造	/	全部	/	
十七、化学纤维制造业					
44	化学纤维制造	除单纯纺丝外的	单纯纺丝	/	
45	生物质纤维素乙醇生产	全部	/		
十八、橡胶和塑料制品业					
46	轮胎制造、再生橡胶制造，橡胶加工、橡胶制品制造及翻新	轮胎制造；有炼化及硫化工艺的	其他	/	
47	塑料制品制造	人造革、发泡胶等涉及有毒原材料的；以再生塑料为原料的；有电镀或喷漆工艺且年用油性漆量（含稀释剂）10吨及以上的	其他	/	

续表

项目类别		环评类别			本栏目环境敏感区含义
		报告书	报告表	登记表	
十九、非金属矿物制品业					
48	水泥制造	全部		/	
49	水泥粉磨站	/	全部	/	
50	砼结构构件制造、商品混凝土加工	/	全部	/	
51	石灰和石膏制造、石材加工、人造石制造、砖瓦制造	/	全部	/	
52	玻璃及玻璃制品	平板玻璃制造	其他玻璃制造；以煤、油、天然气为燃料加热的玻璃制品制造	/	
53	玻璃纤维及玻璃纤维增强塑料制品	/	全部	/	
54	陶瓷制品	年产建筑陶瓷100万平方米及以上；年产卫生陶瓷150万件及以上；年产日用陶瓷250万件及以上	其他	/	
55	耐火材料及其制品	石棉制品	其他	/	
56	石墨及其他非金属矿物制品	含焙烧的石墨、碳素制品	其他	/	

247

续表

项目类别		环评类别			本栏目环境敏感区含义
		报告书	报告表	登记表	
57	防水建筑材料制造、沥青搅拌站、干粉砂浆搅拌站	/	全部		
二十、黑色金属冶炼和压延加工业					
58	炼铁、球团、烧结	全部	/	/	
59	炼钢	全部	/	/	
60	黑色金属铸造	年产10万吨及以上	其他	/	
61	压延加工	黑色金属年产50万吨及以上的冷轧	其他	/	
62	铁合金制造；锰、铬冶炼	全部	/	/	
二十一、有色金属冶炼和压延加工业					
63	有色金属冶炼（含再生有色金属冶炼）	全部	/	/	
64	有色金属合金制造	全部	/	/	
65	有色金属铸造	年产10万吨及以上	其他	/	
66	压延加工	/	全部	/	
二十二、金属制品业					
67	金属制品加工制造	有电镀或喷漆工艺且年用油性漆量（含稀释剂）10吨及以上的	其他（仅切割组装除外）	仅切割组装的	

续表

	项目类别	环评类别			本栏目环境敏感区含义
		报告书	报告表	登记表	
68	金属制品表面处理及热处理加工	有电镀工艺的；使用有机涂层的（喷粉、喷塑和电泳除外）；有钝化工艺的热镀锌	其他	/	
	二十三、通用设备制造业				
69	通用设备制造及维修	有电镀或喷漆工艺且年用油性漆量（含稀释剂）10 吨及以上的	其他（仅组装的除外）	仅组装的	
	二十四、专用设备制造业				
70	专用设备制造及维修	有电镀或喷漆工艺且年用油性漆量（含稀释剂）10 吨及以上的	其他（仅组装的除外）	仅组装的	
	二十五、汽车制造业				
71	汽车制造	整车制造（仅组装的除外）；发动机生产；有电镀或喷漆工艺且年用油性漆量（含稀释剂）10 吨及以上的零部件生产	其他	/	
	二十六、铁路、船舶、航空航天和其他运输设备制造业				
72	铁路运输设备制造及修理	机车、车辆、动车组制造；发动机生产；有电镀或喷漆工艺且年用油性漆量（含稀释剂）10 吨及以上的零部件生产	其他	/	

续表

序号	项目类别	环评类别			本栏目环境敏感区含义
		报告书	报告表	登记表	
73	船舶和相关装置制造及维修	有电镀或喷漆工艺且年用油性漆量（含稀释剂）10吨及以上的；拆船、修船厂	其他		
74	航空航天器制造	有电镀或喷漆工艺且年用油性漆量（含稀释剂）10吨及以上的	其他	/	
75	摩托车制造	整车制造（仅组装的除外）；发动机生产；有电镀或喷漆工艺且年用油性漆量（含稀释剂）10吨及以上的零部件生产	其他	/	
76	自行车制造	有电镀或喷漆工艺且年用油性漆量（含稀释剂）10吨及以上的	其他	/	
77	交通器材及其他交通运输设备制造	有电镀或喷漆工艺且年用油性漆量（含稀释剂）10吨及以上的	其他（仅组装的除外）	仅组装的	
二十七、电气机械和器材制造业					
78	电气机械及器材制造	有电镀或喷漆工艺且年用油性漆量（含稀释剂）10吨及以上的；铅蓄电池制造	其他（仅组装的除外）	仅组装的	
79	太阳能电池片	太阳能电池片生产	其他	/	

续表

项目类别		环评类别			本栏目环境敏感区含义
		报告书	报告表	登记表	
二十八、计算机、通信和其他电子设备制造业					
80	计算机制造	/	显示器件；集成电路；有分割、焊接、酸洗或有机溶剂清洗工艺的	其他	
81	智能消费设备制造	/	全部	/	
82	电子器件制造	/	显示器件；集成电路；有分割、焊接、酸洗或有机溶剂清洗工艺的	其他	
83	电子元件及电子专用材料制造	/	印刷电路板；电子专用材料；有分割、焊接、酸洗或有机溶剂清洗工艺的	/	
84	通信设备制造、广播电视设备制造、雷达及配套设备制造、非专业视听设备制造及其他电子设备制造	/	全部	/	
二十九、仪器仪表制造业					
85	仪器仪表制造	有电镀或喷漆工艺且年用油性漆量（含稀释剂）10吨及以上的	其他（仅组装的除外）	仅组装的	

续表

项目类别		环评类别			本栏目环境敏感区含义
		报告书	报告表	登记表	
三十、废弃资源综合利用业					
86	废旧资源（含生物质）加工、再生利用	废电子电器产品、废电池、废汽车、废电机、废五金、废塑料（除分拣清洗工艺的）、废油、废船、废轮胎等清洗、再生利用	其他	/	
三十一、电力、热力生产和供应业					
87	火力发电（含热电）	除燃气发电工程外的	燃气发电	/	
88	综合利用发电	利用矸石、油页岩、石油焦等发电	单纯利用余热、余压、余气（含煤层气）发电	/	
89	水力发电	总装机1 000千瓦及以上；抽水蓄能电站；涉及环境敏感区的	其他	/	第三条（一）中的全部区域；第三条（二）中的重要水生生物的自然产卵场、索饵场、越冬场和洄游通道
90	生物质发电	生活垃圾、污泥发电	利用农林生物质、沼气发电，垃圾填埋气发电	/	
91	其他能源发电	海上潮汐电站、波浪电站、温差能站等；涉及环境敏感区的总装机容量5万千瓦及以上的风力发电	利用地热、太阳能热等发电；地面集中光伏电站（总容量大于6 000千瓦，且接入电压等级不小于10千伏）；其他风力发电	其他光伏发电	第三条（一）中的全部区域；第三条（二）中的重要水生生物的自然产卵场、索饵场、天然渔场；第三条（三）中的全部区域

续表

项目类别		环评类别			本栏目环境敏感区含义
		报告书	报告表	登记表	
92	热力生产和供应工程	燃煤、燃油锅炉总容量65吨/小时（不含）以上	其他（电热锅炉除外）	/	
三十二、燃气生产和供应业					
93	煤气生产和供应工程	煤气生产	煤气供应	/	
94	城市天然气生产和供应工程	/	全部	/	
三十三、水的生产和供应业					
95	自来水生产和供应工程	/	全部	/	
96	生活污水集中处理	新建、扩建日处理10万吨及以上	其他	/	
97	工业废水处理	新建、扩建集中处理的	其他	/	
98	海水淡化、其他废水处理和利用	/	全部	/	
三十四、环境治理业					
99	脱硫、脱硝、除尘、VOCs治理等工程	/	新建脱硫、脱硝、除尘	其他	
100	危险废物（含医疗废物）利用及处置的（单独收集、病死动物化尸管（井）除外）	利用及处置的	其他	/	
101	一般工业固体废物（含污泥）处置及综合利用	采取填埋和焚烧方式的	其他	/	
102	污染场地治理修复	/	全部	/	

项目类别		环评类别			本栏目环境敏感区含义
		报告书	报告表	登记表	
三十五、公共设施管理业					
103	城镇生活垃圾转运站	/	全部	/	
104	城镇生活垃圾（含餐厨废弃物）集中处置	全部	/	/	
105	城镇粪便处置工程	/	日处理 50 吨及以上	其他	
三十六、房地产					
106	房地产开发、宾馆、酒店、办公用房、标准厂房等	/	涉及环境敏感区的；需自建配套污水处理设施的	其他	第三条（一）中的全部区域；第三条（二）中的基本农田保护区、基本草原、森林公园、地质公园、重要湿地、天然林、野生动物重要栖息地、重点保护野生植物生长繁殖地；第三条（三）中的文物保护单位，针对第三条（三）中标准厂房增加第三条（三）中的以居住、医疗卫生、文化教育、科研、行政办公等为主要功能的区域
三十七、研究和试验发展					
107	专业实验室	P3、P4 生物安全实验室；转基因实验室	/	其他	

续表

项目类别		环评类别			本栏目环境敏感区含义
		报告书	报告表	登记表	
108	研发基地	含医药、化工类等专业中试内容的		其他	
三十八、专业技术服务业					
109	矿产资源地质勘查（含勘探活动油气和油气资源勘探）	/	除海洋油气勘探工程外的	海洋油气勘探工程	
110	动物医院	/	全部	/	
三十九、卫生					
111	医院、专科防治院（所、站）、社区医疗卫生院（所、站）、血站、急救中心、妇幼保健院、疗养院等其他卫生机构	新建、扩建床位500张及以上的	其他（20张床位以下除外）	20张床位以下的	
112	疾病预防控制中心	新建	其他	/	
四十、社会事业与服务业					
113	学校、幼儿园、托儿所、福利院、养老院	/	涉及环境敏感区的；有化学、生物等实验室的学校	其他（建筑面积5000平方米以下的除外）	第三条（一）中的全部区域；第三条（二）中的基本农田保护区、基本草原、森林公园、地质公园、重要湿地、天然林、野生动物重要栖息地、重点保护野生植物生长繁殖地

255

续表

	项目类别	环评类别			本栏目环境敏感区含义
		报告书	报告表	登记表	
114	批发、零售市场	/	涉及环境敏感区的	其他	第三条(一)中的全部区域;第三条(二)中的基本农田保护区、基本草原、森林公园、地质公园、重要湿地、天然林、野生动物重要栖息地、重点保护野生植物生长繁殖地;第三条(三)中的文物保护单位
115	餐饮、娱乐、洗浴场所	/	/	全部	
116	宾馆饭店及医疗机构衣物集中洗涤、餐具集中清洗消毒	/	需自建配套污水处理设施的	其他	
117	高尔夫球场、滑雪场、狩猎场、赛车场、跑马场、射击场、水上运动中心	高尔夫球场	其他	/	
118	展览馆、博物馆、美术馆、影剧院、音乐厅、文化馆、图书馆、档案馆、纪念馆、体育场、体育馆等	/	涉及环境敏感区的	其他	第三条(一)中的全部区域;第三条(二)中的基本农田保护区、基本草原、森林公园、地质公园、重要湿地、天然林、野生动物重要栖息地、重点保护野生植物生长繁殖地;第三条(三)中的文物保护单位

续表

项目类别		环评类别			本栏目环境敏感区含义
		报告书	报告表	登记表	
119	公园（含动物园、植物园、主题公园）	特大型、大型主题公园	其他（城市公园和植物园除外）	城市公园、植物园	第三条（一）中的全部区域；第三条（二）中的森林公园、天然林、地质公园、重要湿地、野生动物重要栖息地、重点保护野生植物生长繁殖地、重要水生生物的自然产卵场、索饵场、越冬场和洄游通道、封闭及半封闭海域；第三条（三）中的文物保护单位
120	旅游开发	涉及环境敏感区的缆车、索道建设；海上娱乐及运动、海上景观开发	其他	/	
121	影视基地建设	涉及环境敏感区的	其他	/	第三条（一）中的全部区域；第三条（二）中的基本草原、森林公园、天然林、重要湿地、野生动物重要栖息地、重点保护野生植物生长繁殖地；第三条（三）中的全部区域
122	胶片洗印厂	/	全部	/	

257

续表

项目类别		环评类别			本栏目环境敏感区含义
		报告书	报告表	登记表	
123	驾驶员训练基地、公交枢纽、大型停车场、机动车检测场	/	涉及环境敏感区的	其他	第三条 (一) 中的全部区域; 第三条 (二) 中的基本农田保护区、基本草原、森林公园、地质公园、重要湿地、天然林、野生动物重要栖息地、重点保护野生植物生长繁殖地; 第三条 (三) 中的文物保护单位
124	加油、加气站	/	新建、扩建	其他	
125	洗车场	/	涉及环境敏感区的; 危险化学品运输车辆清洗场	其他	第三条 (一) 中的全部区域; 第三条 (二) 中的基本农田保护区、基本草原、森林公园、地质公园、重要湿地、天然林、野生动物重要栖息地、重点保护野生植物生长繁殖地; 第三条 (三) 中的全部区域
126	汽车、摩托车维修场所	/	涉及环境敏感区的; 有喷漆工艺的	其他	第三条 (一) 中的全部区域; 第三条 (三) 中的全部区域
127	殡仪馆、陵园、公墓	/	殡仪馆; 涉及环境敏感区的	其他	第三条 (一) 中的全部区域; 第三条 (二) 中的基本农田保护区; 第三条 (三) 中的全部区域

续表

	项目类别	环评类别			本栏目环境敏感区含义
		报告书	报告表	登记表	
四十一、煤炭开采和洗选业					
128	煤炭开采	全部	/		
129	洗选、配煤		全部	/	
130	煤炭储存、集运		全部	/	
131	型煤、水煤浆生产		全部	/	
四十二、石油和天然气开采业					
132	石油、页岩油开采	石油开采新区块开发；页岩油开采	其他	/	
133	天然气、页岩气、砂岩气开采（含净化、液化）	新区块开发	其他	/	
134	煤层气开采（含净化、液化）	年生产能力1亿立方米及以上；涉及环境敏感区的	其他	/	第三条（一）中的全部区域；第三条（二）中的基本草原、水土流失重点防治区、沙化土地封禁保护区；第三条（三）中的全部区域
四十三、黑色金属矿采选业					
135	黑色金属矿采选（含单独尾矿库）	全部	/		

259

续表

项目类别	环评类别			本栏目环境敏感区含义
	报告书	报告表	登记表	
四十四、有色金属矿采选业				
136 有色金属矿采选（含单独尾矿库）	全部	/		
四十五、非金属矿采选业				
137 土砂石、石材开采加工	涉及环境敏感区的	其他	/	第三条（一）中的全部区域；第三条（二）中的基本草原，重要水生生物的自然产卵场、索饵场、越冬场和洄游通道，沙化土地封禁保护区，水土流失重点防治区
138 化学矿采选	全部	/	/	
139 采盐	井盐	湖盐、海盐	/	
140 石棉及其他非金属矿采选	全部	/	/	
四十六、水利				
141 水库	库容1000万立方米及以上；涉及环境敏感区的	其他		第三条（一）中的全部区域；第三条（二）中的重要水生生物的自然产卵场、索饵场、越冬场和洄游游通道
142 灌区工程	新建5万亩及以上；改造30万亩及以上	其他	/	

续表

项目类别		环评类别			本栏目环境敏感区含义
		报告书	报告表	登记表	
143	引水工程	跨流域调水；大中型河流引水；小型河流引水总量占天然年径流量1/4及以上；涉及环境敏感区的	其他	/	第三条（一）中的全部区域；第三条（二）中的重要水生生物的自然产卵场、索饵场、越冬场和洄游通道
144	防洪治涝工程	新建大中型	其他（小型沟渠的护坡除外）	/	
145	河湖整治	涉及环境敏感区的	其他	/	第三条（一）中的全部区域；第三条（二）中的重要湿地、野生动物重要栖息地、重点保护野生植物生长繁殖地、重要水生生物的自然产卵场、索饵场、越冬场和洄游通道；第三条（三）中的文物保护单位
146	地下水开采	日取水量1万立方米及以上；涉及环境敏感区的	其他	/	第三条（一）中的全部区域；第三条（二）中的重要湿地
四十七、农业、林业、渔业					
147	农业垦殖	/	涉及环境敏感区的	其他	第三条（一）中的全部区域；第三条（二）中的基本草原、重要湿地，水土流失重点防治区

续表

项目类别		环评类别			本栏目环境敏感区含义
		报告书	报告表	登记表	
148	农产品基地项目（含药材基地）	/	涉及环境敏感区的	其他	第三条（一）中的全部区域；第三条（二）中的基本草原、重要湿地、水土流失重点防治区
149	经济林基地项目	/	原料林基地	其他	
150	淡水养殖	/	网箱、围网等投饵养殖；涉及环境敏感区的	其他	第三条（一）中的全部区域
151	海水养殖	/	用海面积300亩及以上；涉及环境敏感区的	其他	第三条（一）中的自然保护区、海洋特别保护区；第三条（二）中的重要湿地、野生动物重要生境栖息地、重点保护野生植物生长繁殖地、重要水生生物的自然产卵场、索饵场、封闭及半封闭海域
四十八、海洋工程					
152	海洋人工鱼礁工程	/	固体物质投放量5 000立方米及以上；涉及环境敏感区的	其他	第三条（一）中的自然保护区、海洋特别保护区；第三条（二）中的野生植物生长繁殖地、重点保护野生植物生长繁殖地、重要水生生物的自然产卵场、索饵场、天然渔场、封闭及半封闭海域

续表

项目类别		环评类别			本栏目环境敏感区含义
		报告书	报告表	登记表	
153	围填海工程及海上堤坝工程	围填海工程；长度0.5公里及以上的海上堤坝工程；涉及环境敏感区的	其他	/	第三条（一）中的自然保护区、海洋特别保护区；第三条（二）中的重要湿地，重点保护野生野生动物重要栖息地，重点保护野生植物生长繁殖地，重要水生生物的自然产卵场、索饵场、天然渔场，封闭及半封闭海域
154	海上和海底物资储藏设施工程	全部	/	/	
155	跨海桥梁工程	全部	/	/	
156	海底隧道、管道、电（光）缆工程	长度1.0公里及以上的	其他	/	
四十九、交通运输业、管道运输业和仓储业					
157	等级公路（不含维护，不含改扩建四级公路）	新建30公里以上的三级及以上等级公路；新建涉及环境敏感区的1公里及以上的隧道；新建涉及环境敏感区的四级公路及1公里及以上的桥梁	其他（配套设施、不涉及环境敏感区的四级公路除外）	配套设施、不涉及环境敏感区的四级公路	第三条（一）中的全部区域；第三条（二）中的全部区域；第三条（三）中的全部区域
158	新建、增建铁路	新建、增建铁路（30公里及以下铁路联络线和30公里及以下铁路专用线除外）；涉及环境敏感区的	30公里及以下铁路联络线和30公里及以下铁路专用线	/	第三条（一）中的全部区域；第三条（二）中的全部区域；第三条（三）中的全部区域

续表

	项目类别	环评类别			本栏目环境敏感区含义
		报告书	报告表	登记表	
159	改建铁路	200公里及以上的电气化改造（线路和站场不发生调整的除外）	其他	/	
160	铁路枢纽	大型枢纽	其他	/	
161	机场	新建；迁建；飞行区扩建	其他	/	
162	导航台站、供油工程、维修保障等配套工程	/	供油工程；涉及环境敏感区的	其他	第三条（三）中的以居住、医疗卫生、文化教育、科研、行政办公等为主要功能的区域
163	油气、液体化工码头	新建；扩建	其他	/	
164	干散货（含煤炭、矿石）、件杂、多用途、通用码头	单个泊位1 000吨级及以上的内河港口；单个泊位1万吨级及以上的沿海港口；涉及环境敏感区的	其他	/	第三条（一）中的全部区域；第三条（二）中的重要水生生物的自然产卵场、索饵场、越冬场和洄游通道、天然渔场
165	集装箱专用码头	单个泊位3 000吨级及以上的内河港口；单个泊位3万吨级及以上的海港；涉及危险品、化学品的；涉及环境敏感区的	其他		第三条（一）中的全部区域；第三条（二）中的重要水生生物的自然产卵场、索饵场、越冬场和洄游通道、天然渔场
166	滚装、客运、工作船、游艇码头	涉及环境敏感区的	其他	/	第三条（一）中的全部区域；第三条（二）中的重要水生生物的自然产卵场、索饵场、越冬场和洄游通道、天然渔场

续表

	项目类别	环评类别			本栏目环境敏感区含义
		报告书	报告表	登记表	
167	铁路轮渡码头	涉及环境敏感区的	其他	/	第三条（一）中的全部区域； 第三条（二）中的重要水生生物的自然产卵场、索饵场、越冬场和洄游通道、天然渔场
168	航道工程、水运辅助工程	航道工程；涉及环境敏感区的防波堤、船闸、通航建筑物	其他	/	第三条（一）中的全部区域； 第三条（二）中的重要水生生物的自然产卵场、索饵场、越冬场和洄游通道、天然渔场
169	航电枢纽工程	全部	/	/	
170	中心渔港码头	涉及环境敏感区的	其他	/	第三条（一）中的全部区域； 第三条（二）中的重要水生生物的自然产卵场、索饵场、越冬场和洄游通道、天然渔场
171	城市轨道交通	全部	/	/	
172	城市道路（不含维护，不含支路）	/	新建快速路、干道	其他	
173	城市桥梁、隧道（不含人行天桥、人行地道）	/	全部	/	
174	长途客运站	/	新建	其他	

续表

项目类别		环评类别			本栏目环境敏感区含义
		报告书	报告表	登记表	
175	城镇管网及管廊建设（不含1.6兆帕及以下的天然气管道）	/	新建	其他	
176	石油、天然气、页岩气、成品油管线（不含城市天然气管线）	200公里及以上；涉及环境敏感区的	其他	/	第三条（一）中的全部区域；第三条（二）中的基本农田保护区、地质公园、重要湿地、天然林；第三条（三）中的全部区域
177	化学品输送管线	全部	/	/	
178	油库（不含加油站的油库）	总容量20万立方米及以上；地下洞库	其他	/	
179	气库（含LNG库，不含加气站的气库）	地下气库	其他	/	
180	仓储（不含油库、气库、煤炭储存）	/	有毒、有害及危险品的仓储、物流配送项目	其他	
五十、核与辐射					
181	输变电工程	500千伏及以上；涉及环境敏感区的330千伏及以上	其他（100千伏及以下除外）	/	第三条（一）中的全部区域；第三条（三）中的以居住、医疗卫生、文化教育、科研、行政办公等为主要功能的区域
182	广播电台、差转台	中波50千瓦及以上；短波100千瓦及以上；涉及环境敏感区的	其他	/	第三条（一）中的全部区域；第三条（三）中的以居住、医疗卫生、文化教育、科研、行政办公等为主要功能的区域

续表

项目类别		环评类别			本栏目环境敏感区含义
		报告书	报告表	登记表	
183	电视塔台	涉及环境敏感区的 100 千瓦及以上的	其他	/	第三条（三）中的以居住、医疗卫生、文化教育、科研、行政办公等为主要功能的区域
184	卫星地球上行站	涉及环境敏感区的	其他	/	第三条（三）中的以居住、医疗卫生、文化教育、科研、行政办公等为主要功能的区域
185	雷达	涉及环境敏感区的	其他	/	第三条（三）中的以居住、医疗卫生、文化教育、科研、行政办公等为主要功能的区域
186	无线通讯	/	/	全部	
187	核动力厂（核电厂、核热电厂、核供汽供热厂等）；反应堆（研究堆、实验堆、临界装置等）；核燃料生产、加工、贮存、后处理；放射性废物贮存、处理或处置。放射性污染治理项目	新建、扩建（独立的放射性废物贮存设施除外）	主生产工艺或安全重要构筑物的重大变更，但源项不显著增加；次临界装置的新建、扩建；独立的放射性废物贮存设施	核设施控制区范围内新增的不带放射性的实验室、试验装置、维修车间、仓库、办公设施等	
188	铀矿开采、冶炼	新建、扩建及退役	其他	/	
189	铀矿地质勘探、退役治理	/	全部	/	

267

续表

项目类别		环评类别			本栏目环境敏感区含义
		报告书	报告表	登记表	
190	伴生放射性矿产资源的采选、冶炼及废渣再利用	新建、扩建	其他	/	
191	核技术利用建设项目（不含退出已许可活动种类和不超出已许可范围加大不高于已许可范围的核素或射线装置）	生产放射性同位素的（制备PET用放射性药物的除外）；使用Ⅰ类放射源的（医疗使用的除外）；销售Ⅰ类放射源的、使用Ⅰ类射线装置的；甲级非密封放射性物质工作场所	制备PET用放射性药物的；医疗使用Ⅱ类、Ⅲ类放射源的；使用Ⅱ类、Ⅲ类放射线装置的；乙、丙级非密封放射性物质工作场所（医疗机构使用植入治疗用放射性粒子源的除外）；在野外进行放射性同位素示踪试验的	销售Ⅰ类、Ⅱ类、Ⅲ类、Ⅳ类、Ⅴ类放射源的；使用Ⅳ类、Ⅴ类放射源的；医疗机构使用植入治疗用放射性粒子源的；销售非密封放射性物质的；销售Ⅱ类射线装置的；生产、销售、使用Ⅲ类射线装置的	
192	核技术利用项目退役	生产放射性同位素的（制备PET用放射性药物的除外）；甲级非密封放射性物质工作场所	制备PET用放射性药物的；乙级非密封放射性物质工作场所；水井式γ辐照装置；除水井式其他辐照装置使用Ⅰ类、Ⅱ类、Ⅲ类放射源所存在污染的；使用Ⅰ类、Ⅱ类的	丙级非密封放射性物质工作场所；除水井式γ辐照装置外其他使用Ⅰ类、Ⅱ类、Ⅲ类放射源场所不存在污染的	

附录 4

在社会和环境评估文件中会涵盖的
潜在社会和环境问题的示例清单

评估文件的内容会涵盖以下问题（如适用）：

①对基准社会和环境状况的评估；

②对环境和社会有利而可行的替代方案的考虑；

③东道国法律和法规、适用的国际条约和协议的规定；

④对人权和社区健康和安全（包括项目使用保安人员的风险、影响和管理）的保护；

⑤对文化财产和遗产的保护；

⑥生物多样性（包括濒危物种，以及改造过的、自然的和关键栖息地内的生态敏感区域）的保护和保存，以及法律规定的保护区的识别；

⑦可持续性管理和使用可再生自然资源（包括通过适当的独立认证系统进行可持续资源管理）；

⑧危险物质的使用和管理；

⑨主要危害的评估和管理；

⑩劳工问题（包括四个核心劳工标准），以及职业健康和安全；

⑪防火和生命安全；

⑫社会经济影响；

⑬土地征用和非自愿搬迁；

⑭对受影响社区和弱势或易受伤害团体的影响；

⑮对土著居民和其独有文化体系和价值观的影响；

⑯对现有项目、拟建项目和预计日后兴建的项目的累计影响；

⑰就项目设计、评审和执行向受影响人士进行咨询；

⑱能源的有效生产、运送和使用；

⑲污染防治和废弃物最少化、污染（污水和废气）控制、固体和化学废物管理。

附注：上列清单仅供参考，项目的社会和环境评估过程不一定会识别或涉及上述各项问题。

附录 5

国际金融公司《社会和环境可持续性绩效标准》

截至 2006 年 4 月 30 日，适用的国际金融公司绩效标准包括：

①绩效标准 1：社会和环境评估和管理系统；

②绩效标准 2：劳动和工作条件；

③绩效标准 3：污染预防和控制；

④绩效标准 4：社区健康和安全；

⑤绩效标准 5：土地征用和非自愿迁移；

⑥绩效标准 6：生物多样性的保护和可持续自然资源的管理；

⑦绩效标准 7：土著居民；

⑧绩效标准 8：文化遗产。

附注：国际金融公司已制定一套导则注释，附于各项绩效标准内。EPFIs 或借款方虽并无正式采纳上述导则注释，但在寻求绩效标准的进一步指引或诠释时，可以导则注释作为有用的参照。

参考文献

［1］闵庆文，刘珊．哈尼梯田农业文化遗产及动态保护论坛综述
［J］．古今农业，2010（1）．

［2］曾光明，钟政林，曾北危．环境风险评价中的不确定性问题
［J］．中国环境科学，1998（18）．

［3］张琳．黑龙江流域土著居民赫哲族鱼皮服饰文化［J］．边疆经
济与文化，2009（6）．

［4］宇恒．非物质文化遗产可持续发展的实践探索［J］．艺术研究，
2010（1）．

［5］严永和．论我国少数民族传统知识产权保护战略与制度框架
［J］．民族研究，2006（2）．

［6］杨庭硕．论地方性知识的生态价值［J］．吉首大学学报（社会
科学版），2004（7）．

［7］罗康隆．侗族传统生计方式与生态安全的文化阐释［J］．思想
战线，2009（2）．

［8］王浩华．梯田文化论［M］．昆明：云南教育出版社，1999．

［9］毛佑全．哈尼族梯田文化论［J］．农业考古，1991（3）．

［10］李技文．近十年来我国少数民族传统知识研究述评［J］．贵州
师范大学学报（社会科学版），2010（1）．

［11］格玛江初．藏民族传统文化对白马雪山自然保护区生物多样性
的影响［J］．林业调查规划，2004（4）．

［12］杨立新，赵燕强，裴盛基．纳西族东巴文化与生物多样性保护

［J］．林业调查规划，2008（2）．

　　［13］薛达元．民族地区传统文化与生物多样性保护［M］．北京：中国环境科学出版社，2009．

　　［14］龙鳞．医学人类学视野中的云南民族医药［J］．云南民族大学学报（哲学社会科学版），2008（4）．

　　［15］胡萍，蔡清万．武陵地区土家族医药文献初探［J］．湖北民族学院学报（哲学社会科学版），2009（1）．

　　［16］朱翠萍．黔东武陵山区苗族医药特点及治疗方法研究［J］．中国民族民间医药杂志，2005（6）．

　　［17］国际行动援助办公室．保护创新的源泉——中国西南地区传统知识保护现状调研与社区行动案例集［D］．北京：中国知识产权办公室，2007．

　　［18］杨昌文．贵州民族调查与民族医药研究［J］．贵州民族研究，2002（3）．

　　［19］杜小卫．贵州苗医药传统知识的专利保护［J］．贵州师范大学学报，2009（6）．

　　［20］杨敏．关于贵州少数民族传统医药知识产权保护的法律思考［J］．贵州民族研究，2006（5）．

　　［21］张会屏．我国民族医药专利保护的现状与对策［J］．学术论坛，2008（7）．

　　［22］薛达元．中国民族地区遗传资源及传统知识的保护与惠益分享［J］．资源科学，2009（6）．

　　［23］蓝虹．环境保护、可持续金融与政府支持［J］．中国金融，2007（22）．

　　［24］崔亚鸽，袁晋芳．金融企业的社会责任及社会责任会计［J］．金融会计，2005（9）．

　　［25］曹涌涛，王建萍．论商业银行的社会责任［J］．金融论坛，2008（7）．

　　［26］龚将军．我国商业银行企业社会责任研究［J］．西南财经大学

学报，2007（5）.

[27] 苏雯. 商业银行环境风险分析与对策研究［J］. 财贸研究，2010（1）.

[28] 黄海峰，刘京辉. 德国循环经济研究［M］. 北京：科学出版社，2007.

[29] 黄丽珠. 绿色金融的提出与相关尝试［N］. 金融时报，2008 - 04 - 14.

[30] 时红秀，许明宇. 约束企业信贷风险绿色信贷助力节能减排［J］. 银行家，2007（10）.

[31] 韩雪萌. 绿色信贷重在机制转变［N］. 金融时报，2008 - 02 - 29.

[32] 陈雁. 商业银行践行社会责任的国际借鉴［J］. 经济与管理，2008（6）.

[33] 何德旭，张雪兰. 加快构建商业银行"绿色信贷"商机［J］. 中国金融，2008（5）.

[34] 李红忠，余祥勇. 金融支持区域经济由"资源型"向"循环型"转变的调查与分析［J］. 武汉金融，2007（11）.

[35] 何德旭，张雪兰. 对我国商业银行推行绿色信贷若干问题的思考［J］. 上海金融，2007（12）.

[36] 张燕姣. 绿色信贷：商业银行的战略选择［J］. 中国金融，2008（10）.

[37] 张明进. 我国商业银行应加快推进绿色信贷业务［J］. 现代商业，2008（9）.

[38] 常杪. 绿色信贷的实施基础——银行业环境风险管理体系［J］. 环境经济，2008（7）.

[39] 孙洪庆，邓瑛. 对发展绿色金融的思考［J］. 经济与管理，2002（1）.

[40] 熊学萍. 传统金融向绿色金融转变的若干思考［J］. 生态经济，2004（11）.

［41］陶玲，刘卫江．赤道原则：金融机构践行企业社会责任的国际标准［J］．银行家，2008（1）．

［42］罗富民．简析旅游产业可持续发展的金融支持［J］．内江师范学院学报，2006（6）．

［43］林伯强．高级能源经济学［M］．北京：中国财政经济出版社，2009.

［44］朱志刚．加快迈向新能源时代［M］．北京：中国环境科学出版社，2008.

［45］蒋先玲．项目融资［M］．北京：中国金融出版社，2010.

［46］郭濂．低碳经济与环境金融理论与实践［M］．北京：中国金融出版社，2011.

［47］朱家贤．环境金融法研究［M］．北京：法律出版社，2009.

［48］游春．绿色保险制度研究［M］．北京：中国环境科学出版社，2009.

［49］刘贵生．能源金融理论与实践［M］．北京：中国金融出版社，2007.

［50］周逢民．透视碳金融［M］．北京：中国金融出版社，2011.

［51］鄢德春．中国碳金融市场建设［M］．北京：经济科学出版社，2010.

［52］王文乐．构建我国碳金融制度的路径思考［J］．企业经济，2010（11）．

［53］丁玉梅．刍议构建我国的碳金融体系［J］．经济问题，2010（8）．

［54］沈娅莉．我国清洁发展机制相关问题研究［J］．经济问题探索，2011（9）．

［55］蓝虹．环境产权经济学［M］．北京：中国人民大学出版社，2005.

［56］蓝虹．项目融资推动赤道原则产生和发展的内在机理分析［J］．中央财经大学学报，2011（2）．

［57］蓝虹．论赤道原则中利益相关者机制建立的重要性［J］．中南财经政法大学学报，2011（3）．

［58］蓝虹．赢得政府支持是中国发展可持续金融的前提［J］．生态经济，2008（2）．

［59］王倩．中国碳金融的发展策略与路径分析［J］．社会科学辑刊，2010（3）．

［60］王瑶．碳金融［M］．北京：中国经济出版社．2010.

［61］刘铮．清洁发展机制的局限性和系统风险提示［J］．广东社会科学，2009（6）．

［62］王江等．中国开展清洁发展机制的理论与实践研究［J］．未来与发展，2009（1）：7－11.

［63］王慧．《京都议定书》之排放权交易机制初探［M］．北京：中国政法大学出版社．2007：67－125.

［64］蔡林海．低碳经济：绿色革命与全球竞争创新大格局［M］．北京：经济科学出版社，2009.

［65］ABN AMRO. Environment Report 1998—2000. Amsterdam：ABN AMRO，www. abnamro. com，2001.

［66］Afsah，S.，A. Blackman，D. Ratunanda. How Do Public Disclosure Pollution Programs Work? Evidence from Indonesia. Washington：World Resources Institute，2000.

［67］Allen Consulting Group. Report Prepared for the Ethical Investment Workshop. Melbourne：Alien Consulting Group，www. allen consult. com. au/reports. html，2000.

［68］Allen Consulting Group. Socially Responsible Investment in Australia. Sydney：Allen Consulting Group，2000.

［69］Aon Limited. World Trade Center Bulletin（Issue 7）. London：Aon Limited，2001－11－07.

［70］Association of British Insurers. Contaminated Land Report. London：ABI，2000a.

［71］ Association of British Insurers. Subsidence—a Global Perspective. General Insurance Research Report No. 1, 2000b.

［72］ Bahree, B.. BP Bid to be Environmental Inspires Activists to Want More ［J］. Asian Wall Street Journal (April 17): 4, 2001.

［73］ Bakker, K. J.. Privatising Water, Producing Scarcity: The Yorkshire Drought of 1996 ［J］. Economic Geography, 2000, 76 (1): 4 – 27.

［74］ Bank Sarasin. Sarasin Today, www. sarasin. ch/Sarasin/show/content, 2001.

［75］ Barton, D.. McKinsey and Company, Seoul, Korea, Personal Communications. 2001 – 04 – 20.

［76］ BASE. Inventory of Sustainable Energy Funds. Geneva: UNEP Financial Initiatives and Basel Agency for Sustainable Energy, 2001.

［77］ Bayon, R.. Can SRI Funds Shrug off a Rocky Year? ［J］. Environmental Finance, 2001a, 2 (4): 16.

［78］ Bayon, R.. SRI Meets the Mainstream ［J］. Environmental Finance, 2001b, 2 (5): 24 – 25.

［79］ Bayon, R.. Pension Fund Giant Takes SRI Flyer ［J］. Environmental Finance, 2001c, 2 (10): 20.

［80］ Bayon, R.. Reporting Goes Global ［J］. Environmental Finance, 2002, 3 (7): 16 – 18.

［81］ Beck, T.. Australia Shows the Way ［J］. Environmental Finance, 2000, 1 (4): 19 – 21.

［82］ Berger, A. , R. DeYoung, and H. Genay. The Globalization of Financial Institutions: Evidence from Cross—Border Banking Performance ［M］. Washington, DC: Brookings Institution, 2000: 23 – 158.

［83］ Biello, D.. A Leap in the Dark ［J］. Environmental Finance, 2002a, 3 (6).

［84］ Biello, D.. New Hampshire Imposes CO_2 Cap ［J］. Environmental Finance, 2002b, 3 (7): 11.

［85］ Biello, D. . Bush Ties GHG Cuts to Economic Growth ［J］. Environmental Finance, 2002c, 3 (5): 4.

［86］ Blyth, W. . To Trade or not to Trade? ［J］. Environmental Finance, 2001, 2 (4): 25 – 27.

［87］ Bouma, J. , M. Jeucken, and L. Klinkers (eds.). Sustainable Banking: The Greening of Finance ［M］. Sheffield. UK: Greenleaf, 2001.

［88］ Brennan. T. . The California Experience—an Education or Diversion? ［M］. Washington. DC: Resources for the Future, 2001.

［89］ Browne, J. . Marketing Strategy. Lecture Delivered for Bradford University's Fourth Lord Goold Memorial Lecture, London. www. bp. com/centres/press/s detail. asp? id = 141, 2001 – 11 – 23.

［90］ CalPERS. The Sacramento Bee. 2000 – 11 – 17.

［91］ CFO Publishing Corp. Strategic Risk Management: New Disciplines, New Opportunities ［M］. Boston: CFO Publishing Corp. , 2002.

［92］ Chartier, D. . Trading NOx in the Northeast USA ［J］. Environmental Finance, 2000, 1 (3): 23.

［93］ Chartier, D. , and T. Powers. Writing the Rules in Massachusetts ［J］. Environmental Finance, 2002, 3 (6): 13.

［94］ Chowdury, S. , etc. Management 2IC: New Visions for the New Millennium. London: Financial Times/Prentice Hall, 2000.

［95］ Citigroup. Lead by Example: 1999 Annual Report. New York: Citigroup, www. citigroup. com, 2000.

［96］ Cooper, G. . Climate Change Funds Exceed Target ［J］. Environmental Finance, 2000a, 1 (8): 7.

［97］ Cooper, G. . New Funds Eye Carbon Credits ［J］. Environmental Finance, 2000b, 1 (5): 6.

［98］ Cooper, G. . Shell Steps off the Gas ［J］. Environmental Finance, 2000c, 1 (4): 14 – 15.

［99］ Cooper, G. . Credit Lyonnais Eyes Carbon Fund ［J］. Environmental Finance, 2000d, 1 (6): 5.

[100] Cooper, G.. Confusion Reigns As SO$_2$ Market Expands [J]. Environmental Finance, 2000e, 1 (3): 22.

[101] Cooper, G.. Back to Earth for Green Funds [J]. Environmental Finance, 2001, 2 (4): Comment, 2.

[102] Cooper, G., and M. Nichols. Trading Around the Corner [J]. Environmental Finance, 2000, 2 (1): xii – xiv.

[103] Co-operative Bank. The Partnership Report 2000: Making Our Mark. Manchester, UK: Co-operative Bank, 2000.

[104] Cozijnsen, J.. CO$_2$ Is not the Only Gas [J]. Environmental Finance, 2002, 3 (3): 38 – 39.

[105] Credit Suisse.. Environmental Report 2000. Zurich: Credit Swiss Group, 2000.

[106] Cumming Cockburn Ltd.. Hurricane Hazel and Extreme Rainfall in Southern Ontario. Research Paper 9. Toronto: Institute for Catastrophic Loss Reduction. Insurance Council of Canada, 2000.

[107] Damodaran, A.. Corporate Finance Theory and Practice (2nd ed) [M]. New York: John Wiley & Sons, 2001.

[108] Dawes, C.. The Data Debate [J]. Environmental Finance, 2001, 3 (1): 17 – 18.

[109] DeMarco, E.. Ontario Sets out Emissions Trading Plans [J]. Environmental Finance, 2001, 2 (7): 22 – 23.

[110] Dlugolecki, A.. Presentation to the Conference of the Parties (COP 6) at the Hague, November, Reported in the Times. "Climate Changes Could Bankrupt the World", 2000 – 11 – 23.

[111] Dlugolecki, A., et al.. Climate Change and Insurance. London: Chartered Insurance Institute, 2001.

[112] Dobelli, S.. An Environmental Fund with the WWF Label. Pages 379 – 389 in J. Bouma, M. Ieucken, and L. Klinkers (eds.), Sustainable

Banking. Sheffield, UK: Greenleaf, 2001.

[113] Dowell, G., S. Hart, and B. Yeung. Do Corporate Global Environmental Standards Create or Destroy Market Value? [J]. Management Science, 2000, 46 (8): 1059 – 1074.

[114] Dupont, G.. FTSE Goes Green [J]. Environmental Finance, 2001, 2 (6): 9.

[115] Economist. Unprofitable Policies [J]. Economist, 2001a (8): 57.

[116] Economist. The World's Biggest Companies [J]. Economist, 2001b (7): 89.

[117] Economist. New Trends in Accounting: Touchy Feely [J]. Economist, 2001c (5): 68.

[118] Economist. Outsmarting Their Country Cousins [J]. Economist, 2002 (4): 65.

[119] Elkington, J., and S. Beloe. A Responsible Investment? London: Centre for Business Performance, Institute of Chartered Accountants of England and Wales (ICAEW); London: Sustainability. 2000.

[120] Ellisthorpe, D., and S. Putnam. Weather Derivatives and Their Implications for Power Markets [J]. Journal of Risk Finance (Winter), 2000: 19 – 28.

[121] Environmental Financial Products. The Right to Make the Climate Right. Chicago Climate Exchange. www. chicagoclimatex. com, 2001.

[122] Etkin, D.. Environment Canada, Adaptation and Impact Research Group, Toronto, Personal Communication, 2001 – 11 – 23.

[123] Evans, J.. Manager, Environmental Risk Management, Royal Bank of Canada, Toronto, Personal Communication, 2002 – 06 – 06.

[124] Forge. Guidelines on Environmental Management and Reporting for the Financial Services Sector. London: Forge Group, 2000.

[125] Foster, D.. In Search of Standardisation [J]. Environmental Fi-

nance, 2001, 2 (8): 20.

[126] General Cologne Re. Asbestos and Lead [J]. Pollution News Review, 2002, 2 (2): 17 – 26, www. gcr. com.

[127] Gibbs, L. M.. The 20th Anniversary of Love Canal. www. chej. org/lcindex. html, 2001.

[128] Goldman, Sachs and Co. Investing in Risk-Linked Securities. New York: Goldman, 2001.

[129] Goodfellow, M.. Denmark Hopes for Kyoto Reprieve [J]. Environmental Finance, 2002, 3 (6): 5.

[130] Halal, W.. The Collaborative Enterprise: A Stakeholder Model Uniting Profitability and Responsibility [J]. Journal of Corporate Citizenship, 2001 (2): 27 –42.

[131] Harrison, R.. Vicepresident, INVESCO, Toronto, Personal Communications. 2002.

[132] Harry, S.. A Following Wind [J]. Environmental Finance, 2001, 2 (7): 28 –29.

[133] Helme, N.. Lessons Learned from National Trading Schemes. Proceedings from Environmental Finance Carbon Finance Conference. New York, November 28 – 29, 2001.

[134] ICF Consulting. Greenhouse Gas Emission Strategies. www. emissionstrategies. com/template. cfm? NavMenuID =9, 2001.

[135] Innovest SVA. Uncovering Hidden Value Potential for Strategic Investors. New York: Innovest, 2001a.

[136] Innovest SVA. Climate Change and Investment Risk. Research Brief (August), 2001b.

[137] Janssen, J., and U. Springer. Half A Leap Forward [J]. Environmental Finance, 2001, 3 (1): xvi – xvii.

[138] Leucken, M.. Sustainable Finance and Banking: The Financial Sector and the Future of the Planet. London: Earthscan, 2001.

[139] Iewson, S. , and D. Whitehead. In Praise of Climate Data [J].
Environmental Finance, 2001, 3 (2): 22 - 23.

[140] Joly, C.. International Storebrand Investments, Personal Communica-
tion, Oslo. 2001 - 08 - 10.

[141] Kahlenborn, W.. German Disclosure Rules Promise SRI Boost
[J]. Environmental Finance, 2001, 2 (6): 15.

[142] Kiernan, M.. Innovest Strategic Value Advisors, Personal Com-
munications, Toronto. 2001 - 07 - 21.

[143] Knorzer, A.. The Transition from Environmental Funds to Sustain-
able investment. Pages 211 - 221 in J. Bouma, M. Jeucken, and L . Klinkers
(eds.), Sustainable Banking. Sheffield. U. K. : Greenleaf, 2001.

[144] Lloyd's. Key Dates in Lloyd's History. www. lloyds of london. co.
uk, 2000.

[145] Margolick, M. , and D. Russel. Corporate Greenhouse Gas Re-
duction Targets. Arlington, VA: Pew Center on Global Climate Change,
2001.

[146] McGrath, L.. Director, Fondelec Group, Stareford, CL Personal
Communications. 2002 - 05 - 01.

[147] McIntyre, R.. PAR for the Weather Course [J]. Environmental
Finance, 2000, 1 (6): 27 - 29.

[148] Negenman, M.. Sustainable Banking and the ASN Bank. Pages
66 - 71 in J. Bouma, M. Jeucken, and L. Klinkers (eds.), Sustainable
Banking. Sheffield. U. K. : Greenleaf, 2001.

[149] Nguyen, L.. Attack Puts Heat on Talisman. Globe and Mail,
2001 (9): B6.

[150] Nguyen, L. , and J. Mahoney. Edmonton Talisman Stake Ignites
Con troversy. Globe and Mail, 2001 (4): B1, B6.

[151] NRTEE. Calculating Eco - Efficiency Indicators: A Workbook for
Industry. Ottawa: National Round Table on the Environment and the Economy,

2001.

[152] O'Sullivan, N.. UNEP FI, Personal Communications, Geneva. 2001 – 10 – 01.

[153] Pacelle, M.. Federal—Mogul to Seek Protection. Globe and Mail, Report on Business, 2001 (10): B6.

[154] Plungis, J.. California Mandates Zero-Emission Vehicles by 2003. Detroit News, 2001 – 01 – 27.

[155] Repetto, R. , and D. Austin. Pure Profit: The Financial Implications of Environmental Performance. Washington. DC: World Resources Institute, 2000.

[156] Rosewell, B.. GHG Trading: Easier Than You Think [J]. Environmental Finance, 2001, 3 (1): xii – xv.

[157] Sandog, R.. Corporate Giants to Aid Design of US Carbon Market [J]. Environmental Finance, 2001, 3 (4): 14.

[158] Sandor, R.. CCX Progress Report [J]. Environmental Finance, 2002, 2 (8): 11.

[159] Silcoff, S.. Fund Giant Battles for Rights. Financial Post, 2001 (5): C1 – C8.

[160] Thomas, E.. Danish Power Sector Squeals [J]. Environmental Finance, 2001, 3 (1): xi.

[161] Tindale, S.. Confront and Engage [J]. Environmental Finance, 2001, 2 (7): 32.

[162] Toulson, D.. Pricing the Weather—basic Strategies [J]. Environmental Finance, 2000, 2 (4): 27 – 29.

[163] Van Bellegem, T.. The Green Fund System in the Netherlands. Pages 234 – 244 in J. Bouma, M. Jeucken, and L. Klinkers(eds.), Sustainable Banking. Sheffield. U. K. Greenleaf, 2001.

[164] Varilek, M.. What Kyoto Can Learn from the NOx Market [J]. Environmental Finance, 2000, 1 (9): 20.

［165］Wessex Water Ltd. Striking a Balance. Bristol, England: Wessex Water, 2000.

［166］Wessex Waterservices. Tapping into Your Water Source. England: Wessex Water. www. wessexwater. co. uk, 2001.

［167］White, A. . Introductory Comments. GRI Conference, Washington, 2000 – 11.

［168］Whittacker, M. , and M. Kiernan. Environmental Performance Industry: Hidden Risks and Value Potential for Strategic Investors. Toronto: Innovest Strategic Advisors Inc. , 2001.

［169］Willard, R. . The Sustainability Advantage: Seven Business Case Benefits of a Triple Bottom Line ［M］. Galliano Island, Canada: New Society Publishers, 2002.

［170］Williams, M. . Japan's Banks Pump out Cash. Globe and Mail, 2001 (9): B13.

［171］Willis, A. . Mum's the Word on Bank Mergers, Yet It's Still A Hot Topic. Globe and Mail, 2001 (8): B14.

［172］Willis, A. , and J. Desjardins. Environmental Performance: Measuring and Managing What Matters. Toronto: Canadian Institute of Chartered Accountants, 2001.

［173］Zeng, L. . Weather Derivatives and Weather Insurance: Concept, Application and Analysis ［J］. Journal of the American Meteorological Society, 2000, 81 (9): 2075 – 2082.